ALPENKÜCHE

GENUSS & KULTUR

ALPEN-KÜCHE

GENUSS & KULTUR

Susanna Bingemer und Hans Gerlach
Fotografie: Hans Gerlach
Foodstyling: Alexander Kühn

Inhalt

6 Die Alpen – Leben mit Aussicht

10 Die Almen – Milch, Butter und Käse
16 »Campo la Torba«: Glückliche Kühe, glückliche Schweine
17 Vorspeisen und Käsespezialitäten: Von Raclette bis rosa Rettichsalat
22 Christiane Peytral: Käse von schönen Ziegen
30 Fasnacht in Tirol: Von Hexen, Rollern und Schellern
36 Franz Mulser: Paradies auf kleinstem Raum
40 Wallis & Graubünden: Roggen, Raclette und Röschtigraben

52 Die Gärten – Aprikosen, Sanddorn und Safran
56 Die Gebrüder Tron: Im Reich der Himbeerkönige
58 Suppen und Gemüsegerichte: Von Kürbissuppe bis Rübchen-Lasagne
62 Osterbräuche: Fleischweihe, Feuer und Festtagsgebäck
68 Die Alpen Frankreichs: Vom höchsten Berg zum Mittelmeer
78 Bayern: Märchenschlösser, Klöster, Biergärten
90 Munder Safran: Kostbar wie Gold

92 Die Felder – Buchweizen, Mais und Reis
98 »All'Antica Torre«: Ein Turm voller Ideen
101 Getreide, Nudeln und Kartoffeln: Von Friggele bis Gnocchi di Sappada
104 Kampf der Kühe: Wer wird Alpkönigin?
110 Südtirol & Dolomiten: Dolce vita in den Bergen
122 Esskastanien im Tessin: Die Früchte des Brotbaums

128 Die Weiden – Speck, Wurst und Trockenfleisch
134 »Laboratori dal gust«: Edles Fleisch aus Graubünden
135 Fisch und Fleisch: Von Bärlauch-Hecht bis Bauernbratl
142 Michael Sicher: Der Fischflüsterer aus Kärnten
146 Julische Alpen & Kärnten: Am Schnittpunkt der Kulturen
158 Maibaum in Bayern: Wer hat den Schönsten?
172 Viehscheid im Allgäu: Die Rückkehr der Rindviecher

178 Die Cafés und Keller – Strudel, Wein und feine Brände
180 Noch etwas Süßes? Mehlspeisen & Schokolade
183 Lauter edle Tropfen: Alpenwein & Obstbrand
184 Desserts und Gebäck: Von Apfelstrudel bis Türkentommerl
190 Antoine Sassi: Der südlichste Winzer der Alpen
198 Südtiroler Bauernhochzeit: Das große Fressen
204 Honig in Slowenien: Geliebte Bienenvölker

Zum Nachschlagen
214 Grundrezepte und Glossar
220 Küchendolmetscher
222 Die Alpenländer in Kürze
224 Adressen von Hotels, Restaurants und Produzenten
230 Menüvorschläge
234 Rezeptregister
240 Impressum

Die Alpen
Leben mit Aussicht

Symbol für die Berge: Edelweiß wächst auf Höhen bis zu 3000 Metern, bevorzugt auf Kalksteinfelsen.

Sie sind das Rückgrat Europas: die Alpen. Geografisch, kulturell und, ja, auch kulinarisch. Mir kommt dabei das Bild einer getrockneten Tomate in den Sinn – genauso, wie sich ihr Aroma durch das Trocknen um ein Vielfaches intensiviert, so haben sich Leben und Kultur in den zusammengepressten Alpen konzentriert: Würde man die Berge wieder glätten, breitete sich eine Fläche aus so groß wie ein kleiner Kontinent. Tatsächlich vereinen sich viele Länder und ihre Kulturen in den Alpen. Und wie ein gigantischer kultureller Kühlschrank wurden in den unzugänglichen Bergen über Jahrhunderte Traditionen und Überlieferungen bewahrt, die im Rest Mitteleuropas schon vergessen sind. Wie die Natur folgen hier auch die Feste und Bräuche unserer Vorfahren bis heute dem Lauf der Sonne.

Die beste Art, die Alpen zu bereisen

Es wäre einseitig, die Alpen nur als riesiges Freiluft-Sportareal wahrzunehmen. Wir haben denn auch die Alpenregionen nicht als Skifahrer oder Extremsportler erkundet, sondern eher gemütlich als Wanderer und Genießer. Laut Reinhold Messner, berühmtester Alpinist und Südtiroler, die beste Art, die Alpen zu bereisen – um sie zu erhalten und zu schützen. Gletscherskigebiete, künstliche Seen oder künstliche Felswände, noch mehr Klettersteige hält er für überflüssig: »Im Gebirge, zwischen Talsohle und Hochalm, brauchen wir den neugierigen Erholungsuchenden, der bekommt und bezahlt, was der alpine Landwirt produziert – damit dieser bleiben kann, wo seine Familie seit Generationen lebt.« Ökobauern, die sich in Marktnischen behaupten, Dorfgemeinschaften, die Tourismus und Landwirtschaft verzahnen, seien »die Voraussetzung für nachhaltigen Alpentourismus.«

Stichwort Nachhaltigkeit: Organisationen wie die CIPRA, die Internationale Alpenschutzkommission, beschwören sie in punkto Tourismus und Nutzung der Alpen für die Zukunft schon seit geraumer Zeit. Eindringlich warnt sie vor den Folgen falscher oder zu starker Nutzung: »Als sogenannte Umweltkatastrophen – oft vom Menschen verursacht – brechen Schlamm- und Steinlawinen von den Hängen. Eine Lawine anderer Art rollt tagtäglich vierrädrig über die Transitachsen quer durchs Gebirge. Und für die Tourismuslawine – über 100 Millionen Urlauber pro Jahr – werden Infrastrukturen immer weiter ausgebaut und neue Attraktionen geschaffen, die nicht unbedingt umweltschonend sind. In den Bergtälern zeigt sich das Paradox einer touristischen Übernutzung auf der einen und starker Abwanderung auf der anderen Seite.« So lautet das Fazit der CIPRA. Davon abgesehen müssen sich Bewohner und vor allem Betreiber vieler Skigebiete allmählich auf die Tatsache einstellen, dass der Klimawandel auch in den Alpen zu tiefgreifenden Veränderungen führt: Die sogenannte Schneesicherheit vieler Wintersportregionen wird in naher Zukunft einfach verschwinden. Klug ist, wer sich rechtzeitig darauf einstellt und alternative Möglichkeiten sucht, Touristen für die Region zu begeistern.

Visionäre und Idealisten

Immer mehr Bewohner der Alpenländer besinnen sich darauf, ihre Heimat zu schützen: Gerade viele Kleinbauern und -produzenten gehören zu ihnen. Bei unseren Recherchen zu diesem Buch trafen wir oft auf Menschen, die voller Engagement im Kleinen versuchen, auf ehrliche Art und Weise dem Land ehrliche Produkte abzuringen und dabei die Umwelt zu erhalten oder sogar zu verbessern. Visionäre wie Claudio Zampieri zum Beispiel, der in seinem Restaurant in den Dolomiten nur Produkte verwendet, die im Umkreis von einem Quadratkilometer entstanden sind. Christiane Peytral, die in einem ehemals verlassenen Tal in den französischen Alpen Ziegenkäse produziert und das Tal damit wiederbelebt. Die Bewohner des Dorfes Mund in der Schweiz, die – ohne Profitdenken – ihre Dorfgemeinschaft stärken, indem sie die Tra-

DIE ALPEN VORWORT

Die Alpen erstrecken sich über 190 000 Quadratkilometer und acht Staaten. In Ihnen treffen drei große Sprachräume aufeinander: der romanische, der germanische und der slawische.

dition des Safrananbaus fortführen. Oder Christiane und Boris Fugger, die in Kärnten wieder die einst fast ausgestorbenen, den Bedingungen der Berge perfekt angepassten Brillenschafe züchten.

Leidenschaftliche, ihrer Heimat verbundene Menschen, die im Einklang mit einer großartigen Natur leben und arbeiten, unberührte Landschaft, glückliche Kühe, idyllisches Almleben – das sind schöne Bilder. Aber es sind natürlich auch Klischees und die gaukeln uns zuweilen etwas vor, was längst nicht mehr der Wahrheit entspricht oder es noch nie getan hat. Deshalb war die Arbeit an diesem Buch für uns immer auch eine Gratwanderung: das Schöne zu beschreiben, ohne in Kitsch zu verfallen.

Neben diesen schwierigen Aspekten der Beziehung zwischen Mensch und Alpen gibt es natürlich auch Positives: Die Alpen zählen auch deshalb zu den schönsten Natur- und Kulturräumen Europas, weil der Mensch mit der Bewirtschaftung der Landschaft über Jahrhunderte zu der beeindruckenden kulturellen Vielfalt des Alpenraumes beigetragen hat. Der Mensch prägte und prägt die alpine Landschaft: Bergbauern schufen durch Rodung Inseln im Bergwald, die heutigen Almen oder Alpen, wie sie im alemannischen Sprachraum heißen. Erst nach diesem Eingriff des Menschen in die Natur siedelten sich viele Blütenpflanzen und Insekten dort an. Es ist der Wechsel zwischen kargen Felsen, Bergwald und Almflächen, der die Alpen so reizvoll macht. Und hätte man die Alpen nicht als Urlaubsregion entdeckt, wären heute wohl viele Täler verödet. Weil die verarmten Bewohner abgewandert wären. Die Alpen, das sind ca. 190 000 Quadrat-

DIE ALPEN VORWORT

kilometer, die von 13 Millionen Menschen bewohnt werden. Das sind acht Staaten und tausend Täler, in denen drei große Sprachräume – der romanische, der germanische und der slawische – aufeinander treffen, die noch durch zig regionale Sprachen und Dialekte bereichert werden. Natürlich kann dieses Buch nicht alle diese Regionen, Menschen und ihre Produkte vorstellen. Einen Schwerpunkt haben wir auf die im deutschen Sprachraum weniger bekannten Randgebiete der Alpen gesetzt, die Regionen in Frankreich und Slowenien. Davon abgesehen sind unsere Recherchen und Reportagen eine subjektive Auswahl, bei der wir versucht haben, das Allgemeine im Einzelnen darzustellen.

Von Struklji, Hadnsterz und Pizzocheri

Die Auswahl der Rezepte dagegen konnte systematischer stattfinden, da sich einige Grundpfeiler der alpinen Küche durch alle Länder und Regionen ziehen. Zunächst einmal war die Küche der Alpenländer eine Arme-Leute-Küche, in der wenige Produkte und eher selten Fleisch verarbeitet wurden. Oft kamen sie dann in Form von Resteverwertung mehrfach auf den Tisch. In Anlehnung an den »Röschtigraben«, wie die Schweizer ihre deutsch-französische Sprachgrenze nennen, sprechen wir in diesem Buch zum Beispiel von der »Buchweizenstraße«, die sich auf der Alpensüdseite von Slowenien bis nach Frankreich durch die Alpen zieht. Buchweizen erfüllte früher perfekt die ursprünglichen Bedingungen der Alpenküche: Billig musste das Essen sein und in punkto Anbau den rauen Bedingungen der Berge angepasst. Heute stimmt das so nicht mehr, der Anbau ist wegen der mühsamen Ernte eher teuer geworden. Doch auch heute noch haben viele Regionen ihre Spezialitäten aus Buchweizen. In Slowenien gibt's die Struklji, in Kärnten den Hadnsterz, in Graubünden die Pizzocheri, in Frankreichs Alpen die Poulente noire. Das wichtigste Produkt für die Küche der Alpen aber war und ist die Milch von Kuh oder auch Ziege, vor allem verarbeitet zu Käse. Und das ist ein weiterer wichtiger Aspekt: Das Haltbarmachen spielte in den Bergen von jeher eine große Rolle, denn es gab keine Kühlmöglichkeiten und lange Winter, in denen nichts geerntet wurde. So machte man im Sommer Milch zu Käse, Obst zu Eingemachtem, um in der kalten Jahreszeit Vorräte zu haben. Auch Futter für die Tiere war im Winter knapp. Sie wurden im Herbst geschlachtet und das Fleisch als Wintervorrat zu Wurst verarbeitet, geräuchert oder getrocknet.

Einflussreiche Nachbarschaft

Neben diesen verbindenden Elementen der alpinen Küche gibt es natürlich die Einflüsse der jeweiligen Länder und Nachbarländer. So ist zum Beispiel die Küche in einigen Teilen Österreichs, Sloweniens oder Bayern eher von der k. u. k. Monarchie, also vor allem Ungarn oder Oberitalien geprägt – man denke nur an die vielen Süßspeisen wie Marillenknödel, Topfenstrudel oder Fasnachtskrapfen. In Südtirol oder den Alpen Frankreichs dagegen ist die Küche schon sehr mediterran beeinflusst mit Risotto, Polenta oder gefüllten Teigtäschchen wie den Ravioles. Und noch ein Wort zum Schluss: Wir nahmen uns die Freiheit, die Rezepte der Alpen nicht nur zu sammeln, sondern auch zu interpretieren. Wir haben sie der heutigen Zeit angepasst – weniger fett, dafür moderner und leichter. Zum Teil haben wir kürzere Garzeiten ausprobiert und differenzierter gewürzt. Alle wichtigen Klassiker sind aber natürlich auch mit von der Partie.

Gäste zu bewirten hat in den Alpen Tradition: Hier der Gasthof Bad Dreikirchen, das historische Berghotel im Südtiroler Eisacktal. Das Haus aus dem 14. Jahrhundert wird seit 200 Jahren von einer Familie geführt.

Natur und Kultur treffen in den Alpen auf einzigartige Weise zusammen: zufällige »Land-Art« im Val di Maggia im Tessin.

Wo ein Wille ist, ist auch ein Weg: Der Nufenen-Pass verbindet die Schweizer Kantone Wallis und Tessin.

Dampfende Kühe, schwitzende Senner: Nach dem Almabtrieb brauchen Mensch und Tier erst einmal eine Verschnaufpause.

Die Almen
Milch, Butter und Käse

Almen gehören zu den Bergen wie die Kühe,

die auf ihnen weiden. Die Tiere fressen dort gehaltvolles

Gras und geben beste Milch.

Käse ist das Herz der Alpenküche: Für echten Bergkäse

wandern Kenner auf höchste Gipfel.

Käse
auf höchstem Niveau

Dieses Schwein ist glücklich: Es darf wie die Kühe den Sommer auf der Alm verbringen.

»Almkäse ist hochwertiger als jede Gänseleber«, sagt Hans Baumgartner. Der ehemalige Spitzenkoch muss es wissen, denn er ist heute Südtirols einziger Käse-Affineur. Und kauft dafür nur den besten Käse, am liebsten Käse, der auf einer Alm gemacht wurde. »Denn oben auf der Alm fressen die Kühe tolles Gras.« Je höher die Almen, desto besser die Wiesen – zwar karger, aber gehaltvoller, weil sie mager sind und deshalb viele verschiedene Kräuter wachsen. »Da wird die Milch viel komplexer und aromatischer und dann auch der Käse viel besser«, erklärt der Käse-Kenner. Der gereifte Käse schließlich verrate die Milch. Es ist sicher auch Hans Baumgartner zu verdanken, dass heute wieder viel mehr Südtiroler Almen bewirtschaftet werden.

Das war nicht immer so: Nachdem im Flachland neue Anbaumethoden und die Mechanisierung die Arbeit immer mehr erleichterten, wurde vielen Bergbauern das Leben auf der Alm zu hart; der Milchertrag war immer schon geringer als unten im Tal. Ein Bauer nach dem anderen schloss seinen Almbetrieb. Dazu kam, dass Leute wie Baumgartner, die Almbauern den Käse abnahmen, oft die Katze im Sack kauften: »Da hab ich von einem Laib Käse probiert, der hat super geschmeckt. Dann hab ich zehn bestellt, und die waren schlecht«, erinnert er sich.

Heute ist alles besser organisiert. Ein Almberater kontrolliert, macht Milchproben. So ist gewährleistet, dass die Qualität der Käse immer gleich gut bleibt. Man hat, nicht nur in Südtirol, wieder erkannt, wie wichtig die Almen für die Tiere und die Pflege der Landschaft sind.

Wellness für Kühe

Almen – sie gehören zum Bild der Alpen wie die Kühe, die auf ihnen weiden. Früher bedeutete die Almwirtschaft für den Bauern, der im Tal immer nur kleine Flächen bewirtschaften konnte, zunächst einmal eine Ausweitung seines Wirkungskreises nach oben: In den Bergen gab es zusätzliche, große Flächen, auf denen er sein Vieh weiden lassen konnte – nachdem er den Wald gerodet hatte. Zusätzliche Flächen waren auch dringend nötig: Die Bauern mussten schließlich in der kurzen Vegetationsperiode des Sommers die Lebensmittelvorräte für den langen Winter erzeugen. Noch heute gibt es auf Almen unterschiedliche Besitzverhältnisse. Sie können Privatbesitz sein oder aber Gemeinschaftsalmen mit Eigentums- und Nutzungsrechten eines ganzen Dorfes oder mehrerer Einzelpersonen.

Das Almleben war für die Menschen der Alpen immer ein Herzstück ihrer Kultur. Bis heute zeugen der feierliche Almauftrieb im Frühjahr und der Almabtrieb im Herbst davon. Und: Sommerfrische im Gebirge ist nicht nur gelebte Wellness für Menschen, sondern auch für Kühe. Früher war das Leben auf der Alm – in einigen Regionen auch Alp oder Alpe genannt – allerdings keine reine Idylle, sondern ziemlich anstrengend: Morgens um fünf Kühe melken, Vieh auf die Weide treiben, Butter rühren, Käse machen, Stall ausmisten, Holz hacken und am späten Nachmittag wieder Kühe holen, melken und kasen und so weiter und so fort. Heute ist die Arbeit dank Melkmaschinen und Co. leichter geworden, doch Handarbeit ist trotzdem noch oft gefragt: In steilen Lagen zum Beispiel müssen die Bergbauern auch heute mit der Sense mähen. Und gegen extremes Wetter sind sie natürlich nie gefeit.

Extrahart, extragut: Sbrinz aus der Schweiz

»Die Verhältnisse auf der Alp sind halt nicht so gleichmäßig wie im Tal«, erklärt uns Thomas Schnider. Der Käser mit einem Betrieb im Dorf Giswil in der Innerschweiz spricht schwyzerdütsch (Ich erlaube mir, gleich ins Hochdeutsche zu übersetzen): »Das Wetter ist unbeständiger, die Milch anders.« Im Sommer macht Schnider Käse 1540 Meter über dem Meer auf der Fluonalp am Berg Giswilerstock mit wunderschöner Aussicht. Generell habe die Milch hier oben einen höheren Fettgehalt, aber weniger Eiweiß.

Er ist heute der einzige Senner, der das ganze Jahr auf der Zajamniki-Hochalm bleibt.

Die Zajamniki-Hochalm oberhalb von Bohinj in den Julischen Alpen: Im Sommer werden hier viele Weiden bewirtschaftet.

Mit der Hand wird auch auf der Alm nicht mehr oft gemolken.

Lebendige Werbung: Ein Almwirt in Österreich schreibt auf seine Kühe die Speisekarte.

Das Auge isst mit: Noch heute presst man häufig die frische Butter mit einem Holzmodel in hübsche Formen.

Ja, selbst die Art der Stromzufuhr müssen sie hier oben beim Käsen beachten: Wenn der Strom vom Diesel-Motor kommt, laufen die Geräte langsamer, als wenn er vom Wasserwerk geliefert wird. Die tägliche Arbeit sei oben schon schwieriger als unten, meint Schnider, aber »weil es nur sechs Monate sind, gibt's keine Betriebsblindheit. Und weniger Keime!« Die Milch kommt von 140 Kühen, die auf den Weideflächen ringsum grasen und von vier Älplern gemolken werden. Schnider zeigt uns den kleinen Käserei-Raum. Hier machen er und Torsten, sein Assistent aus Frankfurt, Frischkäse und Butter. Ihre Spezialität ist Sbrinz, ein Hartkäse, den nur 34 Käsereien in den Kantonen Luzern, Obwalden und Nidwalden herstellen – nach traditioneller Methode aus Rohmilch, Lab und Salz in Kupferkesseln. Und in Handarbeit. »Es gibt keine Zusatzstoffe wie bei einem unserer Konkurrenzprodukte, dem Grana«, sagt Schnider. Das verbiete schon der »Schweizer Ehrenkodex«.

In Deutschland ist dieser Käse kaum bekannt – Sbrinz essen die Schweizer am liebsten selber. Seit Jahrhunderten schon exportieren sie aber einen Teil auch über die Berge nach Norditalien, früher per Maulesel. Den Pfad vom Vierwaldstättersee über Brünig- und Grimselpass nannte man früher Sbrinzroute.

Der Käse hat seinen Namen übrigens schon seit 1530 – da wurde er erstmals aus der ganzen Region im Städtchen Brienz gesammelt, bevor man ihn nach Italien transportierte. Die Italiener nannten ihn deshalb »Sbrinzo« oder eben Sbrinz. Der Käse schmeckt sehr würzig und soll mindestens zwei Jahre alt sein, bevor er auf den Tisch kommt. Weil er sehr trocken und salzhaltig ist, hält er sich bis zu sieben Jahre. »Wir Schweizer reiben Sbrinz auch über Nudeln. Muss ja nicht immer Parmesan sein.« Oder sie essen ihn als »Möckli« zum Aperitif, das heißt, sie brechen Stückchen aus dem Käselaib.

Käsemachen mit Liebe und Sorgfalt

Torsten schüttet Lab in die auf 32 Grad erwärmte Milch im großen Kupferkessel. »Der ist traditionell bei uns. Kupfer desinfiziert«, so Schnider. »Es heißt auch, dass Kupferspuren die Milch positiv beeinflussen.« Nach einer halben Stunde gerinnt die Milch. »In Deutschland arbeiten wir sehr genau«, meint Torsten, »aber hier in der Schweiz achten sie echt auf Zehntelsekunden.« Mit der Käseharfe schneidet er die Masse in kleine Stücke. Je kleiner die Stücke sind, desto weniger Wasser enthält das Endprodukt. Im Gegensatz zu Weichkäse wird extraharter Käse wie der Sbrinz zudem noch auf 57 Grad erwärmt, wodurch die Käsestückchen, das sogenannte Käsekorn, weiter Wasser verlieren, die Molke. Deshalb – und wegen der unterschiedlichen Lagerung – ist extraharter Käse so lange haltbar.

Die Molke fressen später übrigens Schniders Schweine, die hier auf der Alm auch einen glücklichen Sommer verbringen dürfen. Schließlich füllen Torsten und Schnider die Käsemasse in die Formen, belegen sie mit den Kaseinmarken – dem Käsepass mit Infos zu jedem einzelnen Käse – und pressen sie in einer kleinen Maschine zu runden Laiben. Schnider erklärt uns den weiteren Verlauf: »Dann kommt der Käse ins Salzbad. Dort bildet er eine feste Rinde, die ist für die spätere Lagerung wichtig. Nach 18 Tagen nehmen wir die Laibe raus und waschen sie mit einer Bürste und Wasser ab, damit die Oberfläche glatter wird. Und dann werden sie vier Wochen bei 12 bis 18 Grad trockengereift und abgeschwitzt. An der Oberfläche bildet sich ein Fettfilm, und wir wenden jede Woche alle Laibe und reiben sie mit einem Lappen ab.« Erst danach kommt der Käse in einen Keller, wo er bei 9 bis 14 Grad und einer Luftfeuchtigkeit von 70 Prozent mindestens 16 Monate reift. Und zwar – auch das eine Besonderheit beim Sbrinz – stehend, damit möglichst viel Sauerstoff an die Laibe kommt.

Im Beizli

Nach so viel Theorie sind wir hungrig und setzen uns erstmal ins »Beizli«, Schnider und seine Frau führen nämlich auch eine Gaststube. Und wir bekommen die Spezialität der Gegend vorgesetzt: Älplermagronen, ein deftiges Gericht aus Nudeln, Kartoffeln und ganz viel geriebenem Sbrinz. Nach einer Weile setzt sich der Chef zu uns und erzählt noch ein bisschen. »Heu«, meint er, »ist haltbar gemachtes Gras und Käse eben haltbar gemachte Milch.« Und das sei schon immer wichtig gewesen für die Leute früher ohne Kühlschrank. Außerdem verrät er einen ganz speziellen Grund, warum die Kühe heutzutage mehr Milch geben als früher: Der Alpaufgang im Frühjahr strengt das Vieh so an, dass es erst mal viel weniger Milch gibt. Was machen also die effizienten Schweizer heute? Fahren ihre Kühe mit dem LKW hoch auf die Alm.

Fluonalp in der Innerschweiz: Jeden Morgen bringen die Älpler der Umgebung die frisch gemolkene Milch der ihnen anvertrauten Kühe. Dann beginnen die Käser mit ihrer Arbeit.

Ist es schon so weit? Käser Torsten prüft die Konsistenz der gestockten Milchmasse.

Thomas Schnider erklärt, wie wir seinen Käse essen sollen: Sbrinz schmeckt am besten gehobelt oder gebröckelt.

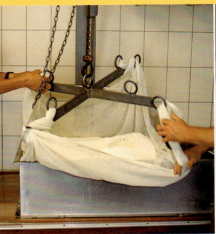

Der Käsebruch wird mit einem Tuch aus der Molke gehoben (links) und anschließend in Formen gepresst (rechts).

Giorgio Dazio ist Käser mit Leib und Seele: Seine Almhütte wird kein Ausflugslokal.

»Campo La Torba«
Glückliche Kühe, glückliche Schweine

Für Kenner ist die Sache klar: Bergkäse ist die S-Klasse unter den Milchprodukten. Im Sommer fressen die Kühe auf der Alm saftiges Gras und geben ihre aromatischste Milch – beste Voraussetzung für guten Käse.

Als erstes sehen wir die Schweine. Wie die Kühe dürfen sie hier auf der Alm grasen. Viele ihrer Artgenossen auf anderen Almen verbringen ihr Leben für Besucher unsichtbar in engen Ställen neben den Käsereien, wo sie das Abfallprodukt – die Molke – zu fressen bekommen. Die Schweine hier auf der Alm »Campo La Torba« aber haben Schwein gehabt und führen einen Sommer lang ein richtig gutes Leben.

Käse ist kein Industrieprodukt
Ganz am Ende des Maggia-Tales bei Locarno im Tessin macht Giorgio Dazio Käse. Jedes Jahr von Mitte Juni bis Ende September ist er hier auf der Alm. Zusammen mit vier Helfern und 90 Kühen. 50 davon gehören ihm und dem Onkel. »Es sind immer zwei Männer bei den Kühen auf den Weiden, zwei beim Käsen und einer in der Küche«, erklärt Dazio. Heute ist er zusammen mit einem der portugiesischen Arbeiter in der kleinen Käserei neben den Wohnräumen. Auf dem Programm stehen: Butter, Käse und Ricotta. Der wird täglich runter ins Tal gebracht und an Dorfläden und Gastwirtschaften verkauft. Die Wände sind gekachelt, die Hygiene wird streng eingehalten, doch »es kann schon mal vorkommen, dass eine Fliege in der Molke landet.« Dazio seufzt: »Die Fliegen sind ein Problem hier oben, aber so ist es halt. Wir machen ja kein Industrieprodukt.« Und damit ist die Sache für ihn erledigt.

Von wegen Ruhe auf der Alm
Seine Familie geht seit 1904 auf die Alm, Giorgio hat schon als Fünfjähriger geholfen. Damals war natürlich alles noch anders, kein Strom, große Abgeschiedenheit – auf einen Fels haben früher die Senner jeden Sommer die Jahreszahl geritzt. Heute ist keine Zeit mehr fürs Felsritzen, neben der Hütte brummt ein Generator, und es kommen so viele Wanderer und auch Autos an der Almhütte vorbei, dass »ich hier eine Terrasse für Sommerfrischler aufmachen könnte.« Dazio lacht: »Aber ich bin Käser. Ich will nicht viele Sachen schlecht machen, sondern nur zwei, die aber gut.« Und der Käse, den er macht, der ist gut, verdammt gut.

BERGKÄSE INFO

Auf Holzregalen reift der Almkäse. Gut schmeckt er gerieben und gratiniert auf Polenta (oben).

Polentagratin mit Bergkäse

Zubereitungszeit: 55 Min.
Backzeit: 45 Min.
Pro Portion ca.: 670 kcal

Zutaten für 4 Personen:
1/2 l Brühe oder Wasser
700 ml Milch
Salz, Pfeffer, geriebene Muskatnuss
300 g Maisgrieß (Polenta, s. Tipp und Seite 101)
1 TL Öl
1 EL Butter
1 Knoblauchzehe
200 g Sahne
100 g Bergkäse

Brühe oder Wasser mit 1/2 l Milch aufkochen lassen und mit Salz, Pfeffer und Muskat kräftig abschmecken. Den Maisgrieß unterrühren und nach Packungsanweisung ca. 45 Min. garen, dabei oft umrühren.

Ein Backblech ölen, die fertige Polenta darauf streichen, abkühlen lassen und in 5 cm große Quadrate schneiden. Den Backofen auf 190° vorheizen. Eine große Auflaufform buttern, Polentastücke einschichten. Knoblauch schälen, quetschen und mit der restlichen Milch und der Sahne mischen. Alles kräftig würzen, abschmecken und über die Polentastücke gießen. Den Käse reiben und über die Polenta streuen. Polenta im heißen Ofen (Mitte, Umluft 170°) ca. 45 Min. überbacken. Im Sommer mit einem großen Salat servieren. Besonders gut dazu passt unser Löwenzahnsalat (s. Seite 26).

TIPP

Schneller geht's, wenn Sie Instant-Maisgrieß verwenden. Der ist bereits vorgegart und dann wieder getrocknet, die Garzeit beträgt meist nur 5 Min. Die Flüssigkeitsmenge kann bei dem Schnellkoch-Maisgrieß um ein Viertel verringert werden.

Saure Milch mit Kartoffeln und Gurken

Zubereitungszeit: 30 Min.
Pro Portion ca.: 275 kcal

Zutaten für 4 Personen:
600 g fest kochende Kartoffeln
Salz
1 Salatgurke
1–2 Frühlingszwiebeln
1/2 TL Kümmel
1 kg Dickmilch
Pfeffer

Die Kartoffeln mit Schale in kochendem Salzwasser je nach Größe in 15–25 Min. garen. Währenddessen die Gurke schälen, längs vierteln, das Kernhaus herausschneiden. Gurkenfruchtfleisch in dünne Scheiben schneiden. Frühlingszwiebeln putzen, waschen und fein schneiden.

Kümmel mit 1 TL Dickmilch auf einem Schneidebrett fein hacken, mit der restlichen Dickmilch verrühren. Dickmilch mit Salz und Pfeffer kräftig abschmecken.

Die Kartoffeln abgießen, kurz abschrecken und pellen, anschließend in dicke Scheiben schneiden und mit Dickmilch und Gurken mischen, Frühlingszwiebeln darüber streuen und servieren.

TIPP

Nicht authentisch, aber sehr lecker: Träufeln Sie etwas aromatisches Olivenöl über das fertige Gericht. Wenn Sie den Geschmack von rohen Frühlingszwiebeln nicht mögen, ist Kresse eine gute Alternative.

Warmer Endiviensalat mit Grammeln

Zubereitungszeit: 35 Min.
Pro Portion ca.: 380 kcal

Zutaten für 4 Personen:
1 Endiviensalat
100 g Roggenbrot
200 g ungesalzener, weißer Speck in 5 mm dünnen Scheiben
Salz
1 Knoblauchzehe
1 TL Kümmel
3 EL Apfelessig
Pfeffer

Endiviensalat putzen, waschen und trockenschleudern, die Blätter in schmale Streifen schneiden. Das Roggenbrot würfeln.

Den Speck ebenfalls würfeln, das geht am einfachsten, wenn Sie die Speckscheiben vorher ca. 10 Min. in das Tiefkühlfach legen. Speckwürfel in einem kleinen Topf bei mittlerer Hitze in ca. 15 Min. auslassen, bis das Fett klar ist und die Speckwürfelchen hellbraun sind. Alles in ein Drahtsieb über einer Pfanne abgießen, Speckwürfel gut abtropfen lassen. 4 EL Fett aus der Pfanne nehmen. Im restlichen Fett die Brotwürfel knusprig braten, auf Küchenpapier abtropfen lassen und leicht salzen.

Knoblauch schälen und mit dem Kümmel hacken. In den 4 EL Schmalz kurz anrösten, mit Apfelessig ablöschen und vom Herd nehmen. Sauce mit Salz und Pfeffer abschmecken. Endiviensalat mit der warmen Sauce mischen und mit den Grammeln, also den Speckwürfeln, und den Brotwürfeln bestreut sofort servieren, z. B. zu glasierten Schinkenscheiben (s. Seite 150) und Salzkartoffeln.

Variante
Für die slowenische Version dieses Salats ersetzen Sie das selbstgemachte Schmalz für die Salatsauce durch Schweineschmalz vom Metzger oder Sonnenblumenöl. Lassen Sie die Grammeln einfach weg.

ALPENKÜCHE VORSPEISEN UND KÄSESPEZIALITÄTEN

Im Wallis gibt es Sérac-Käse zum Saubohnensalat. Auch außerhalb der Schweiz finden Sie diesen würzigen Alp-Ziger-Käse manchmal in gut sortierten Käsegeschäften.

Schwarzer Rettich
heißt auch Winterrettich und hat von Oktober bis April Saison. Ein wirksames Hausmittel ist Hustensaft aus Winterrettich: Dazu 200 g Rettich in dünne Scheiben schneiden und mit 3 EL flüssigem Honig in eine Schüssel schichten. Zudecken und mindestens 8–10 Std. ziehen lassen. Dann den Saft, der sich gebildet hat, abgießen und über 24 Std. verteilt einnehmen. Damit der Saft gut wirkt, sollten Sie immer wieder kleine Mengen davon frisch zubereiten.

ALPENKÜCHE VORSPEISEN UND KÄSESPEZIALITÄTEN

Schwarzer Rettichsalat mit Forellenfilets

Zubereitungszeit: 20 Min.
Pro Portion ca.: 300 kcal

Zutaten für 4 Personen:
1 Stange Lauch
Salz
500 g schwarzer Rettich
1 Birne oder 1 Apfel
1 TL Zitronensaft
4 EL Joghurt
3 EL Öl (z. B. Nussöl)
Pfeffer
4 geräucherte Forellenfilets

Den Lauch putzen, gründlich waschen und in 5 mm dicke Ringe schneiden. Lauch bei schwacher Hitze mit 2 EL Wasser und 1 Prise Salz in einer Pfanne zugedeckt 10 Min. dünsten.

Rettich schälen und möglichst fein reiben, Birne oder Apfel vierteln, das Kerngehäuse entfernen, das Fruchtfleisch in dünne Scheiben schneiden. Fruchtscheiben, Rettich und Lauch mit Zitronensaft, Joghurt und Öl mischen, salzen und pfeffern und mit den Forellenfilets servieren. Dazu passt kräftiges Brot.

Variante
In Südtirol gibt es schwarzen Rettichsalat zu Buchweizenknödeln (s. Seite 121). Verwenden Sie dann für das Dressing statt Joghurt 1 EL Zitronensaft und statt 3 EL 5 EL Öl.

Saubohnensalat mit Bergkäse

Zubereitungszeit: 30 Min.
Pro Portion ca.: 650 kcal

Zutaten für 4 Personen:
1 1/2 kg Saubohnen in der Schote
(ersatzweise 400 g TK-Bohnen; s. auch Tipp), Salz
1 kleiner Kopf Salat
2–3 Zweige Bohnenkraut
1/2 Bund Petersilie, 1 EL Weißweinessig
1 TL scharfer Senf, Pfeffer
5 EL Sonnenblumenöl
100 g gereifter Bergkäse

Die Bohnenkerne auspalen, also aus der Schote lösen. In einem großen Topf Salzwasser aufkochen lassen, Kerne darin 5 Min. kochen lassen, abgießen und abschrecken. Bohnen aus den Häuten lösen. Das geht am einfachsten, wenn Sie den Ansatz der Bohne abknipsen und den Bohnenkern dann aus der Schale drücken. Vorsicht! Die Bohnenkerne hüpfen wie nasse Seife in der Badewanne.

Salat und Kräuter waschen und trockenschleudern. Kräuterblättchen abzupfen.

1 EL Bohnenkerne mit 2 EL Wasser, Essig, Senf, Salz, Pfeffer und Kräuterblättchen in einem hohen Becher mit einem Pürierstab mixen. Dabei langsam das Öl dazugießen, bis eine cremige Sauce entsteht. Sauce kräftig abschmecken.

Den Bergkäse in kleine Stückchen, »Bröckli«, brechen. Bohnen und Salat mit der Sauce mischen, den Käse darüber streuen oder in einem Schüsselchen dazu servieren.

TIPP
Ein Luxusrezept! Nicht weil Saubohnen teuer wären, sondern weil es viel Arbeit macht, die Bohnenkerne von ihren zähen Häuten zu befreien. Sie können die Bohnen auch mit Haut essen oder Hülsenfrüchte verwenden, die Sie nicht schälen müssen, z. B. Kichererbsen aus der Dose.

Les Clarionds heißt das winzige Dorf im Ubaye-Tal, in dem Christiane mit ihren Ziegen lebt und wunderbaren Käse macht.

Christiane Peytral
Käse von schönen Ziegen

Frankreich ist ein Paradies für Liebhaber von Ziegenkäse: Mehr als hundert verschiedene Sorten werden hier hergestellt, viele aus Rohmilch. So vielfältig wie ihre Geschmacksnuancen sind auch die Formen – man kauft sie als Rollen, Pyramiden, Kegel, Taler oder kleine Zylinder.

Es war einmal ein Mädchen, das lebte ganz allein in einem einsamen Tal … So fangen Märchen an – und die Geschichte von Christiane Peytral. Mit 23 Jahren ging sie zurück ins Haus ihrer Großeltern, die längst fortgezogen waren aus ihrem Drei-Häuser-Dorf in einem entlegenen Tal der französischen Alpen bei Barcelonnette. So wie die Nachbarn auch. Keine Menschenseele lebte mehr dort, als Christiane kam und 20 Ziegen mitbrachte. Sie ließ einen Stall bauen und kümmerte sich um die jungen Tiere, die noch keine Milch gaben. Im Jahr darauf baute sie den ehemaligen Stall des Bauernhauses zur Käserei um. Und begann das zu machen, was sie in der Landwirtschaftsschule in Gap gelernt hatte: Käse.

Nur die Ziegen meckern
Das war 1993. Inzwischen hat Christiane 50 Ziegen und zur Zeit 30 Zicklein. Und sie lebt nicht mehr ganz allein in dem Weiler – ins Nebenhaus sind wieder Leute eingezogen. Auch das dritte Haus wird an den Wochenenden von einem ruhesuchenden Rentnerpaar aufgesucht. Ruhig ist es hier immer noch. Nur das Meckern der Ziegen hört man und jede Stunde die Kuckucksuhr, die Christiane in ihren kleinen Verkaufsraum gehängt hat. »Weil ich nie auf die Uhr schaue und sonst immer zu spät dran wäre.«

Ein Orden für Bio-Käse
Und die Zeit muss eingehalten werden beim Käsemachen, sonst gibt's Klumpen. Stolz lässt uns die junge Käserin ihren Ziegenkäse probieren: den kleinen »Tom sec«, der drei Monate gereift ist, den »Cachaille«, der mit dem Alpenkraut Eberraute – in dieser Gegend unter dem französischen Namen »Génépi« sehr bekannt – fermentiert wurde oder den jungen »Faiselle«. Sogar Konfitüre aus Ziegenmilch hat sie ausprobiert. Und alles ist Bio: Christianes Ziegen haben nur Heu und Getreide auf dem Speiseplan. An der Wand hängt eine Auszeichnung für den besten Ziegenkäse im ganzen Vallée du Lavercq. Christiane lacht: »Das ist ein Witz! Ich bin doch hier eh' die einzige, die Käse macht.« Aber sie hat für ihren Ziegenkäse auch schon einen ech-

ZIEGENKÄSE REPORTAGE

ten Preis vom Landwirtschaftsministerium bekommen, den »Orden um landwirtschaftliche Verdienste«.

Sieben Tage Arbeit

Den hat sie verdient, denn sie hat sich mit Haut und Haaren ihren Ziegen und dem Käse verschrieben. Inzwischen hilft ihr die Mutter. Sie führt die Ziegen vormittags und nachmittags für ein paar Stunden raus auf die steilen Weiden. Christiane hat aber immer noch genug zu tun und nicht gerade das, was man eine 35-Stunden-Woche nennt: Morgens um sechs melkt sie alle Ziegen, abends noch mal – jede Ziege gibt pro Tag zwei bis drei Liter Milch. Am Vormittag macht sie Käse. Mittwochs und freitags fährt sie auf die Märkte der umliegenden Städtchen, um den Käse zu verkaufen. Auf dem Weg beliefert sie ein paar Restaurants der Umgebung.

Und zu Ostern Zickleinbraten ...

Bald ist Ostern, und da ist Zickleinbraten gefragt. In der Herde springen besonders viele Jungtiere herum. Wenn sie drei Monate alt sind, können sie verkauft werden. Deshalb überlässt Christiane nichts dem Zufall: Weil Ziegen fünf Monate trächtig sind, dürfen die beiden Ziegenböcke genau acht Monate vor Ostern ihre Weibchen besteigen. Außerhalb dieser Zeit hält Christiane die Böcke von der Herde getrennt.
Wir stehen am Rand der Steilwiese, schauen zu, wie die Ziegen ihr Mittagessen zupfen. Die schneeweißen Tiere gehören zur Schweizer Rasse der Saanen. Ein braunes Tier ist in der Herde, eine Chamois-Ziege. Am Anfang hatte Christiane nur Ziegen dieser Rasse. »Sidonie hier behalte ich auf jeden Fall, weil sie die Älteste ist.« Zwei Zicklein knabbern an meiner Jeans, eine große schaut dem Fotografen wie ein Model direkt in die Kamera. Und wir finden, dass Christiane recht hat: Ziegen sind wunderschöne Tiere!

Käserin Christiane *verwendet für die Quiche Ziegenfrischkäse aus der Milch ihrer eigenen Ziegenherde (s. Seite 22). Für die oberste Schicht reibt sie kleine, 3–6 Monate gereifte, harte Ziegenkäse, die dem Crottin de Chavignol ähneln. Thymian, Lavendel und Rosmarin geben der Quiche eine provenzalische Note.*

Spargelsalat mit Ziegenkäse-Krusteln

Zubereitungszeit: 40 Min.
Pro Portion ca.: 330 kcal

Zutaten für 4 Personen:
400 g neue Kartoffeln
400 g grüner Spargel, 1 Zwiebel
5 EL Olivenöl, Salz, Pfeffer
100 g Ziegenhartkäse (Tomme de chèvre) in dünnen Scheiben
1 EL Zitronensaft, 2 EL kräftige Brühe
1 TL Zitronengelee oder Quittengelee
1 TL scharfer Senf, 1/2 Bund Petersilie
2 Zweige Ysop oder Thymian
2 EL kleine, schwarze Oliven
Außerdem: Backpapier

Die Kartoffeln sauber schrubben und mit Schale in 5 mm dicke Scheiben schneiden. Holzige Enden vom Spargel abschneiden. Spargelstangen ebenfalls schräg in Scheiben schneiden. Zwiebel schälen, halbieren und in dünne Spalten schneiden. Alles in 1 EL Olivenöl zugedeckt ca. 12 Min. dünsten, mit Salz und Pfeffer würzen, dann etwas abkühlen lassen.

Inzwischen Backofen auf 250° (Umluft 225°) vorheizen. Mit einer 6–7 cm großen Ausstechform aus dem Käse 8 dünne Kreise ausstechen und auf ein mit Backpapier belegtes Blech legen. Im heißen Ofen (Mitte) in ca. 5 Min. hellgolden überbacken. Herausnehmen und abkühlen lassen. Weitere 8 Ziegenkäse-Krusteln backen.

Zitronensaft, Brühe, Gelee und Senf verrühren, mit Salz und Pfeffer würzen. Kräuter waschen, Blättchen abzupfen und grob hacken, mit dem restlichen Olivenöl dazugeben. Im Mixer oder mit einem Pürierstab mixen, bis eine cremige Sauce entsteht. Die Oliven in die fertige Sauce geben. Gemüse mit der Sauce mischen und mit den Ziegenkäse-Krusteln servieren.

Ziegenkäse-Tomatenquiche

Zubereitungszeit: 30 Min.
Ruhezeit: 30 Min.
Backzeit: 40 Min.
Bei 12 Stück pro Stück: ca.: 260 kcal

Zutaten für 1 Quiche- oder Tarteform mit ca. 28 cm Ø:
150 g kalte Butter (+ Butter für die Form)
250 g Mehl (+ Mehl für die Arbeitsfläche), Salz
1 kg Eiertomaten
1/2 Bund gemischte Provence-Kräuter (Thymian, Lavendel, Rosmarin)
1/2 TL getrockneter Oregano
200 g Ziegenfrischkäse
1 TL grober Dijon-Senf, Pfeffer
2 EL geriebener Ziegenkäse (z. B. harter Crottin de Chavignol; ersatzweise anderer Hartkäse)
4 EL Olivenöl

Die Butter in Stückchen schneiden. Mit den Fingerspitzen Mehl und Butter mit 1 Prise Salz und 5 EL Wasser verkrümeln. Zu einem Teig verkneten. Teig 30 Min. ruhen lassen.

Backofen auf 200° (Umluft 180°) vorheizen. Die Tomaten überbrühen, häuten und vierteln, dabei Stielansätze und Kerne entfernen. Die frischen Kräuter waschen, die Blättchen abzupfen und grob hacken. Die Hälfte der Kräuter mit dem Oregano mischen, mit dem Frischkäse und dem Senf verrühren. Käsecreme mit Pfeffer würzen. Teig auf einer mit Mehl bestäubten Arbeitsfläche rund ausrollen und in die gebutterte Form legen. Käsecreme auf dem Teig verteilen, mit Tomaten belegen, mit Ziegenkäse bestreuen, pfeffern und mit 2 EL Olivenöl beträufeln.

Die Quiche im heißen Ofen (unten) 40 Min. backen, aus dem Ofen nehmen, mit den restlichen Kräutern, Pfeffer und etwas Salz bestreuen und noch einmal mit Olivenöl beträufeln. Am besten heiß oder warm servieren.

ALPENKÜCHE VORSPEISEN UND KÄSESPEZIALITÄTEN

Löwenzahnsalat

Zubereitungszeit: 15 Min.
Pro Portion ca.: 350 kcal

Zutaten für 4 Personen:
100 g Löwenzahn, 1 Bund Petersilie
1 Scheibe Roggenbrot
75 g Räucherspeck in dünnen Scheiben
2–3 Knoblauchzehen
3 EL Weißweinessig
1 TL scharfer Senf
1 EL Quittengelee
Salz, Pfeffer
100 ml Sonnenblumenöl

Löwenzahn und Petersilie gründlich waschen, verlesen und trockenschleudern. Die Petersilie grob hacken. Brot und Speck in schmale Streifen schneiden. Knoblauch schälen und hacken.

Speckstreifen in einer kleinen Pfanne knusprig braten, immer wieder umrühren. Den Speck mit einer Gabel aus der Pfanne auf ein Küchenpapier schieben und abtropfen lassen. Brotstreifen im restlichen Bratfett hellbraun braten, dann aus der Pfanne nehmen.

Den Knoblauch in die Pfanne geben, einige Sekunden unter Rühren dünsten. Mit Weißweinessig ablöschen. Pfanne vom Herd nehmen, Knoblauch und Essig in einen hohen Rührbecher umfüllen. Petersilie, Senf, Quittengelee und 2 EL Wasser – oder 2 EL von dem Weißwein, den Sie zu dem Salat servieren – zum Knoblauch geben. Alles salzen, pfeffern und mit einem Pürierstab mixen. Dabei langsam das Öl dazugießen, bis eine cremige Sauce entsteht. Den Löwenzahn mit der Sauce mischen und mit Speck- und Brotstreifen bestreut servieren.

TIPP

Löwenzahn schmeckt gut als zartbitteres Gewürz für Füllungen von Schlutzkrapfen (s. Seite 114) oder Buchweizen-Teigtaschen (s. Seite 120). Als Gewürz reicht eine kleine Menge Löwenzahn – ein kleines Bund vom Markt oder so viel, wie Sie gerade im Garten finden.

Spinatpfannkuchen

Zubereitungszeit: 30 Min.
Pro Portion ca.: 200 kcal

Zutaten für 4 Personen:
Salz, 500 g Blattspinat (frisch oder TK)
100 g Mehl
4 Eier
150 ml Milch
2 EL Olivenöl
Pfeffer
1 TL Fenchelsamen
1 EL Essig (z. B. Balsamessig)

In einem großen Topf Salzwasser aufkochen lassen. Spinat verlesen, dabei Wurzeln, dicke Stiele und welke Blätter entfernen. Spinatblätter waschen und im Salzwasser 2 Min. kochen lassen, abgießen und kalt abschrecken. Den Spinat ausdrücken und grob hacken.

Das Mehl, die Eier, die Milch und das Olivenöl glatt rühren, mit Salz, Pfeffer und Fenchelsamen würzen. Den Spinat unterrühren.

In einer beschichteten Pfanne nacheinander 4 große oder 8 kleine Pfannkuchen backen. Kurz vor Ende der Backzeit Pfannkuchen jeweils mit wenigen Tropfen Essig beträufeln. Die Pfannkuchen warm oder kalt servieren, z. B. mit Weißbrot, Käse und Salat.

Varianten
Je nach Jahreszeit bereitet man die Pfannkuchen in den provenzalischen Alpen statt mit Spinat auch mit anderen grünen Blättchen zu: mit wilden Spinatsorten (z. B. guter Heinrich), Mangold, Brennnesselspitzen oder auch Löwenzahn.

ALPENKÜCHE VORSPEISEN UND KÄSESPEZIALITÄTEN

Allgäuer Zwiebelkuchen

Zubereitungszeit: 45 Min.
Backzeit: 40 Min.
Bei 6 Personen pro Portion ca.: 585 kcal

Zutaten für 1 kleines Blech oder
1 Quicheform mit ca. 28 cm Ø:
150 g Mehl (+ Mehl für die Arbeitsfläche)
100 g kalte Butter (+ Butter für die Form)
50 g gemahlene Mandeln
1 EL Zucker, Salz
3 Eier
1 kg Zwiebeln
100 g Räucherspeck
1 Bund Petersilie
125 g Sahne
125 g Crème fraîche
Salz, Pfeffer, geriebene Muskatnuss

150 g Mehl auf eine Arbeitsfläche sieben. Butter in Stückchen schneiden. Mandeln, Zucker, 1 TL Salz und 1 Ei dazugeben, alles mit den Fingerspitzen verkrümeln. Teig zügig zu einer Kugel kneten, in Folie wickeln und 30 Min. im Kühlschrank ruhen lassen.

Inzwischen Zwiebeln schälen, halbieren und in Scheiben schneiden. Den Speck in Streifen schneiden und in einer großen Pfanne bei schwacher Hitze auslassen. Die Zwiebeln zugeben und goldbraun dünsten. Während die Zwiebelmischung abkühlt, Petersilie waschen. Blättchen abzupfen, hacken und mit Sahne, Crème fraîche und den übrigen Eiern verschlagen. Mit Salz, Pfeffer und Muskat kräftig abschmecken.

Den Backofen auf 180° (Umluft 160°) vorheizen. Teig auf einer mit Mehl bestäubten Arbeitsfläche rund ausrollen, die gebutterte Form damit auslegen. Mit einer Gabel Löcher in den Teigboden stechen, damit sich keine Blasen bilden.

Zwiebelmasse in die Form füllen, mit der Eiersahne begießen und im heißen Ofen (unten) in 35–40 Min. goldbraun backen. Dazu passt am besten junger Wein oder Federweißer.

Pissaladière

Zubereitungszeit: 30 Min.
Ruhezeiten: 24 Std. und 45–60 Min.
Garzeit: 3–4 Std.
Backzeit: 30 Min.
Bei 6 Personen pro Portion ca.: 510 kcal

Zutaten für 1 Blech:
1,8 kg Zwiebeln
3–4 Zweige Bohnenkraut
ca. 200 ml Olivenöl
Salz, Pfeffer
300 g Mehl (+ Mehl für die Arbeitsfläche)
1 Päckchen Trockenhefe
12 Sardellenfilets
3 EL kleine schwarze Oliven
Außerdem: Backpapier

Die Zwiebeln schälen, halbieren und in dünne Scheiben schneiden. Bohnenkraut waschen. Blättchen abzupfen und fein hacken. Zwiebeln und Kräuter in einer Schüssel mit je 150 ml Olivenöl und Wasser zugedeckt 24 Std. marinieren. Am nächsten Tag alles in einem schweren Topf aufkochen lassen. Zwiebeln dann zugedeckt bei sehr schwacher Hitze in 3–4 Std. butterweich kochen. Gegen Ende der Garzeit mit Salz und Pfeffer würzen, den Deckel abnehmen und das restliche Wasser verdunsten lassen.

Das Mehl mit 1/2 TL Salz, Trockenhefe, 175 ml Wasser und 3–4 EL Olivenöl verkneten, bis der Teig nicht mehr klebt. Teig mit einem Tuch zudecken und an einem warmen Platz 45–60 Min. gehen lassen, bis sich das Teigvolumen verdoppelt hat.

Den Ofen auf 200° (Umluft 180°) vorheizen. Den Teig auf einer mit Mehl bestäubten Arbeitsfläche ausrollen und auf ein mit Backpapier belegtes Blech legen. Die Zwiebelmischung auf dem Teig verteilen.

Pissaladière im heißen Backofen (unten) in ca. 30 Min. goldbraun backen. Aus dem Ofen nehmen, Sardellenfilets und Oliven auf dem Kuchen verteilen und Pissaladière heiß oder kalt servieren.

Bei der Tarrenzer Fasnacht lassen es die Maskierten ordentlich krachen – sogar in die Lüfte schwingen sie sich.

Feminin wirken die Roller mit ihrem prächtigen Kopfschmuck und dem Gürtel mit Glöckchen. Die bringen sie durch Luftsprünge zum Klingen.

Fasnacht in Tirol
Von Hexen, Rollern und Schellern

Alte Bräuche wie die Fasnacht feiern die Menschen im Alpenraum ausgiebig. Die »Fastnacht« war ursprünglich die Nacht vor der Fastenzeit. Berühmt ist der Schemenlauf in Tirol. Er heißt so, weil nicht nur »schiache«, also hässliche, sondern auch schöne Masken – die Schemen – mit von der Partie sind.

Ogott, meint die Hexe etwa mich? Mit ihrer hölzernen Maske schaukelt sie auf mich zu, packt meinen Arm, zieht mich aus der kreischenden Menschenmenge zu einem der Umzugswagen. Da muss ich mich mit ein paar Münzen freikaufen. Zur Belohnung krieg' ich einen Schnaps und die Hexe greift sich johlend ein anderes Opfer.

Den Winter verjagen
Ganz Tarrenz ist heute auf den Beinen. Und dazu hunderte Schaulustige. Denn heute ist Fasnacht in Tarrenz. Und die ist in dem Tiroler Dorf so etwas wie der höchste weltliche Feiertag. Nur alle vier Jahre wird sie gefeiert – die Tarrenzer wechseln sich mit den umliegenden Orten ab. Einer der im ganzen Alpenraum berühmtesten Fasnachtsumzüge ist der im Nachbardorf Imst. Weil Imst an den alten Handelsstraßen nach Vorarlberg und ins Engadin liegt, ist der Imster Schemenlauf ein Musterbeispiel alemannischen Brauchtums. Wie auch in anderen Regionen soll mit diesem alten Ritual der Winter ausgetrieben werden. Früher nutzten viele Menschen die Fasnacht aber auch, um vor der langen Fastenzeit ein letztes Mal über die Stränge zu schlagen und sich ordentlich satt zu essen.

Nach der Schmach ein Schnaps
Kanonenschüsse hallen durch den von schroffen Bergen umgebenen Talkessel, gellende Schreie zerschneiden die eiskalte Februarluft. Es regnet Bonbons. Kinder klauben sie schnell von der Straße auf. Die Zuschauer wärmen sich die Finger an einer Tasse Glühwein. Plötzlich saust eine Hexe auf einem Besen vorbei – auf motorbetriebenen Rollerblades. Die »Ordnungsmasken« verweisen die Besucher zur allgemeinen Gaudi äußerst rüde auf ihre Plätze. Finstere Gestalten treiben ihr Unwesen: die ganz mit Baumbart bedeckten Waldmandln, die Bären und Sackner, die schiachen Teufl. Da werden Leute in fahrende Badezuber gesetzt und mit Waschpulver, eigentlich Styroporkugeln, überschüttet, in eine Art Kinderwagen gesteckt oder mit einer Riesen-

BRAUCHTUM REPORTAGE

Der Laggerroller. Zusammen mit dem Laggerscheller bildet er ein Paar, das Roller und Scheller parodiert – trippelnd und mit schwachem Klappern.

Diese Hexe fliegt nicht etwa, sie saust auf Rollschuhen an uns vorbei.

windel gewickelt. Wieder andere mit weißer Kreide bemalt oder an einen Pranger gestellt. Als Versöhnung für die ausgestandene Pein gibt's immer ein Stamperl Schnaps. Den schenken die Hexen auf den Fasnachtswagen in großen Mengen aus – sie selbst haben aber bis abends Alkoholverbot.

Reine Männersache

Da, endlich sehe ich die Hauptpersonen beim Schemenlauf: Roller und Scheller – merkwürdige Paare. Die Masken der Scheller tragen ernste Gesichtszüge, sie bewegen sich plump, denn um ihre Hüften sind bis zu 30 Kilo schwere Kuhglocken gebunden. Sie schleichen sich von hinten an die Zuschauer heran und bringen plötzlich ihre Glocke mit Sprüngen und Hüftwackeln zum Läuten. Im richtigen Takt dazu machen die Roller hohe Luftsprünge, sodass die Glöckchen an ihren Gürteln klingen. Neben den männlich wirkenden Schellern geben die Roller mit ihrem prächtigen Blumenkopfschmuck und dem tänzelnden Gang den femininen Part. Doch hinter allen Masken – in Imst machen achthundert Maskierte bei der Fasnacht mit – verbergen sich nur Männer. Denn der Schemenlauf ist reine Männersache. Auch die Musikkapelle muss an Fasnacht ohne Damen auskommen. Die Frauen wirken im Hintergrund: Sie nähen wochenlang die Kostüme ihrer Männer, Brüder, Väter. Die wiederum schnitzen Monate vorher ihre Masken, die Larven, und bauen die Umzugswagen.

Die Labara

Das Ende naht. Den Abschluss des Zuges bilden die Labara – eine Gruppe von Bänkelsängern in Frack und Zylinder, die in mundartlichen Moritaten die Dorfprominenz durch den Kakao zieht. Es ist schon dunkel, da schlägt die Kirchturmuhr sechs: Die Männer nehmen ihre Larven ab, müde, verschwitzt und sehr zufrieden. »'S halbe Leben«, sagt einer, würde er fürs Schemenlaufen geben, »und wenn's sein muss, sogar's ganze!«

ALPENKÜCHE VORSPEISEN UND KÄSESPEZIALITÄTEN

Tiroler Tradition:
An Fasnacht kommt »Bachalebere« auf den Tisch, ein herzhafter Auflauf mit Brot und Speck. Die Tarrenzer servieren dazu traditionell Kaffee, manchmal auch Apfelkompott oder -mus. Danach kann die Fastenzeit kommen.

Marinierte Pilze

Zubereitungszeit: 35 Min.
Bei 4 Gläsern pro Glas: 70 kcal

Zutaten für 2–4 Gläser mit Schraubverschluss (insgesamt ca. 1 l):
1 kg Pilze, (z. B. Reizker, Pfifferlinge, Austernpilze)
10 Frühlingszwiebeln
1 TL Wacholderbeeren
1 TL schwarze Pfefferkörner
150 ml Estragonessig
1 EL Senfkörner
4 Zweige Bohnenkraut oder Thymian
1 EL Salz
2–3 frische Lorbeerblätter

Pilze putzen, die Stiele entfernen. Große Pilze halbieren oder in dicke Scheiben schneiden. Frühlingszwiebeln putzen, das Grün auf 10 cm Länge zurückschneiden. Frühlingszwiebeln waschen.

Wacholder und Pfeffer im Mörser quetschen. Estragonessig mit 450 ml Wasser aufkochen lassen. Vorbereitete Gewürze, Senfkörner, Kräuterzweige, Salz und Lorbeerblätter zugeben. Alles aufkochen lassen.

Pilze und Zwiebeln in den Topf geben und 10 Min. kochen lassen. Vom Herd nehmen und mit der Garflüssigkeit in heiß ausgespülte Schraubdeckel-Gläser füllen. Sofort verschließen. Beim Abkühlen bildet sich ein Unterdruck im Glas. Dadurch bleiben die Pilze mindestens 6 Monate haltbar.

Tarrenzer Fasnachtsauflauf

Zubereitungszeit: 40 Min.
Ruhezeit: 45–60 Min.
Backzeit: 45–60 Min.
Pro Portion ca.: 1000 kcal

Zutaten für 4 Personen:
350 ml Milch
350 g Knödelbrot (kleingeschnittenes Weißbrot vom Vortag)
200 g Räucherspeck
200 g geräucherte Schweinerippchen oder Kassler (beides ohne Knochen) und Bratenreste
200 g Sultaninen
1 Päckchen Trockenhefe
3 EL Mehl, Salz
3 Eier, 75 g Butter

Milch leicht erwärmen. Das Knödelbrot mit der Milch übergießen und zugedeckt einweichen lassen. Speck, Schweinerippchen oder Kassler und Bratenreste in kleine Würfel schneiden.

Eingeweichtes Brot, Fleischwürfel und Sultaninen mischen. Hefe und Mehl darüber streuen, alles leicht salzen und mit den Eiern zu einem lockeren Teig vermengen.

Eine Auflaufform mit etwas Butter ausstreichen. Brotmasse einfüllen und verteilen. Mit einem Tuch zudecken und an einem warmen Ort ca. 45–60 Min. ruhen lassen, bis der Teig etwas aufgegangen ist. Inzwischen den Backofen auf 180° vorheizen (Umluft nicht empfehlenswert).

Den Auflauf mit restlicher Butter in Flöckchen belegen und im heißen Ofen (Mitte) in 45–60 Min. goldbraun backen, die Ränder sollen schon leicht knusprig sein.

Zum Auflauf passen auch die marinierten Pilze. Servieren Sie sie auf frischem Feldsalat: Für das Dressing 4 EL Pilzfond aus dem Glas mit 1 TL Senf, Salz, Pfeffer und 5 EL Kürbiskernöl verrühren. Besonders fein schmeckt der Salat, wenn Sie die Pilze vor dem Servieren leicht erwärmen.

Gebeizte Bachforelle mit Bohnensalat

Zubereitungszeit: 20 Min.
Marinierzeit: 4 Std.
Pro Portion ca.: 390 kcal

Zutaten für 4 Personen:
500 g Forellenfilets ohne Haut und Gräten
(4 Stück je ca.125 g)
1 EL Fenchelsamen
1 Fenchelknolle
1 Stück Meerrettichwurzel (ca. 3 cm)
80 g grobes Meersalz
90 g Zucker, 4 EL Olivenöl
Salz, Pfeffer
250 g breite Bohnen
1 Bund Brunnenkresse
1 TL Zitronensaft

Forellenfilets in eine möglichst enge Schüssel legen. Fenchelsamen hacken. Die Fenchelknolle putzen, Grün und Stielansätze grob hacken, die Knolle aufheben. Den Meerrettich schälen und reiben. Gewürze und Kräuter mit Salz und Zucker mischen und auf dem Fischfilet verteilen. Filets mit Folie abdecken und mit einem Holzbrettchen und einem Gewicht beschwert 2 Std. im Kühlschrank marinieren. Umdrehen und weitere 2 Std. marinieren.

Fischfilets aus der Marinade nehmen, abwaschen und mit Küchenkrepp trockentupfen. Filets in 2–3 cm große Stücke schneiden und in einem tiefen Teller mit 2 EL Olivenöl beträufeln.

Für den Salat die Fenchelknolle halbieren und in möglichst dünne Scheiben schneiden, in einer Schüssel mit Salz und Pfeffer würzen.

In einem großen Topf Salzwasser aufkochen lassen. Die Bohnen putzen, schräg in große Stücke schneiden und im Salzwasser in ca. 6 Min. bissfest kochen. Bohnen abgießen, nicht abschrecken und mit dem Fenchel mischen. Brunnenkresse waschen. Blättchen abzupfen und mit Zitronensaft und dem restlichen Öl zum Salat geben. Salat abschmecken und mit den Filets servieren.

Variante
Mit 500 g kleinen, halbierten Pellkartoffeln im Salat wird daraus ein leichtes Hauptgericht. Dafür zusätzlich 1 TL Zitronensaft und 2 EL Olivenöl in die Sauce geben.

Krautsalat mit Speck

Zubereitungszeit: 20 Min.
Ruhezeit: 30 Min.
Pro Portion ca.: 340 kcal

Zutaten für 4 Personen:
1 kleiner Weißkohl (Weißkraut, ca. 1 kg)
Salz, Pfeffer, 1 TL Kümmel
100 g Räucherspeck in dünnen Scheiben
1 Zwiebel, 2–3 EL Öl
5 EL Weißweinessig, 1 Bund Dill

Den Weißkohl vierteln und in sehr feine Streifen schneiden oder hobeln – am besten geht das mit einem speziellen Krauthobel. Die Kohlstreifen in einer Schüssel mit Salz, Pfeffer und Kümmel würzen, leicht drücken.

Den Speck in Streifen schneiden. Die Zwiebel schälen, halbieren und ebenfalls in Streifen schneiden. Beides zusammen in 1 EL Öl in einem kleinen Topf 5 Min. dünsten. Die Speckmischung mit dem Essig ablöschen, kurz einkochen lassen, heiß über das Kraut schütten und zugedeckt 30 Min. ziehen lassen.

Dill waschen. Spitzen zupfen und grob hacken. Salat abschmecken, Dill und 1–2 EL Öl zugeben und servieren.

Varianten
Unser bayrisch-tirolerisches Rezept ist ein Grundrezept, das Sie mit anderen Kräutern oder sogar mit asiatischen Zutaten wie Chili und Koriander variieren können. Eine Krautsalat-Variante aus dem Wallis passt besonders gut zu Wildgerichten: Dazu 24 Esskastanien im heißen Ofen rösten und schälen (s. Seite 214) oder 24 TK-Maroni verwenden. Esskastanien in Scheiben schneiden und zusammen mit Speck und Zwiebeln braten. Den Maroni-Krautsalat mit Nussöl zubereiten und zusätzlich 1/4 Apfel in dünnen Scheiben unter das Kraut mischen.

TIPP
Wenn Sie die Zwiebel dünsten und den Essig etwas einkochen lassen, mildern Sie den scharfen Geschmack der beiden Zutaten. Den Trick können Sie oft anwenden, z. B. auch für Kartoffelsalate.

ALPENKÜCHE VORSPEISEN UND KÄSESPEZIALITÄTEN

Franz Mulser
Paradies auf kleinstem Raum

Die Seiser Alm ist Europas größte Alm. Wer hier oben in der kleinen »Gostner Schwaige« zum Essen einkehrt, erlebt ein feines Wunder.

Fünf Quadratmeter, höchstens. So winzig ist die Küche. Doch die Aussicht macht das wett: Franz Mulser schaut beim Kochen auf Rosszähne, Schlern und Langkofel – drei erhabene Dreitausender der Südtiroler Bergwelt. Dieser Anblick scheint ihn enorm zu beflügeln. Was der 27-jährige Almwirt den Gästen seiner »Gostner Schwaige« auf die Teller zaubert, lässt keine Wünsche offen.

Von Blütensalat bis Kräuterschnaps
Mittags geht's bodenständig zu: Jausen mit Speck und Käse, Kalbswangerl mit Rösti. Alles ist perfekt zubereitet. Da lässt jeder gern die fettigen Pommes stehen, mit denen sich hungrige Skifahrer andernorts oft abfinden müssen. Abends wird es fein. Da dürfen 25 Gäste – mehr Platz ist nicht in der Almhütte – ein von den Alpen inspiriertes Fünf-Gänge-Menü verspeisen: Blütensalat, Heusuppe mit Trüffeln, Schlutzkrapfen mit Spinat-Ziegenkäse-Birnen-Füllung, Almochsen auf Selleriepüree und Rotweinschalotten. Die Blüten wachsen auf der Wiese vor der Hütte, Käse macht Mulser selbst. Ochse und Heu stammen vom Hof seiner Eltern. Die Eltern destillieren auch den Kräuterschnaps, der am Ende gereicht wird.

Lehrjahre in Luxusrestaurants
Mulsers Händchen für delikate Speisen kommt aber nicht nur von frischer Bergluft und schönem Panorama: Der Franzl hat das Kochen von der Pike auf gelernt, kochte schon bei den berühmten Brüdern Obauer bei Salzburg und bei Hans Haas im »Tantris« in München. Nach Lehr- und Wanderjahren in diesen Luxusrestaurants aber zog es ihn zurück in die Heimat, wo er auf der Seiser Hochalm die Almhütte der Familie als Restaurant eröffnete.

Es ist Januar, früher Nachmittag. Die letzten Mittagsgäste schnallen ihre Ski wieder an, einer ruft in die Küche: »Tschüssi, bis zum nächsten Jahr.« Franz winkt und geht zurück in seine Mini-Küche – schließlich muss jetzt das Menü für den Abend vorbereitet werden. Da ist sein Almrestaurant bis auf den letzten Platz ausgebucht.

FRANZ MULSER INFO

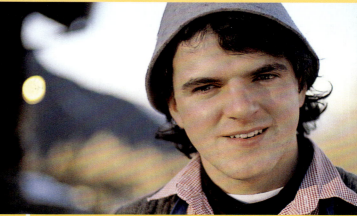

Die Südtiroler Bergwelt inspiriert den jungen Franz zu Höhenflügen am Herd. Sein Markenzeichen: Filzhütchen und blaue Schürze. Früher war er mal ein paar Jahre Snowboarder in der Nationalmannschaft.

Graupensalat

Zubereitungszeit: 30 Min.
Garzeit: 30 Min.
Pro Portion ca.: 500 kcal

Zutaten für 4 Personen:
175 g Gerstengraupen (Rollgerste)
800 ml Brühe
1 Stange Lauch
1 Zweig Rosmarin
200 g Petersilienwurzeln
2 Bund Petersilie
8 dünne Scheiben Räucherspeck
3 EL Sultaninen
3 EL Apfelessig
3 EL Sahne
Salz, Pfeffer

Gerste mit 700 ml Brühe aufkochen lassen und zugedeckt 30 Min. bei schwacher Hitze kochen lassen. Abkühlen lassen.

Lauch putzen, gründlich waschen und in 5 mm dicke Scheiben schneiden. Rosmarin waschen. Nadeln abstreifen und hacken. Petersilienwurzeln schälen und klein würfeln. Die Petersilie waschen, Blättchen abzupfen und hacken.

Speckscheiben in einer beschichteten Pfanne knusprig braten, herausheben und auf Küchenpapier abtropfen lassen.

Lauch, Rosmarin und Petersilienwurzeln im Bratfett 2 Min. dünsten. Die Sultaninen zugeben, mit Apfelessig ablöschen, die restliche Brühe zugeben und Gemüse zugedeckt in 5 Min. bissfest dünsten. Kurz vor dem Servieren Gemüse mit den Graupen mischen. Petersilie und Sahne zugeben, alles mit Salz und Pfeffer kräftig abschmecken. Auf Teller verteilen und mit Speckscheiben garniert servieren.

Variante
Der Salat schmeckt auch mit anderen Getreidesorten wie Weizen oder Grünkern sehr gut. Diese Getreidesorten sollten Sie aber zunächst über Nacht quellen lassen.

Rehstrudel

Zubereitungszeit: 30 Min.
Garzeit: 45 Min.
Backzeit: 10–12 Min.
Pro Portion ca.: 470 kcal

Zutaten für 4 Personen:
Für die Füllung:
400 g Reh- oder Hirschkeule (ohne Knochen, vom Metzger von Häuten und Sehnen befreien lassen)
2 EL Öl
3 Schalotten
2 Knoblauchzehen
1 Möhre
1 EL Tomatenmark, Salz, Pfeffer
200 ml Rotwein
1 TL Wacholderbeeren
1 Lorbeerblatt (am besten frisch)
1/2 Zimtstange
2 EL schwarzes Johannisbeergelee
2 EL Butter (+ Butter für das Blech)
8 TK-Frühlingsrollenblätter (Asienladen, s. Tipp)
2–3 EL Weißbrotbrösel (s. Seite 216; ersatzweise Paniermehl)

Fleisch in 1 cm große Würfel schneiden. Mit 1 EL Öl in einer Schüssel mischen. Schalotten, Knoblauch und Möhre schälen und klein würfeln.

Restliches Öl in einer großen, schwere Pfanne erhitzen, Rehfleisch darin bei starker Hitze 2–3 Min. braten, dabei immer wieder umrühren. Die Gemüsewürfel zugeben und das Tomatenmark einrühren. Alles mit Salz und Pfeffer würzen und 1 Schuss Rotwein ablöschen. Bei starker Hitze einkochen lassen. Wenn das Ragout wieder beginnt zu brutzeln, Fleisch erneut ablöschen. Diesen Vorgang solange wiederholen, bis der Wein verbraucht ist. Das dauert ca. 15 Min.

Wacholderbeeren quetschen oder grob hacken und zusammen mit Lorbeerblatt und Zimt zum Ragout geben. Alles in einen kleinen Topf füllen, 400 ml Wasser dazugießen und das Fleisch zugedeckt in 45 Min. weich kochen. Am Ende der Garzeit soll die Flüssigkeit vollständig verdunstet sein. Johannisbeergelee unterrühren. Ragout abschmecken, auf einem flachen Teller verstreichen und abkühlen lassen.

Ofen auf 210° (am besten Umluft 190°C) vorheizen. Butter schmelzen. Frühlingsrollenblätter mit etwas flüssiger Butter dünn bestreichen und mit Bröseln bestreuen. Je zwei Blätter aufeinander legen. Auf die Hälfte der Fläche das Rehfleisch streichen, dabei einen schmalen Rand freilassen. Die Strudel aufrollen und auf ein gebuttertes Blech legen. Mit der restlichen Butter einpinseln. Strudel im heißen Ofen (Mitte) in 10–12 Min. goldbraun backen.

TIPP

Authentisch, aber aufwändiger, ist echter Strudelteig (s. Seite 216). Damit könnten Sie auch einen einzelnen großen Strudel backen. Strudel dann vor dem Anschneiden etwas ruhen lassen, damit die Füllung sich setzt.

Rosa Rettichsalat

Zubereitungszeit: 10 Min.
Marinierzeit: 15 Min.
Pro Portion ca.: 65 kcal

Zutaten für 4 Personen:
400 g Rettich
10 Radieschen
Salz, Pfeffer
1 Prise gemahlener Kümmel
1 EL Rotweinessig
2 EL Öl (z. B. Nussöl)

Den Rettich schälen und in sehr dünne Scheiben schneiden. Radieschen waschen, die Blätter entfernen. Zarte Blättchen aufheben, den Rest wegwerfen. Radieschen in Scheiben schneiden.

Rettich- und Radieschenscheiben in einer Schüssel mit Salz, Pfeffer und Kümmel würzen und mit Rotweinessig und Öl 15 Min. marinieren. Radieschenblätter mit dem Salat mischen und sofort servieren.

ALPENKÜCHE VORSPEISEN UND KÄSESPEZIALITÄTEN

Wallis & Graubünden
Roggen, Raclette und Röschtigraben

Einst versammelte man mit dem Klang des Alphorns das Vieh oder trug Nachrichten von einem Tal zum anderen. Heute treffen sich die Bläser beim Internationalen Alphornfestival in Nendaz im Wallis.

Quizfrage: Wie heißt der berühmteste Berg der Alpen? Klar, Matterhorn. Der markant geformte Berg zieht Tausende Touristen aus aller Welt in die Schweiz, genauer gesagt ins Wallis. Der drittgrößte Kanton der Schweiz bietet beeindruckende Natur: 47 der 67 Viertausender und die drei größten Gletscher der Alpen versammeln sich hier. Der Aletschgletscher ist der größte und zugleich das erste UNESCO-Weltnaturerbe der Alpen. Doch das Wallis ist geprägt von Gegensätzen: hier schroffe Felsen und ewiges Eis, dort Steppenklima mit Obst- und Weinanbau – durch den Schutz der Berge ist das Haupttal des oberen Wallis und das Vispertal die trockenste Gegend der Schweiz.

Käse auf beiden Seiten des Röschtigrabens
Die Rhone teilt nicht nur den Kanton in Ober- und Unterwallis, sie bildet auch die deutsch-französische Sprachgrenze der Schweiz. Der Name »Röschtigraben« für diese Grenze bezeichnet eigentlich scherz-

Typisch für die Häuser in den Bergen: dunkles Holz, steingedeckte Dächer (links). Gute Idee aus Graubünden: Das berühmte Trockenfleisch wird in eckige Formen gepresst (rechts).

haft den Mentalitätsunterschied von deutschsprachigen und frankophonen Schweizern, bringt aber auch zum Ausdruck, dass hier zwei Esskulturen aufeinander treffen. Im Oberwallis kocht man bodenständig, im Unterwallis etwas eleganter. Hier wird gerne Wein zum Kochen verwendet, und man konnte schon immer auf eine größere Vielfalt an Nahrungsmitteln zurückgreifen. Das Verbindende beider Küchen ist der Käse. Geschmolzen, als Raclette, wird er besonders geliebt. Zuerst waren es Hirten, die Käse am offenen Lagerfeuer zum Schmelzen brachten und mit dem Brotmesser am harten Walliser Brot abstreiften. Über die Grenzen des Kantons bekannt wurde das urtümliche Gericht angeblich 1909, als man auf der Industriemesse in Sitten Presseleute damit verköstigte. Wichtig ist den Wallisern bis heute neben dem kulinarischen der zeremonielle Aspekt, deshalb bereiten sie Raclette gerne am offenen Feuer zu. Dazu essen sie Kartoffeln oder das berühmte Walliser Roggenbrot.

WALLIS & GRAUBÜNDEN REPORTAGE

Haltbares Brot mit Sauerteig

Das Walliser Roggenbrot ist eine Spezialität der Region. Seit 2004 hat es das AOC-Siegel, also eine geschützte Ursprungsbezeichnung. Roggen bauen die Menschen im Wallis seit Jahrhunderten an. Es ist das einzige Getreide, das trotz der schwierigen Bedingungen gut gedeiht: unebenes Gelände, hohe Lagen, extreme Temperaturen. Roggen war lange Zeit Hauptbestandteil des Speiseplans. In den Walliser Dörfern – wie fast überall in den Alpenländern – wurde der Dorfbackofen aber nur zwei oder drei Mal im Jahr befeuert. Also buk man ein Brot, das sich lange hielt: mit Sauerteig. Wer heute im Gasthaus einen Walliser Teller bestellt, bekommt Roggenbrot mit Käse, Hauswurst und Trockenfleisch. Letzteres entstand aus der Not, das Fleisch musste für den Winter haltbar gemacht werden.

Graubünden: Wiege des Wintertourismus

Bekannter ist das Trockenfleisch aus einem anderen Kanton: Graubünden. Im Engadin versuchten schon im 19. Jahrhundert die französischen Küchenchefs der Grandhotels, die lokale Spezialität repräsentativer zu machen. Sie pressten das Fleisch in eine eckige Form – eine perfekte Marketingstrategie.

Graubünden ist der größte Kanton der Schweiz. Hier sprudelt der Rhein aus seinen Quellen. Von hieraus fließen Flüsse in alle Himmelsrichtungen, hier gibt es Täler nördlich und südlich des Alpenhauptkamms. Und es gibt große landschaftliche und klimatische Kontraste: Zwischen dem höchsten Punkt, dem Piz Bernina mit seinen 4049 Metern und den Kastanienwäldern bei Vittore liegen fast 3800 Meter Höhenunterschied.

In Graubünden findet man alles zur gleichen Zeit: Weinreben, Bergwiesen, blühende Orchideen und in höheren Lagen immer Schnee. Diese Schneesicherheit ließ hier Wintersportgebiete entstehen, die in der ganzen Welt bekannt sind. Der internationale Jetset liebt die exklusiven Ferienorte wie Davos oder St. Moritz. Viel Sonne, Bergseen und Mineralquellen lockten schon früh Sommerfrischler nach St. Moritz. Dass hier auch die Wiege des Wintertourismus steht, ist dem Hotelier Johannes Badrutt zu verdanken: Der Legende nach wettete er 1864 mit seinen englischen Sommergästen, dass auch der Winter in St. Moritz sehr schön sei. Noch heute ist der Turm des legendären Luxushotels »Badrutt's Palace« ein Wahrzeichen von St. Moritz.

Bündner Zuckerbäcker in Venedig

Auch in Graubünden treffen Kulturkreise aufeinander. Man spricht Deutsch, Italienisch und Rätoromanisch. Die besondere geographische Lage ließ in diesem Kanton eine eigene Kochkunst entstehen: Der einst rege Verkehr über die Alpenpässe brachte Einflüsse aus dem Norden und dem Süden Europas in die Region. Viele arme Graubündner versuchten zudem in Oberitalien ihr Glück als Zuckerbäcker. Mit Erfolg: In Venedig hatten sie bis zum 18. Jahrhundert fast ein Kaffeehausmonopol. Die Rückkehrer in die Heimat hatten neue Rezepte im Gepäck, die die Bündner Küche bis heute bereichern. Man denke nur an die berühmte Engadiner Nusstorte, ein Exportschlager, obwohl gar keine Nüsse in Graubünden wachsen.

Von Maluns und Capuns

Die Bündner Küche ist geprägt von haltbaren Lebensmitteln wie dem berühmten Bündner Fleisch, dem wir eine eigene Reportage gewidmet haben (s. Seite 134). Typische Produkte sind auch Trockenwurst, getrocknete Pilze und Kastanien, Mehl, Reis und Kartoffeln. Gemüse und Obst wachsen in hohen Lagen nicht. Früher redeten sich viele Bündner ihre Not schön – sie behaupteten, den Verzehr von Salat und Gemüse zu verachten: »Chi chi mangia erba, dvainta bescha.« (»Wer Gras isst, wird zum Schaf«). So bestehen die berühmten Maluns nur aus Kartoffeln, Mehl, Salz und Butter. Die aufwendige Zubereitung aber macht dieses Gericht aus dem Oberland zur »Königin der Kartoffelspeisen«. Früher fehlte es bei keinem bäuerlichen Hochzeitsessen.

Bei den ebenso populären Capuns spielt Gemüse schon eine Rolle: Die Masse aus Spätzleteig und Kräutern wird in Mangold eingewickelt. Das Gericht aus dem Surselva entstand als typisches Resteessen. Das erklärt die unzähligen Versionen, die in Graubünden kursieren – mit oder ohne Zwiebeln, Fleisch, Speck oder Käse.

Nicht nur bei Touristen beliebt: die Terrasse des Cafés Hauser in Sankt Moritz. Hier gibt's die Engadiner Nusstorte und andere Bündner Leckereien.

Jagdfieber: Im Herbst verschwindet ein großer Teil der männlichen Bevölkerung Graubündens für drei Wochen im Wald.

Ausgezeichnet: Roggenbrot gehört zu den Walliser Spezialitäten.

Ländliche Ruhe: Bei Sils Maria, kaum fünf Kilometer entfernt vom Trubel in Sankt Moritz, führen Mensch und Tier ein beschauliches Leben.

Die romantischste Art, Raclette zu schmelzen:

Legen Sie den halbierten Käse auf einen großen flachen Stein am Rand eines lodernden Holzfeuers. So wird der Käse an der Schnittfläche innerhalb weniger Sekunden vom Feuer geschmolzen und an den Rändern gebräunt. Den flüssigen Käse direkt auf einen Teller schaben und neben dem Feuer genießen.

Unter dem Backofengrill oder einem speziellen Raclettegrill können Sie 1/4 oder sogar 1/2 Käselaib am Stück grillen. Dann den Laib (mit Handschuhen!) immer wieder herausnehmen, um den geschmolzenen Käse mit dem Messerrücken abzuschaben.

Walliser Raclette

Zubereitungszeit: 30 Min.
Bei 8 Personen pro Portion ca.: 820 kcal

Zutaten für 8–10 Personen:
1 1/2 kg kleine fest kochende Kartoffeln
Salz, 800 g kleine Zwiebeln
2 Bund Petersilie
Pfeffer, 1 TL Paprikapulver
1 EL Zitronensaft
1 kg Roggenbrot
400 g Gewürzgurken
1/4 Laib Raclette-Käse (ca. 900 g)
Außerdem: Raclette-Grillgerät

Die Kartoffeln sauber schrubben. In kochendem Salzwasser in 15–20 Min. garen, dann abgießen und warm halten.

Die Zwiebeln schälen und in Ringe schneiden. In einem großen Topf Salzwasser aufkochen lassen. Die Zwiebelringe darin in ca. 2 Min. bissfest kochen lassen, abgießen und kalt abschrecken. Petersilie waschen, Blättchen abzupfen und fein hacken. Zwiebeln mit Salz, Pfeffer, Paprikapulver, Zitronensaft und Petersilie würzen und mindestens 15 Min. ziehen lassen. Das Brot in dünne Scheiben schneiden. Gewürzgurken, Brot und Zwiebeln am Tisch bereitstellen.

Nun den Käse unter dem Raclettegrill gratinieren. Wenn Sie ein Raclettegerät mit Pfännchen haben, Käse in dickere Scheiben schneiden. In die Pfännchen jeweils 1 dicke Scheibe Käse legen und unter dem Grill schmelzen lassen.

Den geschmolzenen Käse sofort mit Zwiebeln, Gurken und Brot servieren.

Gegrillter Käse am Holzfeuer

Zubereitungszeit: 10 Min.
Garzeit: 45 Min.
Pro Portion ca.: 970 kcal

Zutaten für 4 Personen:
4 Äpfel
600 g kleine Kartoffeln
600–800 g Raclette-Käse
8 Scheiben Roggenbrot
Salz, Pfeffer
Außerdem:
Alufolie, 4 gespitzte Haselnuss-Stecken oder ähnliche Spieße

Die Äpfel waschen und in Alufolie wickeln. Die Kartoffeln sauber schrubben und ebenfalls in Alufolie wickeln. Die Rinde vom Käse abschneiden, den Käse in 3 cm große Würfel schneiden.

Ein Holzfeuer entfachen. Sobald an den Rändern des Feuers eine schöne Glut entstanden ist, die Äpfel und die Kartoffeln in die Glut legen und 30–45 Min. darin garen, dann mit einer Grillzange aus der Glut nehmen.

Jeweils 1 Käsestückchen auf 1 Haselnuss-Stecken spießen und über der heißen Glut grillen. Kurz bevor der Käse beginnt zu tropfen, die flüssigen Rand-Schichten mit einem Taschenmesser auf 1 Stück Brot, 1/2 Kartoffel oder 1 Stück Apfel schaben, mit Salz und Pfeffer leicht würzen und essen.

ALPENKÜCHE VORSPEISEN UND KÄSESPEZIALITÄTEN

Geschmolzener Käse in Form von Fondue ist beliebt in vielen Schweizer Kantonen, aber auch in den französischen Savoyen oder dem italienischen Piemont. Früher war immer Eigelb in der Käsemasse, heute nur noch in der Piemonteser Fonduta aus Fontina-Käse, die dort oft mit weißem Trüffel serviert wird. Rohmilchkäse schmelzen besonders gut – eine gute Fonduta zum Beispiel gerät nur mit einem gut gereiften Rohmilch-Fontina richtig glatt und cremig.

Walliser Tomatenfondue

Zubereitungszeit: 30 Min.
Pro Portion ca.: 985 kcal

Zutaten für 4 Personen:
800 g kleine Kartoffeln, Salz
500 g Tomaten, 1 kleine Zwiebel
1 Möhre, 2 Knoblauchzehen
1 Zweig Rosmarin
2 EL Schweine- oder Butterschmalz
Pfeffer
125 ml Weißwein (z. B. Fendant aus der Schweiz)
4 Stängel Basilikum
300 g mindestens 1 Jahr gereifter Rohmilch-Bergkäse
500 g Raclette-Käse
1 TL Speisestärke
1–2 EL Cognac (nach Belieben)
Außerdem: Fonduetopf mit Rechaud (für Käsefondue verwenden die Schweizer meist einen Steinguttopf, »Caquelon«)

Die Kartoffeln sauber schrubben und mit Schale in kochendem Salzwasser je nach Größe in 20–25 Min. garen.

Inzwischen die Tomaten überbrühen, häuten und würfeln, dabei Stielansätze und Kerne entfernen. Zwiebel, Möhre und Knoblauch schälen und klein würfeln. Rosmarin waschen, Nadeln abstreifen und hacken. Alles im Schmalz bei schwacher Hitze ca. 10 Min. zugedeckt dünsten, leicht mit Salz und Pfeffer würzen.

Den Weißwein zu den Tomaten geben und bei mittlerer Hitze ca. 3 Min. einkochen lassen. Basilikum waschen, Blättchen abzupfen und dazugeben. Sauce mit dem Pürierstab zerkleinern und in einen Fonduetopf umfüllen.

Den Käse entrinden und in kleine Würfel schneiden. Käsewürfel mit der Stärke bestäuben und zur Tomatensauce geben. Den Käse darin schmelzen, dabei oft umrühren, damit das Fondue gut bindet. Fondue mit Cognac abschmecken.

Kartoffeln abgießen und zum Fondue servieren. Im Wallis löffelt man sich nach und nach das Fondue wie eine Sauce über die Kartoffeln. Dazu passen ein kräftiges Weißbrot und ein grüner Salat.

Variante: Walliser Fondue
Für das klassische Walliser Fondue lassen Sie die Tomatensauce weg und schmelzen den Käse einfach zusammen mit dem Weißwein.

Französisches Zucchinifondue

Zubereitungszeit: 15 Min.
Garzeit: 50–60 Min.
Pro Portion ca.: 490 kcal

Zutaten für 4 Personen:
1 1/2 kg Zucchini
2–3 Knoblauchzehen
4–5 Zweige Thymian
3–4 EL Olivenöl
Salz, Pfeffer
150 g Gruyère
1 Baguette in Scheiben

Zucchini waschen und raspeln, Knoblauch schälen und in Scheiben schneiden. Den Thymian waschen, Blättchen abzupfen. Alles zusammen im Olivenöl bei schwacher Hitze zugedeckt 50–60 Min. dünsten, bis das Gemüse völlig zerfällt.

Den Käse entrinden, reiben, unter die Zucchini rühren und schmelzen. Käsemasse in tiefen Tellern mit Weißbrot zum Dippen servieren.

ALPENKÜCHE VORSPEISEN UND KÄSESPEZIALITÄTEN

Flouzon

Zubereitungszeit: 20 Min.
Ruhezeit: 1 Std.
Backzeit: 50–60 Min.
Bei 6 Personen pro Portion ca.: 595 kcal

Zutaten für 1 Quiche- oder Tarteform mit ca. 24 cm Ø:
800 g Kartoffeln
2 Knoblauchzehen
150 ml Milch (+ 2 EL Milch zum Bestreichen)
150 g Sahne
Salz, Pfeffer, geriebene Muskatnuss
180 g kalte Butter (+ Butter für die Form)
300 g Mehl (+ Mehl für die Arbeitsfläche)

Für die Füllung Kartoffeln und Knoblauch schälen, in dünne Scheiben schneiden und in eine Schüssel geben. Milch und Sahne verquirlen und mit Salz, Pfeffer und Muskat sehr kräftig abschmecken. Mischung über die Kartoffeln gießen. Wenn Sie auf die Kartoffeln drücken, sollen diese knapp von der Milchmischung bedeckt sein. Kartoffeln mindestens 1 Std. bei Zimmertemperatur ziehen lassen.

In der Zwischenzeit für den Teig die Butter in Stückchen schneiden. Mit den Fingerspitzen Mehl und Butter mit 1 Prise Salz und 6 EL Wasser verkrümeln. Alles zu einem Teig kneten. Teig in Folie wickeln und 30 Min. kühl stellen.

Den Backofen auf 175° (Umluft 160°) vorheizen. Die Quicheform buttern, zwei Drittel vom Teig auf einer mit Mehl bestäubten Arbeitsfläche rund ausrollen, die Form damit auslegen. Den restlichen Teig ebenfalls rund ausrollen. Die Kartoffeln mit der Milch in die Form gießen, den Teigdeckel auflegen und an den Rändern festdrücken. Falls noch Teigreste da sind, können Sie den Kuchen damit verzieren. Den Kartoffelkuchen im heißen Ofen (2. Schiene von unten) in 50–60 Min. goldbraun backen. Mit einem großen Salat servieren.

Tartiflette

Zubereitungszeit: 40 Min.
Pro Portion ca.: 700 kcal

Zutaten für 4 Personen:
1 kg fest kochende Kartoffeln (z. B. Sorte »La Ratte« oder Sieglinde)
2 Zwiebeln
1 Knoblauchzehe
150 g Räucherspeck
Salz, Pfeffer
1 TL Butter
1 Reblochon-Käse (ca. 250 g)
150 ml Milch
150 g Crème fraîche

Kartoffeln, Zwiebeln und Knoblauch schälen. Die Kartoffeln in Scheiben schneiden, die Zwiebeln grob würfeln, den Knoblauch hacken. Den Backofen auf 240° (Umluft 220°) vorheizen.

Räucherspeck in Streifen schneiden und in einer beschichteten Pfanne knusprig braun braten. Den Speck mit einem Sieblöffel aus der Pfanne nehmen. Kartoffeln und Zwiebeln hineingeben und im Speckfett zugedeckt in ca. 15 Min. bei mittlerer Hitze hellbraun braten, dabei ab und zu wenden. Knoblauch und Speck zugeben und alles mit Salz und Pfeffer würzen.

Eine Auflaufform buttern. Die Kartoffeln in die Form füllen. Die Käserinde etwas abschaben, den Käse in der Mitte in zwei runde Hälften schneiden und mit der Rinde nach oben auf die Kartoffeln legen. Sie können den Käse am Rand einige Male einschneiden, dann zerläuft er noch besser. Milch und Crème fraîche verrühren, mit Salz und Pfeffer kräftig abschmecken und über den Käse und die Kartoffeln gießen. Den Auflauf im heißen Ofen (Mitte) 10–12 Min. überbacken. Mit einem großen Salat servieren.

Ein anderes Traditionsgericht ähnelt dem Flouzon: Im Wallis heißt der Kartoffelkuchen Cholera, die Schweizer ersetzen für ihren Kuchen ein Drittel der Kartoffeln durch Apfelscheiben und gebräunte Zwiebeln. Statt der Milchmischung verwenden sie 200 g geriebenen Raclette-Käse.

ALPENKÜCHE VORSPEISEN UND KÄSESPEZIALITÄTEN

Kurios: Die Älpermagronen werden wie Risotto zubereitet, nur eben mit Nudeln statt Reis. Das Ergebnis schmeckt umwerfend.

Der Chef des Restaurants »Gontener Bären« im Appenzellerland gräbt gerne nach vergessenen Schätzen. Dabei interessieren Charly Gmünder weder Gold noch alte Knochen, sondern traditionelle Rezepte seiner Heimat wie Chäs-Schoope oder Appenzeller Gitzi, also Zicklein. Oder die Biberli, wobei es sich hier nicht um geschmorte Nagetiere handelt, sondern um Weihnachtsplätzchen.

ALPENKÜCHE VORSPEISEN UND KÄSESPEZIALITÄTEN

Appenzeller Chäs-Schoope

Zubereitungszeit: 30 Min.
Pro Portion ca.: 820 kcal

Zutaten für 4 Personen:
400 g dunkles Bauernbrot vom Vortag
400 g Appenzeller Käse
200 g Sahne
Pfeffer
geriebene Muskatnuss
1 Bund Schnittlauch
3–4 EL Butter

Das Brot wie für Fondue in 3 cm große Würfel schneiden. Den Käse raffeln, mit der Sahne zu einem festen Brei mischen und mit Pfeffer und Muskat würzen. Schnittlauch waschen und in Röllchen schneiden.

Die Butter in einer großen Pfanne aufschäumen. Das Brot darin bei mittlerer Hitze goldbraun rösten, dabei immer wieder umrühren.

Die Käsemasse in der Pfanne über die heißen Brotwürfel geben und so lange vorsichtig mischen und schwenken, bis die Brotwürfel mit der geschmolzenen Käsemasse überzogen sind. Anrichten, mit Schnittlauch bestreuen und sofort servieren. Dazu passen aromatische Blattsalate wie Feldsalat, Endivie oder Frisée.

Variante: Käseschmarren
Ein Variante der Chäs-Schoope wird wie ein bayrisch-österreichischer Semmelschmarren gebacken: Dafür das Brot in möglichst dünne Scheibchen schneiden, abwechselnd mit dem geriebenen Käse in eine Schüssel schichten und mit 1/2 l warmer Milch übergießen. Brot mindestens 1 Std. ziehen lassen. Dann 2 gequirlte Eier darüber gießen und locker untermischen. Die Masse mit 2 EL Butter in einer großen beschichteten Pfanne bei mittlerer Hitze 2–3 Min. anbraten, mit zwei Gabeln in größere Stücke reißen, goldbraun braten und wenden. Noch 1 EL Butter dazugeben und in 3–4 Min. fertig braten.

Älplermagronen

Zubereitungszeit: 25 Min.
Pro Portion ca.: 1080 kcal

Zutaten für 4 Personen:
400 g fest kochende Kartoffeln
2 Zwiebeln
3–4 EL Butter
400 g kurze Makkaroni oder andere kurze Nudeln
1 l Brühe oder Salzwasser
1 Bund Schnittlauch
200 g Sbrinz-Käse (ersatzweise anderer gereifter Bergkäse)
200 g Sahne
Salz, Pfeffer
1 kg Apfelmus

Die Kartoffeln schälen und 1 cm groß würfeln. Die Zwiebeln halbieren und in schmale Spalten schneiden. Kartoffeln und Zwiebeln in der Butter in einem Topf 5 Min. rösten. Die Nudeln dazugeben, nach 1 Min. die Brühe (oder das Salzwasser) angießen und aufkochen lassen. Die Hitze reduzieren, alles zugedeckt in ca. 10 Min. bissfest kochen, dabei gelegentlich umrühren. Die Brühe sollte jetzt fast verkocht sein.

Schnittlauch waschen und in Röllchen schneiden. Den Sbrinz-Käse grob reiben und zusammen mit der Sahne unter die Nudel-Mischung rühren. Älplermagronen mit Salz und Pfeffer abschmecken, mit Schnittlauch bestreuen und mit Apfelmus servieren.

Dazu: Apfel-oder Birnenmus
Für das Mus 1 kg Äpfel (z. B. Boskop, Berlepsch, Elstar) oder Birnen (z. B. Williams, gute Luise, Commis) waschen, schälen, entkernen und in dicke Scheiben schneiden. Mit dem Saft von 1/2 Zitrone, 1 Päckchen Vanillezucker, 2–3 EL Zucker und 1 Zimtstange in einen Topf geben. Früchte 10 Min. zugedeckt ziehen lassen, dann bei schwacher Hitze zugedeckt 10–15 Min. dünsten, bis die Früchte beginnen zu zerfallen. Nach Geschmack Äpfel oder Birnen nun mit dem Pürierstab zerkleinern oder auch stückig lassen. Mus in heiß ausgespülte Gläser füllen und sofort verschließen. So hält es sich im Kühlschrank mindestens 3–4 Wochen.

Die Gärten
Aprikosen, Sanddorn und Safran

Auf die Südhänge der Berge scheint die Sonne so stark,

dass Obst, Gemüse und Kräuter prächtig gedeihen.

Im Herbst machen die Alpenbewohner die Früchte des Sommers

für die Vorratskammer ein oder trocknen sie –

damit sie auch im Winter die Sonne schmecken können.

Früchtevielfalt
Von der Sonne verwöhnt

Aprikosenbäume so weit das Auge reicht. Es ist warm, regnet wenig – beste Bedingungen für die Früchte hier bei Sion auf 600 bis 800 Metern. Fast alle in der Schweiz angebauten Aprikosen reifen im Rhonetal. Luizet heißt die traditionelle Walliser Aprikose. Sie ist klein, schmackhaft und leider nicht sehr robust. Ist die Frucht reif, lässt sie sich kaum lagern und transportieren.

Wir besuchen Régis Métrailler in seinem Laden-Restaurant in Nendaz, einem Walliser Dorf bei Sion. Schon als Kind lebte er in der Gegend. »Damals bekamen wir fast alles, was wir zum Leben brauchten, aus dem Garten«, erzählt er. Bis die ersten LKWs einer Supermarktkette einmal in der Woche ins Dorf kamen. »Dort haben wir Mokka-Joghurt und Cremeschnitten gekauft.« Großvater, Vater und später auch Régis produzierten Aprikosen, die sie an Großhändler verkauften. Métrailler: »Wir haben das ganze Jahr für die Aprikosen gearbeitet, und dann wollten die Grossisten lieber grüne Früchte als reife. Sie glaubten, sie könnten sie dann weit transportieren. Und sie haben noch dazu schlecht bezahlt.« Heute vermarktet er die Früchte seiner über 5000 Aprikosenbäume selber auf Märkten und im eigenen Laden. Ein Viertel sind Luizets, der Rest andere, auch neue Zuchtsorten, die zwischen Juni und September reifen – insgesamt 35 verschiedene Aprikosenarten. Die Luizets wachsen auf Hochstammbäumen, für die man eine Leiter braucht, die neueren Sorten können vom Boden aus geerntet werden. Wir dürfen probieren: Süß und samtig schmecken die Aprikosen. »Sie wurden halt reif geerntet«, sagt Métrailler. In der Gegend kennt ihn jeder. Treue Kunden kommen sogar aus der Deutschschweiz angereist. Bleiben mal Aprikosen abends übrig, verkocht er sie zu Konfitüre oder macht Nektar. Oder lässt sie zu Schnaps brennen. Der ist jetzt unter dem Namen Abricotine als AOC registriert – das sichert das Überleben der Sorte Luizet. Denn mindestens 90 Prozent des für den Branntwein verwendeten Obstes muss Luizet sein. Die Registrierung dieser Spezialität trägt also auch zur biologischen Vielfalt bei.

Tradition an den Südhängen

Wallis, Tessin, Südtirol – an den sonnigen Südhängen der Alpen hat Obstbau Tradition. Auch in der Küche der Alpenregionen haben Früchte einen mitunter kleinen, aber festen Platz: Bündner Birnbrot, Südtiroler Lebzelten mit Birnen und Feigen, Röster aus Pflaumen, Kirschen oder Aprikosen, die so hervorragend zu süßen Mehlspeisen passen. Konfitüren oder eingemachte schwarze Nüsse. Typisch auch: Früchte trocknen lassen. Früher geschah das oft in den großen Dorföfen, wenn die nach dem Brotbacken noch warm waren. Getrocknet konnte man Obst aufbewahren und weiterverarbeiten.

Sanddorn in Frankreich

War der Trend bis vor ein paar Jahren, die Produktion immer mehr zu steigern, denken heute viele Obstbauern um, besinnen sich auf Qualität und Vielfalt ihrer Produkte. Kleine Produzenten experimentieren mit alten Sorten und ökologischem Anbau. Oder versuchen etwas ganz Neues. Wie Jean-Francois. Im Vallée du Champsaur in Frankreichs Hautes-Alpes kultiviert er Sanddorn. Hier wachsen verschiedene Sanddornarten wild, denn Sanddorn mag hohe Lagen und viel Sonne. Eine deutsche Kosmetikfirma lässt hier seit fast hundert Jahren die Vitamin-C-haltige Frucht für ihre Produkte sammeln. »Aber wir sind die einzigen, die Sanddorn anbauen«, so der Pharmazeut.

Die Ernte ist im September, das Sammeln der Beeren mühsam. Da sie schwer von den Ästen zu trennen sind, schneidet man ganze Zweige vom Strauch. Die Beeren werden maschinell abgeschüttelt. Auch die Verarbeitung ist heikel, denn um das wertvolle Vitamin C zu bewahren, darf Sanddorn nicht gekocht werden. Doch die Mühe lohnt sich.

Wenn es am Baum ausreifen darf, schmeckt Obst am allerbesten.

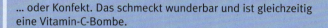

... oder Konfekt. Das schmeckt wunderbar und ist gleichzeitig eine Vitamin-C-Bombe.

Sanddorn wächst in Frankreichs Bergen wild, doch eine kleine Firma baut die gesunde Frucht an und verarbeitet sie schonend weiter zu Saft, Sirup ...

Biologische Vielfalt: Obstbauer Métrailler kultiviert im Wallis 35 verschiedene Aprikosensorten (links). Frisch gebackene Aprikosentarte verkauft eine Mitarbeiterin in seinem Laden (rechts).

Alles Handarbeit: Christophe kocht Rhabarberkonfitüre (links). Besonders stolz sind die Brüder auf ihre »Pâtes de Fruits« (rechts).

Kurze Pause fürs Foto: die Zwillinge Christophe und Nicolas in ihrem Himbeerfeld.

Die Gebrüder Tron
Im Reich der Himbeerkönige

Auch in den französischen Alpen gedeihen an den Südhängen sonnenhungrige Früchte gut. Am liebsten verarbeitet man sie dort zu Konfitüren.

Diese Sorte hier sei »le top du top«, meint Nicolas. Er hüpft zwischen Himbeersträuchern hin und her, zeigt uns stolz die Pflanzen, aus seinem Mund sprudelt ein französischer Redeschwall. Oft findet er etwas »top du top« oder »must du must«, wobei sich dieser französische Anglizismus anhört wie »möst dü möst«. Nicolas Tron ist 22. Aber doch schon Unternehmer.

An einem steilen, sonnigen Hang im Ubaye-Tal kultiviert er auf 1,5 Hektar vor allem Himbeeren. Die frisch oder als Konfitüre verkauft werden. Sein Geschäftspartner: Zwillingsbruder Christophe. Beide sind schlaksig, und ihre Gesichtszüge ähneln sich sehr – doch das war es auch schon mit den Gemeinsamkeiten. Nicolas, braungebrannt und redselig, ist der Gärtner und vor allem für die Arbeit im Freien zuständig. Die Himbeersträucher wässert er im Sommer zweimal täglich aus der Quelle auf dem eigenen Grundstück. Die Brüder überlassen nichts dem Zufall: Für die Bestäubung ihrer Pflanzenschützlinge züchten sie auch eigene Bienen. Im Frühling streuen sie dann ein natürliches Pulver gegen Pilzbefall, im Herbst eine Ladung Mist als Dünger. Nicolas hat außerdem einen Zaun gezimmert als Schutz vor der Schafherde der Eltern, die noch am Hof wohnen. Die Brüder leben nicht mehr dort, sie düsen nach getanem Tagwerk mit ihren Motorrädern runter ins Dorf. »Ist besser, nicht da zu wohnen, wo man arbeitet«, findet Nicolas.

Alles selbstgemacht!

Christophe spricht wenig, und wenn doch, leise und langsam. Er arbeitet meistens drinnen, kocht in der Küche – einem ehemaligen Stall – die Konfitüren. Die gibt's ganzjährig. Wie in Frankreich üblich, sind sie eher dünnflüssig. Christophe versucht, so wenig Zucker wie möglich zu benutzen und die Früchte nicht zu lange zu kochen, damit viel Eigengeschmack erhalten bleibt. Gerade rührt er in einem großen Topf, in dem Rhabarber brodelt. »Das gibt etwa 40 Gläser«, schätzt Christophe. »Mit Sammeln, Schneiden, Kochen sind das fünf Stunden Arbeit für zwei Leute.« Dann kommt Christophe doch

KONFITÜRE REPORTAGE

Solche Hinweisschilder sieht man in ganz Frankreich immer wieder.
Die Konfitüren der Trons sind auf den Märkten der Region ein Geheimtipp. Erkennungszeichen: Stoffverzierte Deckel.

noch ein bisschen ins Plaudern. Aprikosen und Erdbeeren seien »die Pest« meint er, denn die klebten immer so an. Die Tron-Brüder machen alles selbst – seit sie 14 Jahre alt sind. Früher halfen sie den Eltern, die neben ihrer Schafzucht Obst anbauten. Es gab nie Angestellte. »Im Winter kleben wir tagelang Etiketten auf die Gläser«, erklärt Christophe. Er gestaltet sie am Computer selbst und druckt sie auch selbst aus. »Confitures Tron« steht drauf, und das ist den Kunden auf den Märkten der Region durchaus ein Begriff. Dreimal die Woche verkaufen die ungleichen Zwillinge dort im Sommer ihre frischen und eingemachten Himbeeren. An den anderen Tagen pflücken sie die Früchte. Im Juli bringen sie 40 bis 50 Kilogramm Himbeeren zu jedem Markttag. Bei der zweiten Ernte ab Mitte August sind es etwas weniger.

Salat als verkaufsfördernde Maßnahme

An ihrem Markstand bieten die beiden im Sommer zusätzlich Salat an. Ein Verkaufstrick, denn »Salat ist auf dem Markt wie Brot. Den brauchen die Leute einfach. Also halten sie bei uns an, sehen auch die Konfitüren und kaufen dann öfter beides.« Nicolas lacht. »Und es erhöht die Glaubwürdigkeit: Wenn der Salat frisch ist, denken die Leute, sind die Früchte für die Konfitüren sicher auch frisch gewesen.«

Konfekt in Himbeerform

Christophe nimmt seine Küchenschürze ab und führt uns in einen Raum hinter der Küche. In Regalen reihen sich Marmeladengläser, ein Stapel Stoffe mit provenzalischen Mustern. Aus denen schneiden sie runde Läppchen, verzieren damit die Glasdeckel. »Machen wir auch im Winter.« Nicolas saust derweil in den Verkaufsraum, kommt mit einer flachen Holzkiste zurück. Darin: »Pâtes de Fruits« in Himbeerform, typisch französisches gezuckertes Gelée-Konfekt. Das müssten wir unbedingt fotografieren. Und probieren. Es sei eine Spezialität, wirklich »le top du top«.

Kastaniensuppe

Zubereitungszeit: 45 Min.
Pro Portion ca.: 485 kcal

Zutaten für 4 Personen:
1 Zwiebel
4–5 EL Butter
250 g geschälte Esskastanien (TK oder s. Seite 214)
4 EL Süßwein (Beerenauslese, weißer Portwein o.ä.)
1 l Brühe
2–3 Zweige Liebstöckel oder Thymian
Pfeffer, Salz
1–2 reife Birnen
200 g Sahne

Zwiebel schälen und in Würfel schneiden. 2 EL Butter in einem Topf erhitzen, bis sie schäumt. 200 g Kastanien mit den Zwiebeln ca. 5 Min. in der Butter dünsten. Mit Süßwein ablöschen, Brühe dazugießen. Die Suppe 30 Min. bei mittlerer Hitze kochen lassen.

Liebstöckel oder Thymian waschen, die Blätter abzupfen und hacken. Die Hälfte in die Suppe geben, den Rest beiseite stellen. Kastaniensuppe fein pürieren und mit Pfeffer und Salz abschmecken

Die Birnen waschen, vierteln, entkernen und grob würfeln. Restliche Kastanien in dünne Scheiben schneiden und in der restlichen Butter in 2–3 Min. knusprig braten, leicht salzen. Birnen 1 Min. mit den Kastanien mitbraten. Die Sahne halbsteif schlagen und unmittelbar vor dem Servieren unter die Suppe rühren oder mixen. Kastaniensuppe auf Teller verteilen und mit Kastanien-Birnen-Mischung und restlichen Kräutern garnieren.

Dazu: Käsestangen

Unsere Käsestangen passen zur Suppe, aber auch zum Wein. Dafür 100 g Bergkäse entrinden und fein reiben. Mit 125 g Mehl, 100 g kalten Butterwürfeln und 1 Eigelb mit den Fingerspitzen verkrümeln und dann schnell zu einer Teigkugel verkneten. Teig 30 Min. im Kühlschrank ruhen lassen. Dann mit etwas Mehl zu einer 3 mm dünnen Platte ausrollen und in 15–20 ca. 1,5 cm breite und 15 cm lange Streifen schneiden. Teigstücke auf ein mit Backpapier belegtes Blech legen. Mit 1 Eiweiß bestreichen und mit Sesam, Fenchelsamen und grobem Salz bestreuen. Bei 190° (Umluft 170°) in 12–14 Min. goldbraun backen.

Kürbissuppe mit Buchweizen

Zubereitungszeit: 50 Min.
Pro Portion ca.: 300 kcal

Zutaten für 4 Personen:
250 g trockener Quark (20 %)
6 EL Buchweizenkörner, Salz
500 g Kürbisfruchtfleisch
1 Zwiebel
4 Knoblauchzehen
2 Stangen Staudensellerie
2–3 EL Schweineschmalz oder Butter
1 Lorbeerblatt
4 Zweige Thymian
1 TL getrockneter Oregano
Pfeffer
1 Bund Petersilie

Den Quark in einem Küchentuch fest ausdrücken, mit dem Tuch in einem Sieb in eine Schüssel legen, mit einem Gewicht beschweren und im Kühlschrank abtropfen lassen.

Inzwischen Buchweizen mit 1/2 l Wasser und 1 Prise Salz in einem kleinen Topf zugedeckt bei schwacher Hitze in 30 Min. weich kochen – ähnlich wie Reis.

Kürbisfruchtfleisch zerkleinern. Zwiebel und Knoblauch schälen. Den Sellerie putzen, waschen und grob zerkleinern. Die Zwiebel würfeln und im Schweineschmalz goldbraun braten. Knoblauch hacken und mit restlichem Gemüse zu den Zwiebelwürfeln geben. Alles salzen und ca. 15 Min. zugedeckt dünsten.

Dann 1 l Wasser zum Gemüse gießen, Lorbeer, Thymian und Oregano zugeben und alles weitere 10 Min. kochen lassen. Das Lorbeerblatt und die Thymianzweige entfernen. Suppe fein pürieren und kräftig mit Salz und Pfeffer abschmecken.

Petersilie waschen, Blättchen abzupfen und grob hacken. Den Buchweizen in die Suppe geben, Suppe nochmals erhitzen und auf Teller verteilen. Quark aus dem Tuch nehmen und über die Suppe bröseln, Suppe mit Petersilie bestreut servieren.

ALPENKÜCHE SUPPEN UND GEMÜSEGERICHTE

ALPENKÜCHE SUPPEN UND GEMÜSEGERICHTE

Kräutersuppe mit Graupen

Zubereitungszeit: 50 Min.
Pro Portion ca.: 310 kcal

Zutaten für 4 Personen:
50 g Räucherspeck
4–5 EL Gerstengraupen (Rollgerste)
1 1/4 l Brühe
100 g Stauden- oder Knollensellerie
200 g Kartoffeln, 1 Stange Lauch
2–3 Knoblauchzehen
2 Bund gemischte Kräuter (z. B. Kerbel, Sauerampfer, Schnittlauch, Brunnenkresse, Petersilie)
2–3 EL Crème fraîche

Den Speck würfeln und in einem Topf anbraten, die Graupen zugeben und kurz rösten. Brühe dazugießen, zum Kochen bringen und alles insgesamt ca. 45 Min. bei schwacher Hitze kochen lassen.

In der Zwischenzeit Sellerie, Kartoffeln, Lauch und Knoblauch putzen, schälen bzw. waschen und klein würfeln, nach 25 Min. in die Suppe geben.

Kräuter waschen, Blättchen hacken. Einige Blätter für die Dekoration beiseite legen. Kräuter in die Suppe geben, Suppe mit Salz und Pfeffer abschmecken, mit Kräuterblättchen garnieren und mit Crème fraîche servieren.

Variante: Wintersuppe mit Graupen
Unser Rezept ist die Frühlingsversion einer Südtiroler Hochzeitssuppe. Im Winter spielen Graupen und Fleisch eine größere Rolle: In der kalten Jahreszeit 400 g noch nicht gekochtes Räucherfleisch (z. B. Hals, Haxe oder Kassler) mit 2 l Wasser aufkochen lassen, den Schaum abschöpfen. 125 g Gerstengraupen zugeben und Suppe 30 Min. kochen lassen. 1/4 Wirsingkopf putzen und waschen, dicke Blattrippen entfernen, die Blätter in kleine Quadrate schneiden. 2 Möhren, 2 Kartoffeln, 1 Zwiebel, 2 Knoblauchzehen und 100 g Knollensellerie schälen und würfeln. Das Gemüse mit etwas Thymian in die Suppe geben, 15 Min. garen. Mit wenig Salz, Pfeffer und Balsamessig abschmecken. Das Fleisch aus der Suppe nehmen und klein würfeln, zurück in die Suppe geben. Suppe mit Petersilie servieren. Kärntner kochen mit der Gerste dieselbe Menge Linsen, so wird aus der Suppe ein Eintopf, der Kärntner Ritschert.

Graupenrisotto mit Vacherin und Radicchio

Zubereitungszeit: 40 Min.
Pro Portion ca.: 415 kcal

Zutaten für 4 Personen:
2 kleine Köpfe Radicchio
2 Frühlingszwiebeln
3 EL Butter
200 g Gerstengraupen (Rollgerste)
1 l Brühe, 1 EL Zucker
125 ml Rotwein
Salz, Pfeffer
1 Bund Petersilie
100 g Vacherin-Käse (ersatzweise Tallegio oder Gorgonzola)

Radicchio putzen, dabei welke Blätter entfernen. Die Salatköpfe in jeweils 6–8 Spalten schneiden. Die Frühlingszwiebeln putzen, waschen und in Ringe schneiden. 1 EL Butter in einem Topf erhitzen, Frühlingszwiebeln darin andünsten, die Graupen dazugeben. Brühe dazugießen und alles bei schwacher Hitze ca. 30 Min. garen.

In der Zwischenzeit restliche Butter mit dem Zucker in einer Pfanne erhitzen, bis der Zucker geschmolzen ist. Radicchio einlegen, kurz anbraten, mit Rotwein ablöschen, salzen, pfeffern und 10 Min. zugedeckt schmoren. Die Flüssigkeit soll dabei am Ende stark eingekocht sein.

Petersilie waschen, Blättchen abzupfen und hacken. Käse in kleine Stückchen schneiden und mit der Petersilie unter das Risotto mischen. Graupenrisotto und geschmorten Radicchio auf Teller verteilen.

TIPP
Graupen quellen bei langen Garzeiten immer weiter auf, bleiben aber stabil, anders als z. B. Reis. So wurde Gerstensuppe früher oft über mehrere Stunden gekocht. Wenn Sie das Risotto also etwas zu lange garen, sollten Sie lediglich etwas mehr Brühe zugeben – die Graupen behalten ihren Biss.

Weit verbreitet: Ostereier werden mit Blättern und anderen Materialien aus der Natur gefärbt.

Der Altar im Kirchlein von Sternberg ist in den Wochen vor Ostern mit einem Fastentuch verhängt. In Kärnten gibt es noch viele sehr gut erhaltene Fastentücher aus dem Mittelalter.

Osterbräuche
Fleischweihe, Feuer und Festtagsgebäck

Gelebtes Brauchtum: In Kärnten, dem südlichsten Bundesland Österreichs, wird die Osterzeit besonders traditionell gefeiert – ebenso im benachbarten Slowenien.

Durch Dunkelheit wandern sie den Waldweg hinauf. In ihren Händen halten sie Drähte, an denen alte Konservendosen baumeln oder Blecheimer. Sie gehen zum Kirchlein oben auf dem Berg. Dort, vor der Friedhofsmauer, brennt zwischen Grabsteinen ein Feuer im Morgennebel. Der Pfarrer bewacht es, nickt den Ankömmlingen zu. Die Sonne geht auf.
Karsamstag in Kärnten. An der Kirche von Sternberg ist Feuerweihe. Einer nach dem anderen tritt zum Feuer, entzündet in seinem Metallgefäß einen Holzschwamm – ein Pilz auf einem Stück Holz – und schwingt das Gefäß durch die Luft, damit der Schwamm zu glühen beginnt. Der Pfarrer segnet jedes Feuer, und die Dorfbewohner laufen wieder den Berg hinunter. Zuhause werden sie mit dem geweihten Feuer ihren Herd anzünden und den Osterschinken kochen.
Am Karsamstag wird in der Kirche von Sternberg auch das Fastentuch wieder abgehängt. Die früher in ganz Europa verbreiteten Fastentücher findet man heute fast nur noch im Alpenraum, die meisten in Kärnten. Die großen, mit biblischen Szenen bemalten Leinentücher verhängen während der Fastenzeit den Hochaltar.

Ohne Fleischweihe keine Osterjause

Im südlichsten Bundesland Österreichs und auch im benachbarten Slowenien lebt an Ostern altes Brauchtum auf: Zu den wichtigsten Ritualen gehört neben der Feuer- auch die Fleischweihe. Dazu packen die Kärntner den schon mit geweihtem Feuer gekochten Osterschinken in einen Korb, zusammen mit gefärbten Eiern, Selchwürsten, Zunge und Kren (Meerrettich). Dann decken sie den Korb mit der bestickten Weihkorbdecke zu und bringen ihre Speisen zum Weihgottesdienst.

Der Kärntner Reinling

Wieder zuhause beginnt die Osterjause: Nach der langen Fastenzeit isst man in trauter Runde die Leckereien aus dem Korb. Zu denen gehört auch ein Reinling – ein Kuchen aus Hefeteig, der bei keinem Festtag fehlen darf. Seinen Namen hat er von der Form, in der er gebacken wird, der

BRAUCHTUM REPORTAGE

Kinder warten auf den Pfarrer – gleich findet eine Fleischweihe unter freiem Himmel statt (links). Auch die Feuerweihe ist in Kärnten ein Osterbrauch (oben).

Reine. Oft backt die Taufpatin, die »Gote«, für ihr Patenkind einen Goten-Reinling. Früher steckte sie noch Münzen hinein, heute eher bunte Eier. In Slowenien backt man an Ostern gerne eine Potica, einen Hefeteigkuchen, gefüllt mit Mohn und Nüssen. Der Name leitet sich aus dem slowenischen Wort für »Eingerolltes« ab.

Majestätische Glocken aus Slowenien

Beim Osterfest in Köstenberg in Kärnten erleben wir noch ein Osterritual aus dem Nachbarland: das Glockenanschlagen. Drei Slowenen schlagen in wechselndem Rhythmus an große Glocken, die an einem Holzgestell befestigt sind. Es klingt beeindruckend, bei uns stellt sich sofort festliche Stimmung ein. Und wir haben Glück, normalerweise spielen die Slowenen an Ostern nur in der Heimat. Dort haben sie ihre Glocken sogar schon mal auf den Triglav geschleppt, Sloweniens höchsten Berg. Doch in Köstenberg verläuft die Sprachgrenze, viele Menschen sprechen noch »Windisch« – so heißt das Slowenisch der in Österreich lebenden Slowenischstämmigen.

Also folgten die Glockenanschläger der Einladung nach Österreich.

Beim Fest treffen wir auch Anton Neff. Der 70-jährige spielt mit den Dorfkindern Osterbräuche rund ums Ei. Beim Eierpecken zum Beispiel werden zwei Eier an den Spitzen aneinandergeschlagen. Der, dessen Ei ganz bleibt, kassiert das angepeckte Ei des anderen. »Früher haben wir mit Erwachsenen auch um Geld gespielt: Die hatten dann statt eines Eis eine Münze in der Hand«, erinnert sich Neff. »Wenn der Schilling nicht in unserem Ei steckenblieb, bekamen wir ihn. Das war unser erstes Taschengeld.«

Am Abend lassen wir uns einen letzten Osterbrauch nicht entgehen: das Osterfeuer. Er stammt aus vorchristlicher Zeit und ist vor allem im Alpenraum sehr verbreitet. In der Nacht zum Ostersonntag werden auf Bergen und Wiesen riesige Feuer entzündet. Wochen vorher stapeln Dorfjugendliche kunstvoll die Scheiterhaufen. Das Feuer symbolisiert die Sonne, den Frühling und die Auferstehung.

Graukäse-Knödel mit Salbeibutter

Zubereitungszeit: 45 Min.
Bei 6 Personen pro Portion ca.: 480 kcal

Zutaten für 4–6 Personen:
400 g Weißbrot vom Vortag
300 g (Süd-)Tiroler Graukäse (ersatzweise fester Sauermilchkäse mit Edelschimmel, z. B. Handkäse)
200 ml Milch, 100 g Sahne
2 kleine Zwiebeln (ca. 125 g)
1 EL Öl, Salz
1 Bund Schnittlauch
3 Eier
Pfeffer, geriebene Muskatnuss
100 g Räucherspeck
3–4 Zweige Salbei
1–2 EL Butter

Graukäse-Knödel schmecken nicht nur mit Salbeibutter und gerösteten Speckstreifen. Sie eignen sich auch sehr gut als Suppeneinlage.

Das Brot in kleine Würfel schneiden und in einer großen Pfanne hellbraun rösten. Käse zerbröseln oder grob reiben. Brot und Käse in einer Schüssel mit Milch und Sahne mischen, Mischung zudecken und ziehen lassen.

Inzwischen Zwiebeln schälen und klein würfeln, in einer Pfanne in dem Öl mit 1 Prise Salz hellbraun dünsten. Den Schnittlauch waschen und fein schneiden, zusammen mit den Zwiebeln und den Eiern unter das Brot kneten. Masse mit Salz, Pfeffer und Muskat abschmecken.

In einem großen Topf Salzwasser aufkochen lassen. Mit feuchten Händen Knödel formen und ins kochende Salzwasser geben. Sobald die Knödel aufsteigen, die Hitze reduzieren. Knödel in 10 Min. gar ziehen lassen.

Inzwischen den Speck in Streifen schneiden und in einer Pfanne bei schwacher Hitze auslassen. Die Speckstreifen mit einem Schaumlöffel aus der Pfanne heben. Salbeiblätter abzupfen und im Speckfett mit der Butter knusprig braten. Die Knödel aus dem Wasser heben und mit Salbeibutter und Speckstreifen servieren.

Brühe mit Spargel und Pressknödeln

Zubereitungszeit: 50 Min.
Ruhezeit: 6 Std. und 30 Min.
Pro Portion ca.: 350 kcal

Zutaten für 4 Personen:
150 g Kartoffeln, Salz
100 ml Milch
100 g (Süd-)Tiroler Graukäse (ersatzweise fester Sauermilchkäse mit Edelschimmel, z. B. Handkäse)
150 g Knödelbrot (kleingeschnittenes Weißbrot vom Vortag)
1 Ei, 1–2 EL Mehl
Pfeffer, geriebene Muskatnuss
250 g weißer Spargel
1 Bund Frühlingszwiebeln, 2 EL Öl
1,6 l Gemüsebrühe (s. Seite 214 oder Instant)

Für die Knödel die Kartoffeln mit Schale in kochendem Salzwasser je nach Größe in 15–25 Min. garen, abgießen, ausdampfen lassen, pellen und mindestens 6 Std. abkühlen lassen.

Die Milch leicht erwärmen. Kartoffeln und Käse grob reiben. Mit dem Knödelbrot in einer Schüssel mit Ei und Milch mischen und an einem warmen Platz zugedeckt 30 Min. stehen lassen. 1–2 EL Mehl dazugeben, Masse mit Salz, Pfeffer und Muskat abschmecken.

Den Spargel schälen und schräg in Scheiben schneiden, die Frühlingszwiebeln putzen, waschen und in feine Ringe schneiden.

In einem großen Topf Salzwasser aufkochen lassen. Mit feuchten Händen kleine Knödel aus der Masse formen, flachdrücken, »pressen«, und in dem Öl in einer beschichteten Pfanne von beiden Seiten in 6–8 Min. goldbraun braten. Anschließend im kochenden Salzwasser 8–10 Min. garen.

Gleichzeitig die Brühe aufkochen lassen. Das Gemüse in die Brühe geben und ca. 3 Min. darin kochen lassen. Pressknödel abgießen und mit der Gemüsebrühe servieren.

ALPENKÜCHE SUPPEN UND GEMÜSEGERICHTE

Ein Reinling kommt in Kärnten an Feiertagen auf den Tisch, z. B. am Kirchtag. Die Kombination aus Hefekuchen und safrangelber Suppe klingt ungewöhnlich, schmeckt aber wunderbar.

Selbst gemachter Kirchtagsrahm *ist die Krönung der Kärntner Suppe. Für den Rahm 8 Tage vor Gebrauch 500 g Sahne, 3 EL Joghurt und einige Tropfen Zitronensaft mischen. Alles 2 Tage bei Zimmertemperatur zugedeckt stehen lassen und weitere 6 Tage im Kühlschrank nachreifen lassen.*

ALPENKÜCHE SUPPEN UND GEMÜSEGERICHTE

Bärlauchsuppe mit Forellenfilets

Zubereitungszeit: 25 Min.
Pro Portion ca.: 380 kcal

Zutaten für 4 Personen:
1,2 l Geflügel- oder Gemüsebrühe (s. Seite 214 oder Instant)
200 g Kartoffeln
50 g Bärlauch
200 g Sahne
4 dünne Scheiben Bauern-Weißbrot
250 g Forellenfilets ohne Haut und Gräten
Salz, Pfeffer, 1 Prise gemahlener Kümmel

Die Brühe aufkochen lassen. Kartoffeln schälen und in die Brühe reiben. Alles ca. 10 Min. kochen lassen, bis die Kartoffeln gar sind.

In der Zwischenzeit den Bärlauch waschen. Stiele entfernen, die Blätter in Streifen schneiden. Die Sahne halbsteif schlagen. Backofengrill vorheizen. Das Weißbrot in fingerbreite Streifen schneiden und unter dem Ofengrill von beiden Seiten goldbraun rösten – am Ofen bleiben, damit das Brot nicht verbrennt. Die rohen Fischfilets in möglichst feine Streifen schneiden, mit Salz und Pfeffer würzen und in vier Teller verteilen.

Bärlauch und Sahne in die Suppe geben. Suppe mit dem Pürierstab fein mixen, mit Salz, Pfeffer und Kümmel abschmecken. Noch einmal aufkochen lassen und sofort über die Fischstreifen gießen. Suppe mit dem gerösteten Brot servieren.

Dazu: Ziegenfrischkäse-Klößchen

Feine Ergänzung oder Alternative zu den Forellenstreifen sind Klößchen aus Ziegenfrischkäse. Dafür 60 g weiche Butter schaumig schlagen, mit 3 Eigelben, 75 g Weißbrotbröseln und 150 g frischem Ziegenkäse verrühren. Masse mit Salz und Pfeffer abschmecken. Mit einem Teelöffel haselnussgroße Portionen abstechen und in sanft kochendem Salzwasser 5 Min. garen. Sie können die Klößchen in größeren Mengen vorbereiten, einfrieren und bei Bedarf direkt ins kochende Wasser werfen, dann erhöht sich die Garzeit um 3 Min.

Villacher Kirchtagssuppe

Zubereitungszeit: 45 Min.
Garzeit: 2 Std. 10 Min.
Pro Portion ca.: 755 kcal

Zutaten für 8 Personen:
2 Zwiebeln
500 g Suppenfleisch vom Rind
500 g Suppenknochen
500 g Schweinefleisch (z. B. Vorderhaxe oder Schulter)
1 Suppenhuhn
4 Gewürznelken, 1 EL schwarze Pfefferkörner
1 TL Piment, Salz, 1 Zimtstange
125 ml Weißwein
0,2 g Safranfäden (2 Döschen)
4 Stängel Petersilie, 1/2 Bund Estragon
5 Knoblauchzehen, 1 Stück Ingwer (ca. 4 cm)
200 g Knollensellerie, 500 g Möhren
1 Stange Lauch
je 250 g Sahne und Crème fraîche (s. Seite 66 unten)
1–2 EL (Estragon-)Essig

Zwiebeln mit der Schale halbieren und auf der Schnittfläche in einem großen Topf in ca. 10 Min. dunkelbraun rösten. Zwiebeln herausnehmen, 4 l Wasser in den Topf geben, Rindfleisch, Knochen und Schweinefleisch hineinlegen. Wasser aufkochen lassen. Schaum abschöpfen und alles 1 Std. kochen lassen. Das Huhn zugeben, alles wieder aufkochen lassen und erneut abschäumen. Zwiebel wieder in den Topf geben. Nelken, Pfeffer und Piment im Mörser grob zerstoßen und mit 1 EL Salz und dem Zimt ebenfalls dazugeben. Alles weitere 30 Min. kochen lassen.

Inzwischen Wein aufkochen lassen, über den Safran gießen und ziehen lassen. Kräuter waschen. Knoblauch mit der Schale quetschen, Ingwer schälen und in Scheiben schneiden. Sellerie und Möhren schälen, Lauch putzen, längs halbieren und waschen. Sellerie und Lauch grob zerkleinern, die Möhren der Länge nach vierteln und in Stücke schneiden. Gemüse und Kräuter ohne die Möhren zum Fleisch geben und 30 Min. kochen lassen.

Fertige Brühe durch ein Sieb oder ein Tuch gießen. Fleisch von den Knochen lösen und würfeln. Fleisch, Safranwein, Möhren, Sahne und Crème fraîche in die Brühe geben. Alles zugedeckt in 10 Min. fertig garen. Suppe mit dem Essig säuerlich abschmecken und stilecht mit einem Reinling servieren (s. Seite 209).

Die Alpen Frankreichs
Vom höchsten Berg zum Mittelmeer

Die französischen Bergen sind schroff. Deshalb gibt es hier weniger Kühe als anderswo in den Alpen: Mit steilen Berghängen kommen Ziegen und Schafe einfach besser zurecht.

Wir kraxeln über Felsbrocken, vorbei an einem Wasserfall, der Himmel ist blau, die Luft warm, ich atme tief ein. Mein Blick fällt auf einen rot blühenden Busch. Ich wundere mich. Das ist doch … »ja, Rhododendron«, bestätigt Bergführer Marc. Für ihn ist das scheinbar völlig normal. Doch Rhododendron wächst am Mittelmeer, wir sind aber hier in den Hautes-Alpes auf ungefähr 1700 Meter Höhe im größten Nationalpark Frankreichs – mit der beeindruckenden Bergkette Massif des Ecrins. Über sie sagte der französische Alpinist René Desmaison einmal, dass sie von allen Gebirgszügen der Alpen am meisten dem Himalaya ähnelt. Marc zeigt auf Anemonen, Heidelbeeren und eine seltene Geranienart. Tatsächlich befinden wir uns trotz hoher Lage schon im Einflussbereich des Mittelmeers. Viele mediterrane Pflanzen wachsen hier, auch Ginster und Orchideen. Weiter im Süden, in den Seealpen, mischt sich der Duft von Lavendel, Rosmarin und Zitronenmelisse in die frische Bergluft.

Farbtupfer in der Landschaft: Mohnblumenfeld am Straßenrand (links). Handel in den Dörfern: Vor allem auf regionalen Märkten verkaufen die Bauern ihre Produkte (rechts).

Schroffe Berge, wilde Natur

Für viele Leute enden die Alpen im Westen mit dem Montblanc. Doch wo der Alpenbogen nach Süden abknickt, folgt noch ein großer Teil der Gebirgskette, bevor sie schließlich im Mittelmeer endet – die französischen Alpen machen fast ein Drittel der Gesamtfläche aus. Sie beginnen mit der schmalsten Stelle der Alpen, an der sie sich am stärksten zusammengepresst haben und ihre größte Höhe erreichen – mit dem Montblanc. Er ist mit 4807 Metern der höchste Berg der Alpen. Die großen Höhenunterschiede zwischen Tälern und Gipfeln machen die Landschaft zwischen Genfer See und Mittelmeer zur schroffsten und wildesten Alpenregion. An so steilen Berghängen bewegen sich Ziegen und Schafe viel besser als Kühe. Das erklärt wohl die besondere Vorliebe für Ziegen- und Schafskäse in dieser Gegend. Die Küche ist außerdem geprägt von den hier wachsenden Kräutern, die wir aus der Provence kennen. Einmal wurden uns auch Ravioles serviert, die mit gerade frisch in den Bergen gepflücktem, wildem Spinat gefüllt waren. Überhaupt Ravioles: Die meist mit Käse und Kräutern gefüllten Teigtäschchen sind vom Speiseplan nicht wegzudenken und zeigen einmal mehr, wie sehr sich die in den Alpen aufeinander treffenden Nationen auch kulinarisch beeinflussen: Im Nachbarland Italien heißen sie Ravioli.

Mangold-Nocken und Wermut-Likör

Jo Lozachs Spezialität sind Ravioles de blettes. Das sind allerdings keine Teigtäschchen, sondern Nocken aus Mangold, Käse, Eiern und Mehl. In seinem uralten Bauernhaus, gemütlich vollgestopft mit Antiquitäten, bieten Jo und seine Frau Nicole ein paar Gästezimmer an. Der Alt-68er kocht abends für die Hausgäste ein Menü mit allem Drum und Dran. Wir tafeln an einem großen Holztisch zusammen mit vier Segelfliegern aus dem Elsass, die von den idealen Flugbedingungen der Gegend schwärmen. Inzwischen sind wir von den Hautes-Alpes weitergewandert und in den Alpes de Haute-Provence angekommen, wo Jos »Maison d'Hôtes« hoch über Barcelonnette thront. Barcelonnette selbst ist ein malerisches Städtchen inmitten von Weiden und Obstgärten. Im 13. Jahrhundert hatte ein spanischer Graf am Ufer der Ubaye ein Landhaus bauen lassen, das er Barcelone taufte. Später wurde daraus Barcelonnette. Heute ist der Ort bekannt wegen seiner prachtvollen Villen, die sich nach Mexiko ausgewanderte Bewohner errichten ließen, nachdem sie reich geworden wieder in ihre Heimat zurückgekehrt waren. Die Menschen hier kochen etwas französisch, etwas italienisch und eine Prise mexikanisch. Sie machen ihre Ravioles, räuchern Schaffleisch und trinken an langen Winterabenden Genepy, um sich aufzuwärmen. Genepy ist verwandt mit Absinth, denn er wird aus »Artemisia Absinthium« hergestellt, zu deutsch: Wermut. Diese Beifußart wächst hier bis in 3500 Meter Höhe. Seit dem Mittelalter pflücken die Bergbauern des Ubaye-Tals dieses Kraut, um daraus Liköre und Kräutertees zu brauen. Das hat übrigens in vielen Regionen Tradition: Auch die berühmten Kartäuser-Mönche, deren Mutterkloster La Grande Chatreuse unweit von Grenoble gebaut wurde, verwenden für ihren Chartreuse-Likör Bergkräuter, sogar mehr als Hundert verschiedene.

Nizza – wo die Alpen ins Meer fallen

Wir fahren über den Col de la Bonette Richtung Alpes Maritimes, Seealpen. Karg ist es auf dem höchsten Pass Europas, steinig. Doch jetzt im späten Frühjahr sind die Berge für ein paar Wochen blumenübersät. Murmeltiere pfeifen leise. Weil die Sonne bald untergeht, schlüpfen sie aus ihren Löchern, huschen über die Felsen. Erst bei Dunkelheit kommen wir im Tal auf der anderen Seite an. Hier ist der kulturelle Einfluss Italiens besonders groß. Denn bevor es die Passstraße gab, war das Tal durch die Berge nach Westen abgeriegelt. Unsere Reise endet in Nizza. Nach Tagen in den einsamen Bergen trauen wir unseren Augen kaum. Auf einmal hupende Autos, Reisebusse, eine fröhliche Menschenmenge – joggend, skatend, flanierend, Eis essend. Das Meer. Am Kieselstrand sonnenbadende Menschen. An der berühmten Uferstraße »Promenade des Anglais« mit dem ehrwürdigen Grandhotel »Negresco« ist der Teufel los. Eine andere Welt. Und doch: Hier an der Cote d'Azur beginnen oder enden die Alpen. An manchen Stellen brechen die Berge in senkrechten Felswänden zum Meer ab.

Heimliche Winterhauptstadt

Schon im 18. Jahrhundert galt die Stadt an der lieblichen Engelsbucht wegen des milden Klimas als heimliche Winterhauptstadt Europas. Auch heute hat in Frankreich nur noch Paris mehr Besucher als Nizza. Wir bummeln durch die Altstadt: In den engen Gassen werden in unzähligen Krämerläden Oliven, duftende Kräuter und Gewürze, klebrige kleine Kuchen, frische Pasta und Gnocchi mit verschiedenen Füllungen angeboten – kulinarisch grüßt Italien, bis zur Grenze sind es nur 30 Kilometer. Auf dem Blumenmarkt drängeln sich Leute um die Socca-Verkäuferin. Auch wir ergattern ein Stück Socca – das für Nizza typische Fladenbrot aus Kichererbsenmehl, Olivenöl, Salz und Wasser. Es ist noch warm.

Duft nach Sonne und Mittelmeer: Wild wachsender Bergthymian wurde zum Trocknen ausgelegt.

Idyllischer Platz zum Picknicken: An diesem Gebirgsbach lassen sich Wanderer im größten Nationalpark Frankreichs »des Ecrins« gerne nieder.

Thomas hat uns auf der Wiese vor seiner Herberge im Vallée de Molines einen wirklich leckeren Kartoffelkuchen serviert, einen Flouzon.

Wo bitte geht's nach Nizza? Dieses Schild steht am Col de la Bonette, der höchsten Passstraße Europas.

Aus der Bauernwirtschaft

»Da Nus« in Flims stammt dieses Rezept. Die Betreiberinnen Rosemarie Parli und Rita Collenberg verwenden eine kleine Mangoldsorte, die es bei uns leider nicht gibt, aber aus Graubündner Sicht durch nichts zu ersetzen ist. Wir haben es trotzdem versucht – probieren Sie es aus und vergleichen Sie dann vor Ort in Graubünden.

Capuns

Zubereitungszeit: 30 Min.
Pro Portion ca.: 620 kcal

Zutaten für 4 Personen (16–20 Stück):
260 g Mehl
60 ml Milch
60 g trockener Quark (20 %)
2 Eier
50 g Salsiz (luftgetrocknete Schweizer Wurstspezialität; ersatzweise Landjäger)
50 g Räucherspeck
1 Bund Petersilie
3 Stängel Minze
Salz, Pfeffer
geriebene Muskatnuss

20 sehr kleine Schnittmangold-Blätter oder sehr große Spinatblätter
4 EL Weißwein
1/2 l Brühe
100 g Bergkäse
2–3 EL Butter

Für die Füllung Mehl, Milch, Quark, Eier und 60 ml Wasser zu einem festen Spätzleteig rühren. Salsiz und Speck fein würfeln, die Kräuter waschen, die Blättchen abzupfen und zwei Drittel davon fein schneiden. Salsiz, Speck und kleingeschnittene Kräuter unter den Teig mischen. Füllung mit Salz, Pfeffer und Muskat kräftig würzen.

Die Mangold- oder Spinatblätter waschen und trockenschleudern, auf jede Blattspitze 1/2 EL Füllung setzen, Blätter eng zusammenrollen und auf einen Teller legen. Sobald alle Blätter gefüllt sind, in einer großen Pfanne oder einem flachen Topf die Brühe mit dem Wein aufkochen lassen. Die Mangoldwickel hineinlegen und knapp unter dem Siedepunkt in 10 Min. gar ziehen lassen.

Capuns mit wenig Brühe auf Teller verteilen. Den Käse reiben. Restliche Kräuter grob hacken. Butter bräunen. Capuns mit Kräutern und Käse bestreuen, mit Butter beträufeln und servieren.

ALPENKÜCHE SUPPEN UND GEMÜSEGERICHTE

Ravioles de blettes

Im »Da Nus« gibt es die leckeren Wickel meist gratiniert.

Variante: Capuns-Auflauf

Den Backofen auf 220° (Umluft 200°) vorheizen. Vorgegarte Capuns eng nebeneinander in eine gebutterte Form schichten, mit 200 g Sahne und 150 ml Wasser begießen. Käse über den Auflauf streuen und im heißen Ofen (Mitte) in ca. 20 Min. goldbraun überbacken. In St. Etienne de Tinée, einem Dorf in Frankreich, auf der anderen Seite der Alpen macht man Kohlrouladen aus Weißkohl mit Braten- oder Wurstresten, Pökelfleisch, in Milch eingeweichten Bröseln und Reis. Im örtlichen Dialekt heißen sie »Lous Capouns«.

Zubereitungszeit: 35 Min.
Backzeit: 25 Min.
Pro Portion ca.: 615 kcal

Zutaten für 4 Personen:
300 g Mangoldblätter (mit Stielen 500 g), Salz
150 g Tomme de Savoie oder Allgäuer Bergkäse
3 Eier
Pfeffer
geriebene Muskatnuss
ca. 200 g Mehl (+ Mehl zum Wenden)
300 g Sahne

Den Backofen auf 210° (Umluft 190°) vorheizen. Mangoldblätter putzen, waschen und mit einem großen Messer oder in einer Küchenmaschine fein hacken. In einem großen Topf Salzwasser aufkochen lassen. Den Käse reiben.

Mangold, 100 g Käse und die Eier mit einer Gabel verrühren. Mischung kräftig mit Salz, Pfeffer und Muskat würzen. 200 g Mehl zügig mit der Gabel unterrühren – der Teig hat die richtige Konsistenz, wenn die Gabel eine Weile stehen bleibt, wenn Sie sie tief in den Teig stecken. Falls nötig, noch etwas Mehl unterrühren.

Eine Handvoll Mehl auf der Arbeitsfläche verteilen, mit zwei Esslöffeln Teignocken abstechen, in das Mehl plumpsen lassen und vorsichtig darin wenden. Das überschüssige Mehl zwischen den zu einer Art kleinem Ball gewölbten Händen abschütteln. Jede fertige Nocke sofort ins kochende Wasser geben. Sobald die letzte Mangoldnocke an die Oberfläche gestiegen ist, sind die Ravioles fertig.

Ein Drittel der Sahne in einer Auflaufform verteilen, die Nocken in die Form setzen, mit der restlichen Sahne begießen und mit dem restlichen Käse bestreuen. Ravioles in ca. 25 Min. im heißen Ofen (Mitte) goldbraun überbacken.

TIPP

Die grünen Nocken werden – anders als Malfatti, ihre Verwandten aus Norditalien – nach dem Kochen mit Sahne gratiniert. Das ist der Trick: Beim Überbacken nehmen die Ravioles de blettes viel Flüssigkeit auf und werden dadurch besonders locker und saftig. Wenn Sie Ihre Tage nicht wandernd in den Hochalpen verbringen, können Sie einen großen Teil der Sahne durch Milch ersetzen.

Rosemarie Parli und Rita Collenberg betreiben im Bauernhof der Familie eine Gastwirtschaft. Viele ihrer Zutaten stammen vom eigenen Hof.

Wo Brot gegessen wird, gibt es auch Gerichte für die Reste. Am liebsten mögen wir Rezepte mit geröstetem Brot wie die provenzalische Suppe.

Das provenzalische Pistou
enthält, anders als das italienische Pesto, weder Pinienkerne noch andere Nüsse, dafür aber häufig das Fruchtfleisch von frischen oder gegrillten Tomaten. Manchmal auch eine gekochte Kartoffel. Wir finden die Variante ohne Knoblauch am feinsten – den geben wir lieber direkt in die Suppe. Dann wird er mitgekocht und schmeckt weniger intensiv.

ALPENKÜCHE SUPPEN UND GEMÜSEGERICHTE

Provenzalische Brotsuppe

Zubereitungszeit: 35 Min.
Pro Portion ca.: 620 kcal

Zutaten für 4 Personen:
1 kg Saubohnen
500 g Erbsenschoten
250 g breite Bohnen
1 Zwiebel
4 EL Olivenöl
Salz, Pfeffer
4 große dünne Scheiben Bauern-Weißbrot
1 Knoblauchzehe
1 Stängel Minze

Bohnen und Erbsen aus den Schoten lösen, dabei die größeren Bohnenkerne zusätzlich schälen. Das geht am einfachsten, wenn Sie mit den Fingernägeln den Schalenansatz am Bohnenkern abknipsen und dann mit zwei Fingern der anderen Hand den weichen inneren Kern herausdrücken. Vorsicht! Die Kerne hüpfen. Die breiten Bohnen putzen und schräg in sehr dünne Streifen schneiden. In reichlich kochendem Wasser 2 Min. kochen lassen, abgießen und abschrecken.

Die Zwiebel schälen, fein schneiden und in 2 EL Olivenöl 2 Min. dünsten. Bohnen und Erbsen zur Zwiebel geben, kurz mitdünsten, dann 800 ml Wasser dazugießen. Mit Salz und Pfeffer kräftig würzen und 5 Min. kochen lassen.

Die Brotscheiben im Toaster oder im heißen Ofen goldbraun rösten, anschließend halbieren oder vierteln. Die Knoblauchzehe schälen und über die Brotscheiben reiben. Brote in vier Suppenteller verteilen, mit restlichem Olivenöl beträufeln und mit der Bohnensuppe begießen. Minze waschen, fein schneiden und über die Suppe streuen.

Variante: Bayerische Brotsuppe
Für die bayerische Version 2 Zwiebeln schälen und in Streifen schneiden, mit 1 kräftigen Prise Kümmel würzen und in 2 EL Schweineschmalz goldbraun braten. 1–2 gehackte Knoblauchzehen und 2 EL Sultaninen zugeben. 1,2 l Brühe dazugießen, 10 Min. kochen lassen und kräftig abschmecken. In der Zwischenzeit 4 Scheiben Bauernbrot rösten und in Streifen schneiden, auf vier Teller verteilen. Mit der Brühe begießen, mit saurer Sahne garnieren und mit reichlich frisch gehackten Kräutern bestreut servieren. Dafür eignen sich Petersilie und Schnittlauch und auch Kerbel, Löwenzahnblättchen, Salbei oder Vogelmiere.

Linsensuppe mit Pistou

Zubereitungszeit: 20 Min.
evtl. Einweichzeit für die Linsen
Garzeit: 30–45 Min.
Pro Portion ca.: 560 kcal

Zutaten für 4 Personen:
250 g grüne Linsen (z. B. Le-Puy-Linsen)
4–6 Knoblauchzehen
1–2 große, milde Peperonischoten
3–4 Zweige Thymian
1 EL Olivenöl
2 Lorbeerblätter
1 1/4 l Brühe oder Wasser
200 g mehlig kochende Kartoffeln
100 g Bauern-Weißbrot
Salz, Pfeffer
Für das Pistou:
2–3 Bund Basilikum (ca. 50 g Basilikumblätter)
Salz
5 EL Olivenöl
30 g Ziegenkäse (z. B. harter Crottin de Chavignol)

Linsen waschen und – falls nötig – nach Packungsanweisung in kaltem Wasser einweichen. Knoblauch schälen und in Scheiben schneiden. Peperonischoten waschen und in dünne Ringe schneiden, scharfe Sorten vorher entkernen. Thymian waschen, Blättchen abstreifen. Knoblauch, Peperoni und Kräuter in 1 EL Olivenöl kurz anbraten, Linsen und Lorbeerblätter dazugeben. Brühe oder Wasser dazugießen.

Kartoffeln schälen, fein reiben und in die Suppe geben. Alles aufkochen und je nach Linsensorte in 30–45 Min. weich kochen.

In der Zwischenzeit das Brot in dünne Scheiben schneiden und im heißen Ofen oder im Toaster rösten.

Für das Pistou Basilikum waschen und trockentupfen. Blättchen abzupfen und mit 1 TL Salz und Olivenöl im Blitzhacker oder Mixer fein pürieren. Ziegenkäse reiben und mit dem Basilikumpüree zu einer cremigen Paste mixen. Besonders fein wird Ihr Pistou, wenn Sie die fertige Kräuterpaste durch ein Sieb streichen.

Die Linsensuppe mit Salz und Pfeffer kräftig abschmecken und mit geröstetem Brot und Pistou servieren.

Zucchinigratin mit Reis

Zubereitungszeit: 15 Min.
Backzeit: 20 Min.
Pro Portion ca.: 470 kcal

Zutaten für 4 Personen:
200 g Langkornreis
2 Zwiebeln
1,2 kg Zucchini
2 Zweige junger Lavendel oder Rosmarin
2–3 EL Olivenöl (+ Öl für die Form)
Salz, Pfeffer
200 ml Milch
100 g Sahne
50 g Ziegenkäse (z. B. Ziegenrolle oder Crottin de Chavignol; ersatzweise ein Bergkäse wie Gruyère)
2 EL Weißbrotbrösel (s. Seite 216; ersatzweise Paniermehl)

Den Reis nach Packungsanweisung garen. Inzwischen die Zwiebeln schälen und würfeln. Die Zucchini waschen, putzen und der Länge nach vierteln. Zucchinistreifen quer in dicke Scheiben schneiden. Lavendel oder Rosmarin waschen, die Blättchen abstreifen und hacken.

Olivenöl in einem Topf erhitzen, die Zwiebeln darin hellbraun braten. Zucchini und Kräuter zugeben und 5 Min. mitdünsten, mit Salz und Pfeffer würzen.

Backofen auf 220° (Umluft 200°) vorheizen. Den Reis zu den Zucchini geben und alles in eine geölte Auflaufform füllen. Milch und Sahne mischen, kräftig würzen und über den Zucchinireis gießen. Den Käse reiben und mit den Brotbröseln über das Gratin streuen. Gratin ca. 20 Min. im heißen Ofen (Mitte) überbacken.

Variante
Unser »Tian de courgettes« der Landfrauen aus St. Etienne de la Tinée (1 Std. nördlich von Nizza) ist besonders leicht und lecker. Für einen stichfesten Auflauf 3 Eier mit Milch und Sahne verrühren und bei ca. 200° (Umluft 180°) 30–40 Min. überbacken.

Streifen-Ratatouille

Zubereitungszeit: 35 Min.
Pro Portion ca.: 110 kcal

Zutaten für 4 Personen:
400 g Zucchini
400 g Auberginen
1 rote Paprikaschote
400 g Tomaten
2–3 EL Olivenöl
2 EL kleine schwarze Oliven
Salz, Pfeffer

Das Gemüse waschen und putzen. Zucchini längs halbieren und der Länge nach in dünne Scheiben schneiden. Die Auberginen genauso in etwas dickere (1 cm) Streifen schneiden. Die Paprikaschote halbieren und entkernen, das Fruchtfleisch in dünne lange Streifen schneiden. Die Tomaten würfeln.

Auberginen auf dem Grill oder in einer Grillpfanne bei schwacher Hitze ca. 12 Min. ohne Fett grillen. Die Paprikaschote im Olivenöl 2 Min. braten, Zucchinistreifen weitere 2 Min. mitbraten. Gegrillte Auberginenstreifen, Oliven und Tomatenwürfel zugeben, mit Salz und Pfeffer würzen und bei starker Hitze in 3–4 Min. fertig garen. Ratatouille vom Herd nehmen.

Dazu: Kichererbsenpüree
Zur Ratatouille passt sehr gut ein Kichererbsenpüree: 200 g getrocknete Kichererbsen über Nacht in 1 1/2 l Wasser einweichen. Am nächsten Tag in der Schüssel mit der Hand rühren, so dass sich dabei die Häutchen der Kichererbsen lösen. Häutchen abschöpfen. 2 gehackte Knoblauchzehen in 2 EL Olivenöl andünsten. Die Kichererbsen mit dem Einweichwasser dazugeben und bei schwacher Hitze in ca. 2 Std. weich kochen. Schale von 1 Bio-Zitrone abreiben. 1 Bund Petersilie waschen. Blättchen mit der Zitronenschale fein hacken. 5 EL Sesamkörner rösten. Gegarte Kichererbsen abgießen, dabei die Kochflüssigkeit auffangen. Kichererbsen mit 3 EL Sesam pürieren und mit der Kochflüssigkeit verdünnen, bis eine glatte Creme entsteht. Püree in einer Schüssel mit Petersilie, restlichem Sesam und Salz bestreut anrichten. Nach Belieben mit etwas Olivenöl beträufeln.

ALPENKÜCHE SUPPEN UND GEMÜSEGERICHTE

Bayern
Märchenschlösser, Klöster, Biergärten

Bayern ist berühmt für sein Bier und seine Klosterbrauereien wie das Kloster Reutberg (links). Zur zünftigen Maß Bier schmeckt eine Brezn immer (rechts).

Wenn er nicht tatsächlich gelebt hätte, Werbestrategen hätten ihn erfinden müssen: König Ludwig II. Kein anderer hat ungewollt so viel für das bayerische Image getan wie der sogenannte Märchenkönig. Sein Schloss Neuschwanstein ist geradezu ein Wahrzeichen für die bayerische Alpenregion. Romantisch, dramatisch und ein bisschen kitschig. Nur wenige Wochen nach seinem Tod 1886 hatte man damals das unvollendete Schloss der Öffentlichkeit zugänglich gemacht – ursprünglich, um anhand seiner verstiegenen Architektur zu zeigen, wie wahnsinnig der König gewesen war. Schließlich war er wegen dieser Diagnose einst entmündigt worden.
Ob er nun wirklich dem Wahnsinn verfallen oder nur ein unglücklicher, nicht an Politik interessierter Eigenbrötler war, Tatsache ist: Die meisten Bayern lieben ihren »Kini« heute mehr denn je, einen regelrechten Kult treiben sie um ihn. Wahrscheinlich auch, weil sie verstanden haben, wie viele Touristen aller Nationen er ins Land zieht. Denn die strömen

Liebliche Landschaft: Im bayerischen Voralpenland laden viele Seen zum Baden ein, hier der Staffelsee bei Uffing (links). Im Sommer schmücken Geranien die Fenster (rechts).

in Scharen, 1,3 Millionen im Jahr, zu dem merkwürdigen Märchenschloss. Und auch zu den Schlössern Linderhof und Herrenchiemsee, den anderen beiden königlichen Bauten.

Viel los am höchsten Gipfel
Ähnlich viel Zulauf hat höchstens noch die Zugspitze. Deutschlands höchsten Gipfel im bayerischen Wettersteingebirge erreicht man seit 1930 bequem mit der Zahnradbahn; inzwischen auch mit mehreren Gondelbahnen. Entsprechend geschmäht wird er von vielen Bergsteigern. Nach zweitägigem Aufstieg würde sie auf dem 2962 Meter hohen Gipfel nämlich eine Art hochalpiner Fußgängerzone erwarten, fast zugebaut mit Wetter-, Post- und Seilbahnstationen, Aussichtslokalen und mit Menschengewimmel. Im Sommer sollen hier oben auch schon Touristen mit Flip-Flops an den Füßen gesichtet worden sein. Deshalb bezwingen Bergsteiger lieber andere Gipfel, von denen es auch in den deutschen Alpen einige gibt.

Die sind zwar weniger bekannt, aber für Klettertouren sicher attraktiver. Die bayerischen Alpen sind nicht so hoch wie die Gebirgsketten im benachbarten Österreich, doch sie erheben sich so abrupt aus den grünen Hügeln des Voralpenlands, dass sie einen wahrhaft dramatischen Anblick bieten.

Brauchtum und Tradition

Jenseits von Märchenschlössern und Zugspitze hat der eher kleine deutsche Alpenanteil – er beschränkt sich auf einen schmalen, kaum einmal mehr als 20 Kilometer breiten Streifen im Süden Bayerns – noch einiges zu bieten in puncto Natur und Kultur. Glitzernde Seen, hohe Berge, barocke Kirchen und ganz viel Tradition. Lüftlmalerei an den Hauswänden, Schafkopfen am Stammtisch, Schuhplatteln in Lederhosen, Fingerhakeln als Sportart sind im bayerischen Alpenraum keine Klischees, sondern – wie heißt es so schön? – gelebtes Brauchtum. Auch Orte sind fest mit Traditionen verknüpft. Mittenwald zum Beispiel ist seit dem 17. Jahrhundert die Stadt der Geigenbauer mit der einzigen Geigenbauschule Deutschlands. Oder Oberammergau, das jeder wegen seiner Holzschnitzer und der berühmten Passionsspiele kennt. Und was wäre Bayern ohne seine Klöster? Hier sind sie nicht nur Orte der Besinnung, sondern auch der Einkehr – in die klösterlichen Schankwirtschaften. Früher brauten die Mönche dunkles Starkbier als Fastenspeise während ihrer fleischlosen Zeit. Heute findet das Bier der bayerischen Klosterbrauereien allgemein großen Anklang. Liebhaber geraten beim Gedanken an das starke, süffige Bier von zum Beispiel Kloster Reutberg oder Kloster Ettal ins Schwärmen. Überhaupt ist Bier ein zwar flüssiges, aber wichtiges Herzstück der kulinarischen Gepflogenheiten der Region.

Verbraucherschutz seit 500 Jahren

Über die Qualität ihres Bieres wachten die bayerischen Brauer schon früh: 1516 erließ Herzog Wilhelm IV. das bayerische Reinheitsgebot, nach dem Bier nur aus Gerste, Hopfen und Wasser gebraut werden darf. Dieses Gebot ist die weltweit älteste lebensmittelrechtliche Bestimmung zum Schutz der Verbraucher. Sie ist bis heute gültig. Und um sie ranken sich auch Anekdoten: So sollen die Einhaltung des Gebots und damit die Qualität des Brausuds früher regelmäßig überprüft worden sein, indem das Bier auf Holzbänke gegossen wurde, auf die sich dann »Pir-Beschauer« in Lederhosen setzten. Nach einer genau festgelegten Frist erhoben sie sich: Nur wenn die Hose an der Bank kleben blieb, galt das Bier als geraten. Wenn nicht, wurde es weggeschüttet, billiger verkauft oder die Brauer tranken es selbst. Womit wir schließlich bei der Frage ankommen, wo eine echte bayerische Maß am besten zu sich genommen wird.

Paradies auf bayerisch: Biergärten

Da sind sich Bayern, Preußen und Touristen aus aller Welt einig: Nirgends kam man so gemütlich ein frisches Bier trinken wie im Biergarten. Obwohl es eigentlich »auf dem Bierkeller« heißen müsste. Doch der Reihe nach: Alles fing 1539 an mit der bayerischen Brauordnung, nach der nur zwischen September und April Bier gebraut werden durfte. Im Sommer war Bierbrauen aufgrund der hohen Brandgefahr beim Sieden verboten.

Die Brauer hatten damals aber gleich mehrere Ideen, um einen sommerlichen Biernotstand zu verhindern. Erstens brauten sie das Bier für den Sommer etwas stärker ein, um es haltbarer zu machen. Deshalb nannte man es Märzenbier. Zweitens ließen sie Keller bauen, in denen das Bier in Fässern lagern konnte – unter riesigen Brocken von Natureis, das man im Winter aus Flüssen und Seen geschlagen hatte. Und drittens pflanzten sie auf die Keller Kastanienbäume. Deren große Blätter spendeten Schatten und schützten so vor starker Sonnenwärme. Viele Brauer stellten ein paar Tische und Bänke unter die Bäume und boten ihr Bier frisch vom Fass an. Der Biergarten war geboren.

Doch dann gab es erstmal Ärger: Die Wirte protestierten gewaltig. Die Brauer sollten ihr Bier an die Wirte und nicht billig an die Leute verkaufen. Schließlich sprach König Ludwig I. ein Machtwort. Er erlaubte offiziell den Bierausschank in den Gärten, Essen durften die Brauer aber nicht verkaufen. Also brachten die Bayern ihre Vesper mit. Und das ist bis heute so: Wer will, kommt mit Picknickkorb in den Biergarten. Zu einer zünftigen Brotzeit gehören Brezen, Radi (Rettich) und Obazda – ein speziell zubereiteter Käse. Im Gegensatz zu früher kann man diese Schmankerln heute auch im Biergarten kaufen. Trotzdem gilt immer noch: Wo Biergarten draufsteht, muss eine mitgebrachte Brotzeit drin sein. Sonst darf sich ein Biergarten nicht so nennen.

Nicht nur zum Schuhplatteln schlüpft der Bayer in seine Tracht. Aus Hirschleder muss sie sein, die original bayerische Lederhose. Und selbstverständlich ist alles Handarbeit, auch die Stickereien.

Märchenhafte Kulisse: Ludwig II. ließ Schloss Neuschwanstein auf einem bewaldeten Bergrücken nahe Füssen erbauen.

Ein echtes Schloss! Darüber freuen sich auch moderne kleine Märchenprinzessinnen.

Wo geht der Bayer am allerliebsten hin? Jawohl, in den Biergarten. Biergärten gibt's zuhauf, und sie sind meistens so groß, dass jeder einen Platz findet. Im Schatten großer Kastanienbäume lässt sich auch die Mittagshitze aushalten.

Feine Kohlrabi-Metzelsuppe

Zubereitungszeit: 15 Min.
Garzeit: 1 Std. 45 Min.
Pro Portion ca.: 490 kcal

Zutaten für 4 Personen:
1 1/4 l Brühe oder Wurstsud
400 g rohe, grobe Schweinsbratwurst
2 Zwiebeln
3 EL Schweineschmalz oder Butter
2 Kohlrabi, Salz, Pfeffer
1 Bund gemischte Kräuter (z. B. Zitronenmelisse, Liebstöckel, Pimpernell, Petersilie)
2 Scheiben Bauernbrot

Die Brühe aufkochen lassen. Schweinswurst darin knapp unter dem Siedepunkt ca. 1 Std. 30 Min. garen. Die Wurst aus der Brühe nehmen, abkühlen lassen und in dünne Scheiben schneiden.

Zwiebeln schälen und würfeln, in 1 EL Fett 5 Min. braten. Kohlrabi schälen. Zarte Blättchen aufbewahren, Knolle in 1–2 cm große Würfel schneiden. Kohlrabiwürfel zu den Zwiebeln geben, Brühe dazugießen und 10–15 Min. kochen lassen, mit Salz und Pfeffer abschmecken.

Inzwischen die Kräuter waschen, Blättchen zusammen mit den Kohlrabiblättchen grob hacken. Das Bauernbrot würfeln und im restlichen Schmalz goldbraun rösten. Aus der Pfanne nehmen und leicht salzen.

Wurstscheiben zurück in die Suppe geben und darin erhitzen. Suppe auf Teller verteilen und mit reichlich Kräutern und Brotwürfeln bestreut servieren.

INFO

Die Metzelsuppe ist die Schwester der Schlachtplatte. Ursprünglich wurde die Wurstbrühe von Blutwurst, Leberwurst und grober Schweinswurst am Schlachttag mit den geplatzten Würsten und Brot gegessen. Sehr gehaltvoll und rustikal. Wir mögen die Frühlingsvariante mit Kohlrabi und Kräutern am liebsten.

Krautsuppe mit Grammelknödeln

Zubereitungszeit: 50 Min.
Ruhezeit: 30 Min.
Garzeit: 1 Std.
Pro Portion ca.: 560 kcal

Zutaten für 4 Personen:
400 g ungesalzener, weißer Speck in 5 mm dünnen Scheiben
200 g Mehl, Salz
250 g rohes Sauerkraut, 1 Zwiebel
100 g mehlig kochende Kartoffeln
1 Apfel (z. B. Boskop)
2 EL Gin, 100 ml Weißwein
1 l Brühe
1 Lorbeerblatt, Pfeffer
1 Bund Schnittlauch, 100 g Sahne

Speck würfeln und mit 2 EL Wasser in einem kleinen Topf ca. 15 Min. bei mittlerer Hitze auslassen, bis das Fett klar ist und die Würfelchen hellbraun sind. Speckwürfel in ein Sieb über einer Schüssel abgießen und abtropfen lassen. Würfel und Fett abkühlen lassen, bis das Schmalz erstarrt.

Mehl mit 1/2 TL Salz und 80 ml heißem Wasser verkrümeln, dann zu einem geschmeidigen Teig kneten. Teig in Folie wickeln und 30 Min. ruhen lassen.

Kraut grob zerschneiden. Zwiebel und Kartoffeln schälen. Apfel schälen und entkernen. Zwiebel, Kartoffeln und Apfel in Scheiben schneiden und mit dem Kraut in 2 EL Schmalz 5 Min. dünsten. Mit Gin und Weißwein ablöschen. Brühe und Lorbeer dazugeben. Alles ca. 1 Std. kochen lassen, bis das Kraut weich ist. Die Suppe im Mixer fein pürieren und mit Salz und Pfeffer abschmecken.

Salzwasser aufkochen lassen. Die knusprigen Grammeln mit 3 EL Schmalz mischen, würzen und zu haselnussgroßen Kugeln formen. (Restliches Schmalz als Brotaufstrich verwenden). Teig knapp 1/2 cm dick ausrollen und in 16–20 ca. 5 cm große Quadrate schneiden. Auf jedes Teigstück 1 Schmalzkugel setzen, Teig sorgfältig verschließen und rund rollen. Knödel im schwach kochenden Salzwasser 10 Min. garen, dann abgießen.

Suppe nochmals erhitzen. Schnittlauch waschen und in Röllchen schneiden. Sahne halb steif schlagen und unter die Suppe ziehen. In jede Suppe ein paar Grammelknödel setzen, mit Schnittlauch bestreuen.

ALPENKÜCHE SUPPEN UND GEMÜSEGERICHTE

Rote Bete mit Ricotta und Mohn

Zubereitungszeit: 25 Min.
Garzeit Rote Bete: 30 Min.
Backzeit: 20 Min.
Pro Portion ca.: 500 kcal

Zutaten für 4 Personen:
8 kleine Rote Beten, Salz
1 TL Kümmel (+ 1 Prise gemahlener Kümmel)
2 Knoblauchzehen
7 EL Nussöl (+ Öl für die Form)
100 g würziger Hartkäse (z. B. gereifter Bergkäse)
1 Bund Petersilie, 6 Blätter Liebstöckel
150 g Ricotta, Pfeffer
30 g Bauernbrot oder 1 Scheibe Toast
2 EL gemahlener Mohn
4 EL frisch gepresster Orangensaft
2 TL Orangenkonfitüre
1 TL geriebener Meerrettich

Rote Beten in Salzwasser mit dem Kümmel in ca. 30 Min. weich kochen. Abgießen und abschrecken, die Knollen schälen. Einen flachen Deckel abschneiden, die Unterseite gerade schneiden, damit die Roten Beten gut stehen. Knollen aushöhlen, dabei das Innere zunächst mit einem kreisförmigen Schnitt 5 mm vom Rand entfernt lösen. Mit einem Teelöffel oder Kugelausstecher aushöhlen.

Knoblauch schälen und hacken. Deckel und »Innenleben« der Knollen ebenfalls hacken und mit dem Knoblauch in 2 EL Nussöl ca. 5 Min. dünsten. Den Käse reiben. Petersilie und Liebstöckel waschen, Blätter abzupfen und hacken.

Backofen auf 220° (Umluft 200°) vorheizen. Gedünstete Rote Beten mit Ricotta, 75 g Hartkäse und den Kräutern mischen, mit Salz, Pfeffer und 1 Prise Kümmel abschmecken und in die ausgehöhlten Knollen füllen. Das Brot im Blitzhacker mit dem Mohn, dem restlichen Käse und 1 EL Nussöl zerbröseln und über die Roten Beten verteilen. Gefüllte Rote Beten in einer geölten Form mit 100 ml Wasser im heißen Ofen (Mitte) ca. 20 Min. überbacken.

Orangensaft mit -konfitüre, Meerrettich und 4 EL Nussöl mit dem Pürierstab mixen, bis eine cremige Sauce entsteht. Sauce mit Salz und Pfeffer abschmecken. Gebackene Rote Beten mit der Vinaigrette servieren – oder einfach mit zerlassener Butter beträufeln. Dazu passt Spinatsalat.

Rübchen-Lasagne

Zubereitungszeit: 45 Min.
Backzeit: 45 Min.
Bei 6 Personen pro Portion ca.: 570 kcal

Zutaten für 4–6 Personen:
250 g Buchweizenmehl
250 g Weizenmehl (+ Mehl für die Arbeitsfläche)
4 Eier
250 g Zwiebeln
1 1/4 kg weiße Rübchen (z. B. Mairübchen)
2 EL Butter (+ Butter für die Form)
Salz, Pfeffer, geriebene Muskatnuss
500 g trockener Quark (20 %)
2–3 Zweige Bohnenkraut oder Thymian
70 g frischer Ziegenkäse (z. B. Ziegenrolle; ersatzweise Fetakäse)
200 g saure Sahne

Buchweizenmehl mit 150 ml kochendem Wasser übergießen und verkrümeln. Mit Weizenmehl und 2 Eiern zu einem geschmeidigen Teig verkneten. Zudecken und mindestens 30 Min. ruhen lassen.

Inzwischen Zwiebeln und Rübchen schälen und in dünne Scheiben schneiden oder hobeln. Zarte Rübenblätter waschen. Alles zusammen in der Butter und mit 1 Prise Salz zugedeckt 10 Min. dünsten. Rübchen mit dem Quark und restlichen Eiern mischen und mit Salz, Pfeffer und Muskat abschmecken. Eine Auflaufform buttern.

Backofen auf 220° (Umluft 200°) vorheizen. Teig in vier Teile schneiden. Die einzelnen Stücke nacheinander auf einer mit Mehl bestäubten Arbeitsfläche in der Größe der Auflaufform 2 mm dünn ausrollen. Die Form buttern, eine Teigplatte hineinlegen, ein Drittel der Rübchenfüllung auf dem Teig verteilen. Teig und Füllung abwechselnd einschichten, mit einer Teigschicht aufhören. Kräuter waschen, Blättchen abzupfen und hacken. Den Ziegenkäse zerbröseln, mit den Kräutern und saurer Sahne mischen und über den Auflauf gießen. Lasagne im heißen Ofen (2. Schiene von unten) in 40–45 Min. überbacken.

Heublüten-Essenz mit Steinpilzknödelchen

Zubereitungszeit: 45 Min.
Garzeit: 20 Min.
Pro Portion ca.: 200 kcal

Zutaten für 4 Personen:
150 g Bauernbrot vom Vortag (ohne Rinde)
1 EL getrocknete Steinpilze
100 ml Milch
1 Ei
4 EL Heublüten (ersatzweise getrocknete Kräuterblüten, z. B. von Bergbohnenkraut, Thymian, Lavendel, Salbei, Minze, Melisse, Dill, Fenchel, Brennnessel, Schnittlauch, Ysop oder Ringelblume)
1 l kräftige Brühe (s. Seite 214 oder Instant)
2 Schalotten
200 g Steinpilze
1 Bund Petersilie
1 EL Butter
Salz, Pfeffer
geriebene Muskatnuss
evtl. Paniermehl
Außerdem: 4 Einmachgläser mit Schnappverschluss (je ca. 400 ml)

Das Brot in dünne Streifen schneiden und mit den getrockneten Pilzen in eine Schüssel geben. Milch leicht erwärmen, mit dem Ei mischen und über die Brotscheiben gießen. Zugedeckt quellen lassen. Einige Heublüten beiseite legen, die übrigen mit der Brühe aufkochen lassen, vom Herd nehmen und 10 Min. ziehen lassen.

Schalotten schälen und fein würfeln. Pilze putzen. Die Hälfte der Pilze ebenfalls fein würfeln, den Rest in Scheiben schneiden. Petersilie waschen, Blättchen abzupfen und fein hacken. Schalotten und Pilzwürfel in der Butter 3–4 Min. dünsten. Petersilie dazugeben und alles unter die Brotmasse kneten. Knödelmasse mit Salz, Pfeffer und Muskat abschmecken. Salzwasser aufkochen lassen.

Einen Probeknödel formen und ca. 5 Min. sanft kochen lassen (s. Seite 215). Falls er zu weich ist, noch etwas Paniermehl in die Masse kneten. Mit feuchten Händen kleine Knödel formen, im Salzwasser bei niedriger Hitze 5 Min. kochen lassen.

Knödel, Pilzscheibchen und die beiseite gelegten Blüten in vier Einmachgläser verteilen. Die Brühe abschmecken und durch ein Sieb in die Gläser gießen. Gläser verschließen. Ein Geschirrtuch in einen Topf legen, in den alle Gläser nebeneinander hineinpassen. Die Gläser in den Topf stellen. 6–7 cm hoch Wasser angießen, Gläser bei schwacher Hitze 20 Min. kochen lassen. Jeder Gast macht sich sein Glas am Tisch auf – wobei ein herrlicher Duft entströmt.

INFO

Überall in den Alpen gibt es junge Köche, die mit Heu in der Küche experimentieren. Worauf kommt es an? Die Wiesen sollen möglichst hoch gelegen und unbedingt ungedüngt sein. Je größer die Kräutervielfalt auf der Wiese, desto besser schmeckt das Heu bzw. der Sud, den Sie aus dem Heu kochen können. Wenn Sie keine Hochgebirgswiese zur Verfügung haben, können Sie sich dem Geschmack annähern, indem Sie Blüten und Blätter von möglichst vielen verschiedenen Kräutern zupfen, trocknen und dann wie Heu oder Heublumen verarbeiten. Wir haben das Rezept in Südtirol im Romantik-Hotel Stafler in Mauls fotografiert.

ALPENKÜCHE SUPPEN UND GEMÜSEGERICHTE

Waadtländer und Neuenburger Würste sind geräucherte Rohwürste im Rinderdarm, also relativ groß. Beide Wurstsorten werden nach strengen Vorgaben als Lebensmittel mit geschützter geographischer Angabe IGP (Indication géographique protégée) hergestellt. Sie sind wegen hoher Importzölle in den anderen deutschsprachigen Ländern schwer erhältlich. Eine gute Alternative: Rohpolnische.

Geschmorter Lattich mit Räucherwurst

Zubereitungszeit: 1 Std. 15 Min.
evtl. Einweichzeit für die Linsen
Pro Portion ca.: 640 kcal

Zutaten für 4 Personen:
250 g Linsen
2–3 Zwiebeln
4 Knoblauchzehen
2–3 EL Butter
4 EL passierte Tomaten
3 Zweige Bohnenkraut
1 l Brühe
1–2 geräucherte Rohwürste zum Kochen (ca. 400 g, s. links)
1 Bund Petersilie
1 Romanasalat (Lattich)
Salz, Pfeffer
1–2 TL Zitronensaft

Linsen waschen und – falls nötig – nach Packungsanweisung in kaltem Wasser einweichen. Zwiebeln und Knoblauch schälen und würfeln. Zwiebeln mit der Hälfte des Knoblauchs in 1 EL Butter 2 Min. dünsten, Tomaten, Linsen und Bohnenkraut dazugeben. Brühe dazugießen und aufkochen lassen. Die Wurst zu den Linsen legen, die Hitze reduzieren, so dass die Linsen fast nicht mehr kochen, und alles ca. 1 Std. garen.

In der Zwischenzeit die Petersilie waschen, Blättchen abzupfen und hacken. Salat putzen, waschen und trockenschleudern, dann in breite Streifen schneiden. Restliche Butter in einer großen Pfanne erhitzen. Übrigen Knoblauch, Petersilie und Lattich darin 1–2 Min. zugedeckt dünsten, bis der Salat zusammenfällt. Dann den Deckel abnehmen, Lattich mit Salz und Pfeffer würzen und unter Rühren bei starker Hitze 3–4 Min. schmoren. Mit Zitronensaft abschmecken.

Die Wurst aus den Linsen nehmen und in 1 cm dicke Scheiben schneiden. Die Linsen abschmecken und mit Lattichgemüse und Wurstscheiben servieren.

Artischocken-Krautpfanne

Zubereitungszeit: 30 Min.
Pro Portion ca.: 210 kcal

Zutaten für 4 Personen:
2 Zwiebeln
75 g Räucherspeck in 3–4 mm dünnen Scheiben
500 g Weißkohl (Weißkraut)
1 große, milde Peperonischote
4–8 kleine Frühjahrsartischocken
1 TL Zitronensaft
1 EL Olivenöl
2 Gewürznelken
Salz, geriebene Muskatnuss

Die Zwiebeln schälen, halbieren und in Scheiben oder schmale Spalten schneiden. Den Speck in Streifen schneiden. Weißkohl putzen, dabei welke Blätter und den Strunk entfernen. Die Kohlblätter in ca. 2 cm große Quadrate schneiden. Peperoni waschen und in Ringe schneiden.

Die oberen zwei Fünftel der Artischocken mit einem Sägemesser abschneiden. Zähe äußere Blätter mit einem kleinen (gebogenen) Messer entfernen. Die Stiele auf ca. 10 cm kürzen und schälen. Artischocken der Länge nach halbieren, so dass Sie mit einem Teelöffel das »Heu« herauskratzen können – bei ganz kleinen Artischocken ist das nicht nötig. Artischocken in Spalten schneiden und mit dem Zitronensaft beträufeln.

Olivenöl und Speckstreifen in einem flachen Topf oder einer großen Pfanne erhitzen. Den Speck in 3–4 Min. knusprig braten, mit einem Sieblöffel aus der Pfanne heben und auf Küchenpapier abtropfen lassen. Zwiebeln und Artischocken 2 Min. im Speckfett anbraten, Kraut und Peperoni dazugeben und mit den Nelken, Salz und 1 Prise Muskat würzen. Zugedeckt bei schwacher Hitze 12 Min. dünsten. Artischocken-Krautpfanne abschmecken und mit dem Speck bestreut servieren. Mit Salz- oder Bratkartoffeln wird daraus ein Hauptgericht.

ALPENKÜCHE SUPPEN UND GEMÜSEGERICHTE

Das wertvolle Objekt der Begierde sind die roten Blütenstempel der Safranblüten.

Wenn Safran blüht, muss er sofort geerntet werden – starke Sonneneinstrahlung schadet seinem Aroma.

Munder Safran
Kostbar wie Gold

Vermutlich kam der Safran durch arme Bergbewohner in die Schweiz, die in Spanien als Söldner gearbeitet und auf dem Heimweg ein paar Zwiebeln mitgenommen hatten.

Heute ist es soweit. Die Felder sind lila. Der Safran blüht. Jetzt im Oktober muss es schnell gehen. Denn Safran soll sofort geerntet werden, wenn sich die Blüten öffnen. Daniel Jeitziner telefoniert ein paar Mal, dann fährt der Zunftmeister der Munder Safranzunft zu seinem Feld. Dort pflücken seine erwachsenen Kinder und einige Nachbarn schon vorsichtig die zarten Blüten. Später sitzen alle an einem großen Tisch und zupfen die roten Stempelfäden aus den Blüten heraus. Zum Schluss kommen die Fäden zum Trocknen in einen kühlen, dunklen Raum, ausgebreitet auf ein paar Lagen Küchenkrepp.

Gewürz mit AOC-Siegel

Mund, 600-Seelen-Bergdorf im Kanton Wallis, ist heute das einzige Safrananbaugebiet in der Schweiz, ach, der Alpen. Seine Bewohner sind stolz darauf, dass ihr Safran seit 2004 eine geschützte Ursprungsbezeichnung genießt – das erste Schweizer Gewürz mit AOC-Siegel.
Fast alle Dorfbewohner ernten auf hundert Äckern mit insgesamt nur einem Hektar Fläche jedes Jahr aus einer halben Million Blüten vier Kilo Safranfäden. Verkauft wird die kostbare Ernte für 14 Franken das Gramm an Besucher, die drei örtlichen Gaststätten, den Dorfbäcker und den Hersteller eines Safran-Aperitifs. Sofern die Safranbauern und ihre Familien ihre Ernte nicht selbst verbrauchen.
Safran braucht magere, lockere Böden. Die Felder bei Mund sind steil, das Grundwasser fließt zu, aber auch ab und versorgt die Pflanzen stetig mit Spurenelementen – die Böden werden durch ständige Roggen-Safran-Doppelkultur nie ausgelaugt. Roggen wird im Sommer geerntet und im September wieder ausgesät. Dafür graben die Bauern die Felder mit einer Krummhacke um, damit die tiefer liegenden Krokuszwiebeln nicht verletzt werden und sie im Oktober leichter ans Licht kommen können. Dann sind in Mund die Temperaturunterschiede zwischen Tag und Nacht schon sehr groß, auf den umliegenden Gipfeln liegt Neuschnee. Ideale Bedingungen für die Safranblüte.

SAFRAN INFO

Einen Aperitif mit dem edlen Gewürz produziert im Safrandorf Mund ein Apotheker aus Bayern.

Munder Safrannudeln

Zubereitungszeit: 20 Min.
Pro Portion ca.: 670 kcal

Zutaten für 4 Personen:
0,2 g Safranfäden (2 Döschen)
150 ml Milch
Salz
400 g Spaghetti oder andere lange Nudeln
1 Zwiebel
2 EL Butter
200 g Vacherin-Käse (ersatzweise Tallegio oder Gorgonzola)
Pfeffer
4 EL Crème fraîche

Safranfäden in einem kleinen Mörser zerreiben oder zwischen den Fingern zerkrümeln (s. Tipp). Die Milch aufkochen lassen und über den Safran gießen, Safranmilch mindestens 10 Min. ziehen lassen.

In einem großen Topf Salzwasser aufkochen lassen. Die Nudeln darin nach Packungsanleitung bissfest kochen.

In der Zwischenzeit die Zwiebel schälen und würfeln, in der Butter 5 Min. dünsten. Den Käse entrinden und würfeln, dabei bleiben ca. 150 g Käse übrig. 6 EL Nudelwasser, den Käse und die Safranmilch zu den Zwiebeln geben. Käse unter Rühren schmelzen, Sauce mit wenig Salz und 1 Prise Pfeffer abschmecken.

Die Nudeln abgießen, aber nicht abschrecken. Spaghetti mit der Sauce mischen, aufkochen lassen und auf Teller verteilen. Jeweils 1 EL Crème fraîche auf die Nudeln geben und die Safrannudeln sofort servieren.

TIPP

Wenn Sie oft und gerne Safran verwenden, lohnt sich die Anschaffung eines kleinen Porzellan-Mörsers aus dem Apotheken- oder Laborbedarf. Den verwenden Sie dann nur, um Safran darin zu pulverisieren.

Die Felder

Buchweizen, Mais und Reis

*Ob Knödel, Polenta oder Kasnudeln –
ohne Getreide- und Kartoffelgerichte geht gar nichts
in der Küche der Alpen. Sie machten
hart arbeitende Bergbauern
anständig satt, und preiswert waren sie obendrein.
Heute sind sie so beliebt wie damals.*

Buchweizenstraße
und Knödelkorridor

Johann Spitzer mag den Hadnsterz mit Griebenschmalz. Am liebsten mit einer Tasse Kaffee. Und der Kärntner Bauer hat Glück – seine Mutter kocht ihm noch jede Woche den geliebten Hadnsterz. In der großen Küche des Hofs verrät uns die alte Bäuerin, wie wichtig das richtige Verhältnis von Wasser und Mehl ist, damit der Sterz nicht klumpt. Und dass das Mehl nicht zu fein gemahlen sein darf. »Die Jungen können des ja net mehr.« Der Schwiegertochter sei die Zubereitung zu kompliziert. »Na, und die Enkelkinder essens ja net. Nur des amerikanische Zeug. Cornflakes.«

Alltagsspeise für die Bauern

Hadn? Sterz? Der Reihe nach: Hadn ist Buchweizen, die Österreicher nennen ihn Heiden oder Hadn, weil er von der Mongolei über islamische Länder nach Europa kam. Im Mittelalter verbreitete sich der etwas kälteempfindliche Buchweizen auch in den südlichen Alpenregionen wie Kärnten oder Südtirol. Speisen aus Buchweizen wurden fester Bestandteil der Alltagsküche. Heidekorn zu schälen war damals eine richtige Gemeinschaftsaktion: Die Bauernfamilie breitete das Erntegut im Winter um den Stubenofen aus, und alle trampelten mit schweren Holzschuhen auf den Körnern herum, bis die Schalen abfielen. Mit Milch oder Wasser gekocht wird aus Hadnmehl eine Art bröseliger Brei – der Sterz. Hadnsterz war früher Frühstück und Mittagessen. Mit saurer Milch aß man ihn auch im Sommer.

Bauer Spitzer jedenfalls hat sich dem Hadn ganz verschrieben: Er isst ihn nicht nur gern, sondern baut ihn an seinem Hof in Ludmannsdorf auch an, mahlt ihn und verkauft das Mehl. Buchweizen wird seit einiger Zeit in vielen Ländern wieder entdeckt als gesunde Alternative zu anderen Mehlsorten.

Auch im Nachbarland Slowenien hat Buchweizen Tradition: Früher aßen dort die Bauern morgens vor der schweren Feldarbeit Zganci, Buchweizenklöße. Und an Weihnachten und Neujahr wird in Slowenien Buchweizenbrot serviert. Mit einer Mischung aus Weizen- und Buchweizenmehl bereiten viele Hausfrauen noch heute Kuchen oder Strudel zu. Buchweizen, slowenisch »ajda«, kommt in slowenischen Gedichten, Sagen und Liedern vor, viele Mädchen tragen den Vornamen Ajda. Volkskundler vermuten, dass der vorchristliche Gott Kurent als Beschützer der zwei wichtigsten Kulturpflanzen angebetet wurde – nämlich der Weinrebe und des Buchweizens.

Wenn die Kornfelder in voller Reife stehen, fallen auch im Puschlav, einem Südtal im Kanton Graubünden, die saftig grünen Buchweizenäcker auf. Später werden sie wie eine weiße Wolke durch das Tal leuchten. Seit dem zweiten Weltkrieg ist die Anbaufläche des Buchweizens in diesem Teil der Schweiz zwar gesunken, aber die italienischsprachigen Puschlaver hängen an ihrem »Grano saraceno«. Sie essen noch heute regelmäßig ihre Buchweizengerichte Pizzocheri, Polenta nera, Manfrigoli, Chisciöi und wie sie alle heißen.

Von Pionieren und Türken

Buchweizen ist genügsam, gedeiht auf kargstem Boden. Und er wächst rasend schnell – schon zwölf Wochen nach der Aussaat trägt er Früchte. Oft kann deshalb zweimal gesät und geerntet werden. Die Kultur ist zudem umweltschonend, weil Buchweizen nicht mit Pflanzenschutzmittel behandelt und wenig gedüngt werden muss. Buchweizen ist prädestiniert für die Rolle des Pioniers: Er war oft die erste Kulturpflanze auf frisch gerodetem Land. Wenn sich der Boden dann in fruchtbares Kulturland verwandelt hatte, musste der Buchweizen den anspruchsvolleren Getreidesorten weichen. Zum Beispiel dem Mais. Der kam vor allem aus der Türkei in unsere Regionen und heißt darum in Österreich auch »Türken«, in den Dolomiten oder im Tessin »Grano Turco«. Mais braucht mehr Wasser als Buchweizen, ist aber auch ertragreicher und ein-

Buchweizen ist genügsam, er gedeiht unter kargsten Bedingungen.

Der Buchweizen blüht rosa oder weiß.

In Slowenien gehört Buchweizen heute noch zu den Grundnahrungsmitteln. Beliebt sind Buchweizenklöße.

Früher aßen die Bauern in den Alpen Österreichs jeden Tag Hadnsterz – einen bröseligen Brei aus Buchweizenmehl. Morgens wird er häufig gleich mit dem Frühstückskaffee gemischt (rechts).

Mais löste auf dem bäuerlichen Speiseplan den Buchweizen ab. Es gibt viele verschiedene Sorten, die bestens an ihre jeweilige Umgebung angepasst sind.

Der Kärntner Sepp Brandstätter, hier mit seiner Frau, hat sich dem Wiederanbau fast ausgestorbener Maissorten gewidmet und findet: »Die schmecken viel besser!«

Auf offenem Feuer und im Kupertopf – das ist die traditionelle Methode, um Polenta zu kochen. Kenner finden: auch die beste.

Polenta-Pilger: Ins »Grotto Pozzasc«, ein Gasthaus im Tessin, kommen die Leute vor allem wegen des hervorragenden Maisbreis.

facher zu ernten. Wie Buchweizen gehörte er in den südlichen Alpenregionen zu den Grundprodukten, aus dessen Mehl man Suppen, Breie oder Polenta zubereitete. Es gibt verschiedene Maissorten mit unterschiedlicher Farbe und Geschmack, die den klimatischen Bedingungen der Anbauregionen angepasst sind. Im Kärntner Gailtal besuchen wir deshalb Sepp Brandstätter. Der Bergführer und Bauer kultiviert den vorher fast ausgestorbenen Gailtaler Landmais – eine gelbe und eine fast weiße Sorte. Seit Herbst 2004 bietet Brandstätter Saatgut zum Verkauf an, außerdem vier Mehlsorten. Spitzenköchin Sissy Sonnleitner, ihr Restaurant ist ganz in der Nähe, gehört zu seinen Kunden. In anderen Gegenden der Alpen wächst auch orangefarbener, roter und brauner Mais. Gute Polenta muss nämlich ganz und gar nicht gelb leuchten, wie wir im Tessin lernen. Dort essen wir eine fantastische Polenta, die überhaupt nicht sonnenblumengelb ist.

Die Mischung macht's

Grün leuchtet das Wasser des Flusses, ein Wasserfall rauscht, am Ufer im Schatten von Bäumen Tische und Bänke aus Granit: Franco Forestis »Grotto« – so nennen die Tessiner ihre typischen rustikalen Lokale – liegt so idyllisch, dass wir uns augenblicklich entspannen. Seit der frühere Anstreicher die alte Mühle aus dem Familienbesitz seiner Frau zum Lokal umgebaut hat, ist der Laden im Maggiatal im Sommer – nur dann ist geöffnet – sehr beliebt bei Einheimischen und Urlaubern. Foresti kocht für sie jeden Tag viele große Kupfertöpfe voll Polenta auf offenem Feuer. In seinem »Grotto« ist Polenta der Star. Kalbsragout, hausgemachte Würste oder Almkäse sind die Beilagen. Sein streng gehütetes Geheimnis ist eine Grießmischung aus drei Maissorten: Eine sorgt dafür, dass der Brei nicht verkocht, die anderen beiden geben den Geschmack. Und mindestens eine seiner Maissorten ist braun.

Verkaufsschlager Alpenreis

Wussten Sie, dass in den Alpen sogar Reis angebaut wird? Und zwar im Tessin am Lago Maggiore? Wie es dazu kam, erklärt uns Renato Altrocchi, der Direktor des Landwirtschaftsbetriebs »Terreni alla Maggia« in Ascona: »Wir mussten unser Spektrum erweitern, weil wir als Aktiengesellschaft keine Subventionen mehr für die Landwirtschaft bekamen.« Also wurden 1997 versuchsweise auf etwa zwei Hektar Land zwei Reissorten angebaut. Bingo! Der Reis verkaufte sich bestens. »Wir waren selbst überrascht über den großen Erfolg«, erinnert sich Altrocchi. »Heute pflanzen wir im Tessin auf 60 Hektar Reis. Der Reis war unser Rettungsanker.« Und in den Restaurants des Fünf-Sterne-Hotels »Castello del Sole«, das zu dem Landwirtschaftsbetrieb gehört, wird der Reis aus eigenen Anbau natürlich gerne zu Risotto verarbeitet. Reis, Risotto – das mutet den Menschen der nördlichen Alpenregionen wahrscheinlich ziemlich exotisch an, läuft ihnen doch schon seit Jahrhunderten bei etwas ganz anderem das Wasser im Mund zusammen …

Keine Küche ohne Knödel

Semmelknödel, Kartoffelknödel, Speckknödel, Topfen- oder Marillenknödel – Knödel stehen wie kein anderes Gericht für deftige Alpenküche. Je nach Region werden sie mit oder ohne Ei, mit oder ohne Füllung zubereitet, süß oder salzig, mal größer, mal kleiner. Und immer waren sie ein Arme-Leute-Mahl aus der Bauernküche. Denn im Knödel konnte die Bäuerin alles verarbeiten, was es auf dem Hof gab oder was an Resten übrig war. Und außerdem schmeckt nichts besser als übrig gebliebene Knödel. Viele Köche planen den Knödelüberschuss deshalb sogar gleich mit ein. Kartoffelknödel schmecken in Scheiben gebraten und mit Ei oder Gulasch, Semmelknödel passen gebraten gut zu Kompott. Serviettenknödel lassen sich in Scheiben schneiden und toasten. Oder man lässt die Knödel ganz und erwärmt sie einfach wieder in reichlich heißem Wasser.

Knödel haben einen festen Platz in der Küche der nördlichen Alpenländer. So wie Buchweizen vor allem an der Südseite der Alpen entlang einer »Straße« von Westen nach Osten verbreitet ist, gibt es auch einen »Knödelkorridor« entlang der Brennerroute, der wichtigsten Nord-Süd-Verbindung über die Alpen, wo Knödel besonders häufig auf dem Speiseplan zu finden sind. In Tirol, in der Burgkapelle von Hocheppan, entdeckte man sie sogar auf einem Fresko aus dem 12. Jahrhundert. Es zeigt neben Maria im Wochenbett einen Topf mit Knödeln, aus dem eine Hebamme einen mit der Gabel aufgespießt hat. Die älteste Darstellung eines Knödels.

Ganz schön exotisch: Risotto aus Alpen-Reis

»All'Antica Torre«
Ein Turm voller Ideen

Claudio Zampieri und seine Frau sind Polentafans. Sie garnieren feste Polentaschnitten gerne mit in der Pfanne gerösteten Walnüssen, Ziegen-Frischkäse und etwas Honig.

Es gibt sie noch, die Idealisten. Claudio Zampieri ist so einer. Zusammen mit Betty, seiner Frau, führte er bis vor kurzem in den italienischen Dolomiten ein kleines Restaurant mit besonderem Anspruch: Gekocht wurde nur mit Produkten aus der Region – und zwar aus der unmittelbaren Umgebung.

Ein Tag in Claudios Mikrokosmos

Wir sind müde und ausgelaugt. Der Tag war anstrengend, es hatte geregnet und der Weg hierher zog sich endlos lang über kurvige Straßen. »In welch gottverlassene Gegend verschlägt es uns denn jetzt?«, denke ich gerade – da reißt der Himmel auf und ein Haus mit einem alten Turm taucht vor uns auf, ein Mann kommt uns entgegengelaufen, winkt. Claudio hat uns erwartet. Unter einem blühenden Baum ist ein Tischchen für zwei Personen gedeckt. Eigentlich hat das Restaurant heute geschlossen, doch die Zampieris kochen trotzdem für uns.
»Wir wollen das Bewusstsein stärken für die Region«, erklärt Claudio – früher war er einmal Bergführer – und deutet mit ausgestrecktem Arm auf die Wiese hinter ihm, »für den Mikrokosmos hier.« Seine sehr blauen Augen leuchten. »Wir wollen zeigen, was eine so kleine Region alles zu bieten hat.« Die Rede ist von einem Quadratkilometer! Wurst machen die beiden selbst, die Schweine kaufen sie oben von der Alm. Sie bauen Gemüse an und haben 81 Obstbäume: »21 verschiedene Apfelsorten«, wie Claudio betont. Milch, Eier und Kartoffeln liefert der Nachbar, ein Bauer. Das Mehl mahlt ein anderer Nachbar, weiter unten an der Straße, in einer 400 Jahre alten Mühle.

Miete an den Nationalpark

Noch viel älter ist der Turm, der dem Restaurant den Namen gab: Seit 1200 Jahren bewacht er die früher einzige Straße in diesem Tal bei Sovramonte in der Provinz Belluno, das Haus daneben stammt aus dem 17. Jahrhundert. Ein reicher Bauer hatte es der Kirche vererbt. Heute gehören Haus und Turm dem Nationalpark der Belluneser Dolomiten, von dem es die Zampieris mieteten. Von Padua aus waren sie aufs Land geflüchtet. Claudio beschwert sich ein bisschen über die Leute vom Nationalpark, die sie zu wenig unterstützten. »Wir wollen schließlich auch so eine Art Info- und Begegnungszentrum für Besucher des Parks sein.« Im oberen Stockwerk des Hauses ist eine Bibliothek und Platz für kulturelle Veranstaltungen. Mit viel Idealismus, noch mehr Arbeit und wenig Geld führen Claudio und Betty den Laden alleine. Deshalb ist das Restaurant auch nur am Wochenende geöffnet. Wenn viel zu tun ist, müssen die beiden Kinder, Francesco und Clara, zum Babysitter.

Von Polenta und Pharaonengräbern

Für einen Moment wirkt Claudio müde, doch sofort strahlen seine Augen wieder: Für ihre Speisekarte haben sie alte Rezepte wieder ausgegraben. »Früher machten die Leute aus den Resten von Polenta zum Beispiel Tagliatelle.« Dazu mische man die kalte Polenta mit Mehl zu einem neuen Teig, der dann zu Tagliatelle geschnitten und gekocht wird. Überhaupt Polenta: Betty ist hier die Spezialistin, serviert Polenta gerne zum Ziegenkäse, mit Walnüssen und Honig. Sie mahlt ihren Grieß alle zwei Wochen frisch – das ganze Korn, mit dem fett- und aromareichen Keimling. Solange das Korn geschlossen bleibt, halte es fast ewig. »Sogar Getreidekörner aus Pharaonengräbern keimen noch«, sagt Claudio. Erst das gemahlene Korn verderbe schnell.
Claudio redet und redet, wirbelt die Hände durch die Luft, wandert umher, zeigt uns Haus, Garten, den Turm. Da kommt Betty aus der Küche, tippt ihm auf die Schulter, deutet mit dem Kinn zur Küche und sagt »Andiamo?«
Inzwischen sind die Zampieris auf der Suche nach neuen Aufgaben weitergezogen. Das »All' Antica Torre« mussten sie schließen, weil ihr Mietvertrag nicht verlängert wurde.

ALPENKÜCHE GETREIDE, NUDELN, KARTOFFELN

Zu saftig geschmorten Hirschhaxerln *haben wir im Restaurant »Alpenrose« in Sils Maria gratinierte Polentatürmchen genossen. Die Engadiner verwenden für dieses und ähnliche Polenta-Rezepte »Bramata« – einen grob gemahlenen Maisgrieß.*

Polentatürmchen

Zubereitungszeit: 45 Min.
Backzeit: 30 Min.
Pro Portion ca.: 510 kcal

Zutaten für 4 Personen:
je 600 ml Milch und Brühe (für Instant-Maisgrieß je 1/2 l Milch und Brühe)
1 Knoblauchzehe
Salz, Pfeffer, geriebene Muskatnuss
300 g Maisgrieß (Polenta)
2 Zucchini (je 200 g)
100 g frisch geriebener Sbrinz-Käse oder Parmesan
1 EL Butter, Öl für das Blech und die Form

Milch und Brühe aufkochen lassen. Knoblauch schälen und hacken, in die Milchmischung geben. Mischung salzen, pfeffern und mit 1 Prise Muskat würzen. Den Maisgrieß einrühren und wie rechts beschrieben zubereiten.

Backofen auf 210° (am besten Umluft 180°) vorheizen. Die Polenta ca. 5 cm dick auf ein geöltes Blech streichen, abkühlen lassen, dann mit einer 5–6 cm großen runden Ausstechform ausstechen. 2 Zucchini der Länge nach in hauchdünne Scheiben schneiden. Die Polentatürmchen mit je 2 Zucchinischeiben umwickeln. In eine große geölte Form setzen, mit geriebenem Käse bestreuen und mit der Butter in Flöckchen belegen. Türmchen im heißen Ofen (Mitte) in 20–30 Min. überbacken und zu Gerichten mit Sauce servieren.

Polenta-Grundrezepte

Zubereitungszeit: 1 Std.
Pro Portion ca.: 210 kcal

Zutaten für 4 Personen:
Salz, geriebene Muskatnuss
300 g Maisgrieß (Polenta), 2 EL Butter

Für eine *weiche Polenta* ca. 1 3/4 l Wasser aufkochen lassen, salzen und mit 1 Prise Muskat würzen. Den Maisgrieß unter ständigem Rühren in den Topf schütten. Bei mittlerer Hitze 30 Min. garen, sehr oft mit einem Holzlöffel umrühren. Dabei bildet sich an Topfboden und Rand eine dünne Kruste. Polenta 30 Min. weiterrühren, mit Butter verfeinern und sofort servieren.

Für eine *feste Polenta* Maisgrieß wie oben beschrieben mit 1 1/4 l Wasser zubereiten. Die fertige Polenta auf ein geöltes Holzbrett stürzen, mit einem geölten Messer oder einer Palette glatt streichen. Mit einem Tuch bedecken, 15 Min. ruhen lassen. Entweder mit einem Faden oder einem geölten Messer in 2–3 cm dicke Scheiben schneiden und sofort servieren. Oder die Polenta am nächsten Tag in Scheiben schneiden und in einer beschichteten Pfanne in Butter oder Öl knusprig braun braten.

TIPPS

➤ Für ein gutes Gelingen ist der Topf entscheidend: Topfboden und -wand sollten ineinander übergehen, so dass der Maisbrei überall anlegt, ohne am Boden des Topfes zu verbrennen. Auf Elektroherden sind schwere Schmortöpfe am besten geeignet, auf Gasherden sind dünnwandige Töpfe ideal. Polentaprofis bevorzugen Kupferkessel.

➤ Die Zubereitung für 8 oder 12 Personen in einem großen Topf ist unkomplizierter als die Zubereitung der kleineren Menge, da das Verhältnis zwischen Volumen und Oberfläche besser ist: Die Polenta spritzt weniger und gart besonders gleichmäßig.

➤ Schneller geht's, wenn Sie vorgegarten Instant-Maisgrieß verwenden. Dann ist die Polenta nach ca. 5 Min fertig. Da in der kurzen Kochzeit weniger Wasser verdunstet, sollten Sie die Flüssigkeitsmenge um ein Viertel reduzieren. Bei der kurzen Garzeit spielen Menge und Topf keine nennenswerte Rolle.

Völkerverständigung: Aus Österreich stammt der Mohn in den Gnocchi di Sappada. Das Rezept fanden wir in den italienischen Dolomiten, wo der Ort Sappada eine deutsche Sprachinsel ist.

»Ricotta infornata« Salzen Sie einen kleinen Laib Schaf- oder Büffel-Ricotta leicht und backen Sie ihn auf einem mit Backpapier ausgelegtem Backblech im Ofen bei 175° Umluft etwa 1 Std. 20 Min. Dabei einmal wenden, der Käse soll dunkelbraun werden. Danach auf einem Gitter abkühlen lassen. Der Ricotta hält sich einige Wochen im Kühlschrank.

ALPENKÜCHE GETREIDE, NUDELN, KARTOFFELN

Gnocchi di Sappada

Zubereitungszeit: 1 Std.
Pro Portion ca.: 500 kcal

Zutaten für 4 Personen:
600 g mehlig kochende Kartoffeln
Salz
100 g geräucherter Ricotta (s. Tipp und Seite 102 unten; ersatzweise Parmesan)
2 EL gemahlener Mohn
250 g Mehl (+ Mehl für die Arbeitsfläche)
1 Ei
1/2 Bund Basilikum
3 EL Butter

Die Kartoffeln mit Schale in kochendem Salzwasser je nach Größe in 15–25 Min. garen, abgießen und im heißen Topf 10 Min. ausdampfen lassen. Kartoffeln pellen, durch eine Kartoffelpresse drücken und vollständig abkühlen lassen. Käse reiben, 2 EL davon beiseite legen.

Den Mohn in einer Pfanne ohne Fett rösten, bis er duftet. Mohn und Kartoffeln mit Mehl, Ei, 1 TL Salz und dem geriebenem Käse kurz verkneten und dann zügig verarbeiten. Den Teig auf einer mit Mehl bestäubten Arbeitsfläche zu fingerdicken Rollen formen, davon jeweils 1 cm lange Stücke abschneiden.

In einem großen Topf Salzwasser aufkochen lassen, Gnocchi hineingeben. Sobald die Klößchen aufsteigen, Gnocchi noch 5 Min. sanft kochen lassen. Basilikum waschen. Blättchen abzupfen. Gnocchi mit einem Sieblöffel aus dem Wasser heben und sofort in der Butter mit beiseite gelegtem Käse schwenken. Mit Basilikum garnieren und sofort servieren.

TIPP

Geräucherter Ricotta wird in den italienischen Dolomiten oft verwendet. Ebenso gut schmecken unsere Gnocchi mit geriebenem Parmesan. Für eine unserer Lieblingsvarianten verwenden wir »Ricotta infornata« (s. links), einen sizilianischen Ricotta, den Sie bei uns selten finden, aber leicht selber backen können.

Polentanudeln mit Hähnchenragout

Zubereitungszeit: 1 Std. 15 Min.
Pro Portion ca.: 560 kcal

Zutaten für 4 Personen:
500 g abgekühlte, feste Polenta
(aus 150 g Maisgrieß zubereitet, s. Seite 101;
je nach Topfgröße kann es sein, dass Sie etwas mehr Wasser benötigen)
250 g Mehl (+ Mehl für die Arbeitsfläche)
2 große Hähnchenkeulen (ca. 400 g), Salz
2 Knoblauchzehen, 1 Stange Staudensellerie
1 Zweig Rosmarin, 100 ml Weißwein
100 ml passierte Tomaten, Pfeffer

Die fertige Polenta mit dem Mehl zu einem festen Nudelteig verkneten. Teig in Folie wickeln und ruhen lassen.

Die Haut der Hähnchenkeulen abziehen, in Streifen schneiden und in einem kleinen Topf mit 4 EL Wasser auslassen, bis das Wasser verdunstet und das Fett klar ist. Die Haut mit einem Sieblöffel aus dem Topf nehmen, leicht salzen und zum Aperitif servieren oder über die fertigen Nudeln streuen.

Das Hähnchenfleisch von den Knochen schneiden und fein hacken oder durch einen Fleischwolf drehen. Knoblauch schälen, Sellerie und Rosmarin waschen, die Nadeln vom Rosmarin abstreifen. Knoblauch mit dem Sellerie und dem Rosmarin fein hacken.

Hähnchenfleisch in dem ausgelassenen Fett 5 Min. braten, dabei oft umrühren. Knoblauchmischung zum Fleisch geben und 1 Min. mitbraten. Alles mit Weißwein und Tomaten ablöschen, mit Salz und Pfeffer würzen und bei schwacher Hitze zugedeckt 30 Min. schmoren.

Inzwischen in einem großen Topf Salzwasser aufkochen lassen. Den Nudelteig auf einer mit Mehl bestäubten Arbeitsfläche mit einem Nudelholz 2 mm dünn ausrollen. Den Teig noch einmal mit Mehl bestäuben, locker zusammenrollen und in fingerbreite Streifen schneiden. Kurz vor Ende der Ragout-Garzeit die Nudeln ins kochende Salzwasser geben. Sobald sie an die Oberfläche steigen, Hitze reduzieren und Nudeln noch 2 Min. ziehen lassen. Gleichzeitig etwas Nudelwasser zum Ragout geben, damit die Sauce nicht zu dick wird. Nudeln abgießen und mit der Sauce servieren.

Spannender Machtkampf, aber ohne Blutvergießen: Die Ehringer Kühe kämpfen freiwillig gegeneinander. Wenn eine keine Lust hat oder sich unterlegen fühlt, hört sie auf. Auf die Siegerin freilich wartet Ruhm, Ehr' und eine dicke Glocke.

Kampf der Kühe
Wer wird Alpkönigin?

Sie sind gedrungen, genügsam und große Kämpferinnen: die Ehringer Kühe. Vermutlich kamen sie schon mit den Römern über die Alpen. Sicher ist, dass diese Rasse schon seit langen Zeiten und fast ausschließlich im Wallis gehalten wird.

Die zierliche Mierette leistet Schumi Gesellschaft. Die beiden kennen sich gut, oben von der Alp. Mit Mierette an der Seite ist Schumi nicht so nervös vor ihrem großen Auftritt. Die 700 kg schwere Kuh gilt als Favoritin bei den Ringkuhkämpfen heute. Besitzer Pascal tätschelt das braune Vieh am Rücken, auf dem in weißer Farbe die Startnummer 1 prangt.

Sommerregen fällt in Grächen. Der kleine Skiort im Schweizer Kanton Wallis ist umgeben von Gletschern und Viertausendern – unter ihnen das berühmte Matterhorn. Auf einer Wiese warten 91 Kühe. Um sie herum wuseln Leute. Kein freier Platz mehr ist auf der Zuschauertribüne an der Arena. Auf einem Lastwagen sitzen hinter Mikrofonen die fünf Juroren. Endlich: Die ersten Kühe werden in die Arena geführt. Nummer 14 und 22 stürmen mit gesenktem Kopf sofort aufeinander los. Die anderen Kühe mustern sich, wägen ab. Die 10 rast plötzlich auf Coucou mit der Nummer 23 zu, doch Coucou flüchtet. Auch 11 und 17 stoßen sich jetzt die Hörner. Der dramatische Kampf aber ist der zwischen Mandarin, der Nummer 14, und Nikita, der 22. Ihre Köpfe krachen immer wieder aufeinander, Erde spritzt nach allen Seiten. Dann stehen sie regungslos, Stirn gegen Stirn, die Hörner ineinander verkeilt. Minutenlang. Die Zuschauer halten den Atem an. Da geht ein Ruck durch die massigen Tierleiber, die Kühe lösen sich voneinander und gehen wieder aufeinander los.

Die Stärken der Ehringer Kühe

In den Walliser Bergen hat sich eine besonders zähe Rinderrasse herausgebildet: die Ehringer. Eine genügsame Rasse, bestens an die rauen Bedingungen der Bergwelt angepasst. Es heißt, früher war sie die Kuh der armen Leute, denn sie war einfach günstig im Unterhalt. Die dunkelbraunen, gedrungenen Kühe geben weniger Milch als Turbo-Milchkühe, können sich aber gut an steilen Hängen bewegen, kümmern sich gut um ihre Jungen und sind allerdings etwas aggressiver als andere Kühe. Wenn im Frühjahr die Tiere der verschiedenen Bauern auf die Alpen kommen, wollen die Ehringer Kühe erst mal klä-

BRAUCHTUM REPORTAGE

ren, wer hier oben die Chefin ist. Nur die weiblichen Tiere haben dieses kämpferische Hobby. Also treten sie gegeneinander an – rangeln mit den Hörnern, bis sich eine der beiden geschlagen gibt. Die Siegerin über alle anderen wird Alpkönigin für diesen Sommer. »Manche Kühe haben so eine Ausstrahlung, die müssen gar nicht kämpfen«, schwärmt Pascal. »Die werden Königin ohne einen einzigen Kampf.« Wieder andere entwickeln eine Taktik: mimen erst Desinteresse, greifen plötzlich an.

Gekämpft wird nach Kategorien

Es regnet stärker. Wir flüchten ins Festzelt. Beim Glas Fendant-Wein erklärt Herold Truffer die Regeln der von Menschen eingeführten Ringkuhkämpfe: »Die Kühe werden zum Kämpfen nicht gezwungen oder aufgehetzt. Wenn eine nicht will, kämpft sie halt nicht.« Starke Verletzungen sind selten. Die Tiere treten nach Kategorien gegeneinander an: erstens Kühe, die schon mehrmals gekalbt, zweitens Rinder, die erst einmal gekalbt und drittens sogenannte »Erstmelker«, die noch nicht gekalbt haben. Herold Truffer organisiert auch als Alpvogt die Alpaufzüge der Kuhherden.

Per Lautsprecher schallt »Nummer 23, bitte abführen!« übers Gelände. Coucou hat dreimal den Kampf verweigert und scheidet deshalb aus. Für die Besitzer der Siegerkühe gibt's am Ende nur Ruhm und Ehr – doch der Wert der Tiere steigt gewaltig. Eine gute Kampfkuh ist bis zu 40 000 Schweizer Franken wert.

»Nummer 54 zur Dopingkontrolle!« Haben wir richtig gehört? Truffer lacht: »Manche geben ihren Kühen Zuckerstücke mit Schnaps, damit sie aggressiver werden.« Draußen werden Mandarin und Nikita aus der Arena geführt. Keine hat die andere besiegt. Ihre besorgten Besitzer haben sich geeinigt: Sie teilen sich den ersten Platz. Die Kühe waren nach langem Kampf einfach zu erschöpft. Ach ja, Schumi gewinnt in ihrer Kategorie tatsächlich. Pascal und Mierette sind stolz auf ihre Alpkönigin.

Käserösti

Zubereitungszeit: 35 Min.
Abkühlzeit: 12 Std.
Pro Portion ca.: 360 kcal

Zutaten für 4 Personen:
1 kg mittelgroße, vorwiegend fest kochende Kartoffeln
1 Zwiebel
Salz
3 EL Butter
2 EL Sahne oder Milch
100 g Gruyère, Appenzeller oder anderer Bergkäse

Die Kartoffeln waschen und mit der Schale in 10 Min. halb gar kochen. Abgießen und vollständig abkühlen lassen, am besten über Nacht.

Kartoffeln pellen. Zwiebel schälen. Kartoffeln auf einer groben Reibe, am besten einer Röstiraffel, raspeln. Die Zwiebel halbieren, in feine Streifen schneiden, unter die Kartoffeln mischen und alles kräftig salzen.

2 EL Butter in einer schweren (!) beschichteten Pfanne oder einer Eisenpfanne (s. Tipp) aufschäumen, die Kartoffelmischung in die Pfanne geben und kurz anbraten, dabei vorsichtig mit der Butter mischen. Kartoffeln nach 2 Min. mit einem Pfannenwender flach drücken und an den Rändern etwas nach innen schieben, dann mit Sahne beträufeln. Die Hitze reduzieren, die Rösti mit einem flachen, möglichst gut schließenden Deckel zudecken und bei schwacher Hitze 20 Min. braten. Um die Rösti zu wenden, den Kartoffelfladen auf den Topfdeckel stürzen, die restliche Butter in die Pfanne geben und den Fladen zurück in die Pfanne gleiten lassen. Ängstliche Schweizer wenden die Rösti gar nicht und stürzen den fertigen Fladen am Ende der Garzeit auf ein Brett oder eine Servierplatte. Mutige wenden die Rösti wie einen Pfannkuchen in der Luft.

Den Käse in Scheiben schneiden und auf die Rösti legen, wieder zudecken und in 10 Min. fertig garen. Rösti auf ein Holzbrett gleiten lassen, in Stücke schneiden und mit einem großen Salat servieren.

Gefüllte Rösti

Zubereitungszeit: 30 Min.
Pro Portion ca.: 350 kcal

Zutaten für 4 Personen:
2 Knoblauchzehen
2 Stängel Zitronenmelisse
4 Zweige Thymian, 1 TL Kümmel
150 g frischer Ziegenkäse (z. B. Ziegenrolle; ersatzweise Fetakäse)
1 kg mehlig oder vorwiegend fest kochende Kartoffeln
Salz, geriebene Muskatnuss
4 EL Olivenöl

Den Knoblauch schälen. Kräuter waschen, Blättchen abzupfen und mit dem Knoblauch und dem Kümmel fein hacken. Ziegenkäse in 1 cm dicke Scheiben schneiden.

Die Kartoffeln schälen und in sehr dünne Scheiben schneiden oder hobeln, mit Salz und Muskat würzen. Olivenöl in einer schweren (!) beschichteten Pfanne oder einer Eisenpfanne (s. Tipp) erhitzen. Die Hälfte der Kartoffelscheiben in die Pfanne geben und zu einem flachen Kuchen formen – dabei nicht mehr als nötig mischen. Die Kräutermischung und den Käse auf den Kartoffeln verteilen, dabei einen 3–4 cm breiten Rand frei lassen. Restliche Kartoffeln auf der Rösti verteilen und wie im Grundrezept beschrieben bei schwacher Hitze zugedeckt 20 Min. braten, wenden und in 10 Min. fertig braten.

Die Rösti auf eine Platte gleiten lassen, in große Stücke schneiden und servieren, z. B. zu Salat oder Spargel.

TIPP

Für das Gelingen beider Röstitypen ist die Pfanne entscheidend: Schwer muss sie sein, und einen ebenen Boden soll sie haben. Dann verteilt sich die Hitze gleichmäßig darin. Neben beschichteten Pfannen eignen sich am besten gut eingebratene, schwarze Eisenpfannen: nicht nur wegen der gleichmäßigen Wärmeverteilung, sondern auch, weil darin die Rösti nicht klebt.

ALPENKÜCHE GETREIDE, NUDELN, KARTOFFELN

So »krendeln« Sie Nudeln:

Teigkreise ausstechen, in die linke Hand legen. Je 1 EL Füllung auf den Teig legen, fest andrücken. Halbmondförmig zusammenschlagen, beide Ränder fest gegeneinander drücken, so dass ein 1 cm breiter Rand entsteht. Die Kasnudel weiter in der linken Hand halten, die untere Ecke nach oben umlegen, leicht andrücken. Dabei bildet sich eine neue stumpfe Ecke, diese Ecke wieder mit dem Daumen von unten nach oben, zur Mitte hin umlegen. Andrücken, dabei mit dem Zeigefinger von unten dagegenhalten. Wiederholen, bis der Rand »gekrendelt« ist.

Kärntner Kasnudeln

Zubereitungszeit: 1 Std. 10 Min.
Bei 6 Personen pro Portion
ca.: 440 kcal

Zutaten für 4–6 Personen (36 Stück):
Für den Nudelteig:
500 g Mehl (+ Mehl zum Bestäuben)
1 Ei (Größe L)
2 EL Öl, Salz
Für die Füllung:
400 g mehlig kochende Kartoffeln
1 Zwiebel
2 Knoblauchzehen
100 g Lauch
4 EL Butter, Salz
1/2 Bund Petersilie, 1/2 Bund Kerbel
2–4 Stängel Minze (original: Kärntner Nudelminze)
150 g trockener Quark (20 %; original: Kärntner Bröseltopfen)
3–4 EL saure Sahne
Pfeffer, geriebene Muskatnuss
200 ml Brühe

Für den Teig Mehl, Ei und Öl mit 180 ml lauwarmem Wasser und 1 Prise Salz zu einem weichen Nudelteig verkneten. In Folie wickeln. Teig 30 Min. ruhen lassen.

Für die Füllung die Kartoffeln mit Schale in kochendem Salzwasser je nach Größe in 15–25 Min. garen, pellen, durch eine Kartoffelpresse drücken und abkühlen lassen. Zwiebel und Knoblauch schälen und fein schneiden. Lauch putzen, der Länge nach halbieren, gründlich waschen und klein würfeln. Alles zusammen in der Butter und mit 1 Prise Salz in 5 Min. weich dünsten.

Kräuter waschen, Blättchen abzupfen. Einige Minzeblättchen zum Garnieren beiseite legen, restliche Kräuter hacken. Kräuter, Zwiebelmischung und Kartoffeln mit Quark und saurer Sahne mischen, alles mit Salz, Pfeffer und 1 Prise Muskat abschmecken. Die Hälfte vom Nudelteig mit wenig Mehl bestäuben und dünn ausrollen.

Mit einer ca. 8 cm großen runden Ausstechform oder einem Glas Kreise aus dem Nudelteig ausstechen. Kreise mit 1 EL Kartoffelmasse füllen und zusammenfalten, dabei einen fingerbreiten Rand sorgfältig zusammendrücken. Kasnudeln nach Belieben »krendeln« (s. oben).

In einem großen Topf Salzwasser aufkochen lassen. Die Teigtaschen darin in 8–10 Min. sanft kochen lassen, mit einem Sieblöffel aus dem Wasser heben und auf Teller verteilen. Die Brühe aufkochen lassen, über die Kasnudeln löffeln und alles mit Minze garnieren.

Kärntner Fleischnudeln

Zubereitungszeit: 1 Std. 10 Min.
Bei 6 Personen pro Portion
ca.: 550 kcal

Zutaten für 4–6 Personen (36 Stück):
2 Zwiebeln
1 Bund Petersilie
1/2 Bund Estragon
400 g gekochtes Räucherfleisch
(z. B. Kassler oder Halsgrat)
1 EL Butter, 1 Ei
2–4 EL Bauernbrotbrösel (s. Seite 216; ersatzweise Paniermehl)
Salz, Pfeffer
1 Rezept Nudelteig (s. Seite 108)
1 Bund Schnittlauch
200 ml Brühe

Die Zwiebeln schälen und fein würfeln. Petersilie und Estragon waschen, Blättchen abzupfen und hacken. Das Fleisch klein würfeln, hacken oder am besten durch den Fleischwolf drehen.

Zwiebeln in der Butter 2–3 Min. dünsten, die Kräuter dazugeben, einmal umrühren und vom Herd nehmen. Zwiebeln, Fleisch und Ei mischen, bei fettem Fleisch 4 EL, bei magerem Fleisch 2 EL Brotbrösel zugeben. Die Füllung mit Salz und Pfeffer abschmecken und abkühlen lassen.

Den Nudelteig wie links beschrieben zubereiten, ausrollen, füllen und kochen lassen. Während die Nudeln 8–10 Min. sanft kochen, den Schnittlauch fein schneiden. Brühe aufkochen lassen. Fleischnudeln mit Schnittlauch bestreuen und in der Brühe servieren. Oder mit gekochtem Sauerkraut (s. Seite 117) servieren.

Alpenküche vom Allerfeinsten: In ihrem Landhof im Kärntner Gailtal serviert Andrea Lenzhofer den Gästen die berühmten Kasnudeln.

Slowenische Schlickkrapfen

Zubereitungszeit: 1 Std. 10 Min.
Bei 6 Personen pro Portion
ca.: 570 kcal

Zutaten für 4–6 Personen (36 Stück):
500 g mehlig kochende Kartoffeln
1 Bund Frühlingszwiebeln
150 g Räucherspeck, Verhacktes oder Zaseka (s. Seite 219)
Salz, Pfeffer, 1 TL getrockneter Majoran
1 Rezept Nudelteig (s. Seite 108)
2 EL Bauernbrotbrösel (s. Seite 216)
3 EL Butter

Die Kartoffeln mit Schale in kochendem Salzwasser je nach Größe in 15–25 Min. garen, pellen, durch eine Kartoffelpresse drücken und abkühlen lassen.

Frühlingszwiebeln putzen, waschen und in feine Ringe schneiden. Speck klein würfeln, hacken oder durch den Fleischwolf drehen. Speck bei mittlerer Hitze braun rösten. Die Zwiebeln 1 Min. mit dem Speck mitrösten, vom Herd nehmen, mit den Kartoffeln mischen und mit Salz, Pfeffer und Majoran abschmecken.

Nudelteig zubereiten, ausrollen, mit Speckmischung füllen und 8–10 Min. sanft kochen. Inzwischen Brösel in der Butter goldbraun rösten. Krapfen aus dem Wasser heben, mit der Bröselbutter servieren.

Südtirol & Dolomiten
Dolce Vita in den Bergen

Sagenumwoben: Der Pragser Wildsee liegt 1494 Meter über dem Meer und ist der größte, natürliche Dolomitensee. Er spielt eine große Rolle im Nationalepos der Ladiner.

Es muss nicht immer Nepal sein: »Die Dolomiten sind die schönsten Berge der Welt«, findet Reinhold Messner, berühmtester Bergsteiger und Südtiroler in Personalunion. Hohe Felstürme, mächtige Wände, bizarre Zacken: Weißgrau leuchten die Dolomiten im Südosten Südtirols – ohne die Schwermut, die manche nördliche Alpentäler beherrscht. Höchster Berg der Dolomiten ist die Marmolata mit 3342 Metern Höhe und Südtirols größtem Gletscher. Als heimliche Hauptstadt der Dolomiten wird gerne Cortina d'Ampezzo im Zentrum des Gebirges bezeichnet. Italiens berühmtestem Wintersportort haftet ein mondänes Image an, seit er 1956 Austragungsort der Winterolympiade war. Von Imagefragen unberührt bleibt die grandiose Landschaft. Hoch über Kastelruth ragt der Schlern in den Himmel, an der sonnigen Seiser Alm, der höchsten Alm Europas. Im Westen thront mit fast 4000 Metern Südtirols höchster Berg, der eisbepackte Ortler, umgeben von Italiens größtem Nationalpark, dem Stilf-

Sommerfrische: Bad Dreikirchen bei Barbian im Eisacktal ist nur zu Fuß erreichbar. Bekannt sind die drei gotischen, zusammenhängend gebauten Kapellen.

ser Joch. Und die Zillertaler Alpen sind Grenzgänger wie die Südtiroler: teils Österreicher, teils Italiener.

Italien auf deutsch

Die meisten Einheimischen sprechen Tirolerisch und sagen »die Italiener«, wenn sie ihre Landsleute im Süden meinen. Seit 1992 hat Südtirol offiziell einen Autonomiestatus. Die Bevölkerung spricht drei Sprachen: deutsch, italienisch und ladinisch, eine rätoromanische Sprache, die sich nach der Romanisierung aus dem Vulgärlatein und aus Resten des Regionaldialekts entwickelt hat. In Bozen, heute politischer, kultureller und wirtschaftlicher Mittelpunkt Südtirols, lassen Sprachengemisch und lebhaftes Treiben in den Straßen keinen Zweifel daran: Wir sind in Italien. Und zwar politisch: Mit der Nachbarprovinz Trient bildet es die Region Trentino-Alto Adige; klimatisch: dreihundert Sonnentage im Jahr; und kulinarisch: Der Cappuccino schmeckt in den Gassen von Sterzing genauso italienisch wie in Neapel, und die Pizza wird auch in Brixen mit Büffelmozzarella belegt.

Erntedank im Buschenschank

Polenta und gefüllte Ravioli, Schüttelbrot und deftiger Speck – auch die Küche Südtirols ist die wunderbare Symbiose zwischen Alpen und Mittelmeer. Bodenständig-alpenländisch ist der beliebte Brauch des Törggelen: Jedes Jahr im Herbst verkosten Erntehelfer, Nachbarn und wandernde Urlauber den »nuie« Wein, zusammen mit Speck, Käse, Schüttelbrot und »Keschtn« – gerösteten Esskastanien. Der Ausdruck Törggelen kommt dabei nicht etwa von torkeln, sondern vom lateinischen Wort für Weinpresse, »torkulum«. Für die Verkostung nutzten die Weinbauern früher den Raum, in dem die »Torggl« stand, die Traubenpresse. Traditionell kehrt man zum Törggelen in die Buschenschänken ein, das sind von den Weinbauern nebenbei betriebene Gastwirtschaften. Sie beruhen auf einem Privileg aus dem Mittelalter und heißen so, weil die Bauern früher am Hofeingang einen Strauß mit Zweigen aufhängten, den »Buschen«. Damit luden sie zum Törggelen ein. In Buschenschenken wird nur traditionelle Kost aufgetischt, deren Zutaten aus dem eigenen Betrieb stammen.

Perfektes Klima für Obst und Wein

Das kleine Südtirol wartet mit großer Vielfalt auf – kulturell, landschaftlich und sogar klimatisch. Sage und schreibe zehn Klimazonen gibt es. Im Vinschgau regnet es fast so wenig wie in Sizilien. Jenseits der Alpen ist der Winter einfach schneller zu Ende: Im Frühling blüht der »größte Obstgarten Europas«, die Talsohle zwischen Meran und Salurn. Und während die Spargelbauern nördlich der Alpen erst Ende April die Saison eröffnen, ist das Königsgemüse in Südtirol einen Monat früher reif. An den Hängen gedeihen fruchtige Weine und jeder zehnte Apfel, der in Europa gegessen wird, ist in Südtirol gewachsen. Die sonnenhungrigen Früchte gedeihen in den Tälern prächtig: Der Alpenhauptkamm fängt das raue Wetter aus dem Norden ab, aus dem Süden ziehen warme Luftströme heran. Wein- und Obstbau stehen in der Landwirtschaft Südtirols auch an erster Stelle, gefolgt von Milchwirtschaft und Viehzucht. Nur rund 37 Prozent der Fläche Südtirols kann agrarisch genutzt werden. Die Berglandwirtschaft an steilen Hängen und in zum Teil hohen Lagen mit langen Wintern und kurzer Vegetationszeit ist arbeits- und kostenintensiv. Deshalb lautete für Südtiroler Bergbauern schon früh das Motto: Qualität statt Quantität – lange, bevor andere Alpenregionen nachzogen. Die gehaltvolle Milch von Kühen, die auf Almen weiden, der traditionell hergestellte Speck schmecken so viel besser als Supermarkt-Massenware, dass viele Kunden dafür gerne mehr bezahlen. Auf den Bauernmärkten der Region können Kleinproduzenten ihre Produkte gut vermarkten, und ein Zubrot verdienen sich viele Besitzer idyllisch gelegener Bergbauernhöfe mit dem Vermieten von Ferienzimmern.

Überhaupt ist der Tourismus längst Südtirols wichtigstes Wirtschaftsstandbein. Rund 10 000 Hotels und Gasthäuser gibt es in der Region. Sei es ein Tee im »Becherhaus«, mit 3190 Metern die höchstgelegene Schutzhütte Südtirols, ein Wellness-Wochenende im exklusiven Resort oder Familienurlaub auf dem Bauernhof abseits von Masse und Trubel – der Gast hat die Wahl. Und nicht nur für seine Gäste bietet Südtirol inzwischen höchste Lebensqualität: Die Region ist eine der wenigen Europas, in denen das Problem der Arbeitslosigkeit so gut wie nicht existiert. Vollbeschäftigung und Wohlstand in einzigartiger Landschaft mit überwiegend schönem Wetter – irgendwie beneidenswert.

Alpenstraßen aus der Römerzeit

Nicht erst seit Gletschermann Ötzi gefunden wurde, weiß man, dass Südtirol ein uraltes Kulturland ist. Spuren menschlicher Siedlungen weisen bis auf das Ende der letzten Eiszeit – also rund 10 000 Jahre vor Ötzis Auftritt. Auch die Römer interessierten sich für das Land, legten zwei wichtige Verbindungsstraßen an. Ihr Verlauf besteht in etwa noch heute: Eine Straße zog sich über das Etschtal und den Vinschgau über den Reschenpass und war Teil der Römerstraße Via Claudia Augusta, die zur Hauptverkehrsader zwischen Italien und der Region Augsburg wurde. Der zweite Weg, die Via Raetia, führte von Verona über Bozen, Sterzing und den Brennerpass auch Richtung Augsburg. So entstanden die ersten wichtigen Alpenübergänge. Und schon damals baute man Burgen, Zollstationen und Rasthäuser, um die Durchreisenden zu kontrollieren und zu verköstigen. Die Südtiroler haben eben eine wirklich lange Erfahrung in der Bewirtung von Gästen.

Einfaches Leben: Wasserkrug und Schüssel statt Waschbecken in der Pension »Briol«.

Tanzendes Vieh: Wenn sie lange im Stall standen, freuen sich Kühe besonders auf das frische Gras auf der Weide.

Aus dem 12. Jahrhundert: Die Trostburg im Eisacktal ist eine der großartigsten Schlossanlagen Südtirols. Hier wuchs der mittelalterliche Minnesänger Oswald von Wolkenstein auf.

Zimmer mit Aussicht: Von der im Bauhaus-Stil in geschmackvoller Schlichtheit gehaltenen Pension »Briol« hat man einen herrlichen Blick über die Dolomiten (links). Typische Spezialität: das Südtiroler Schüttelbrot (rechts).

Selbst gemacht schmecken sie natürlich am besten, die für Südtirol so typischen Schlutzkrapfen. Am besten bereiten Sie gleich die doppelte oder dreifache Menge zu – die Teigtaschen mit der würzigen Füllung lassen sich ganz einfach einfrieren.

Südtiroler Schlutzkrapfen

Zubereitungszeit: 1 Std.
Pro Portion ca.: 580 kcal

Zutaten für 4 Personen (36 Stück):
125 g Roggenmehl
125 g Weizenmehl (+ Mehl zum Bestäuben)
1 Ei, 1 EL Öl
Für die Füllung:
250 g Blattspinat (ersatzweise 200 g TK-Spinat)
Salz, 1 Bund Petersilie
1 kleine Zwiebel
100 g Butter
100 g Ricotta oder Frischkäse
5 EL frisch geriebener gereifter Südtiroler Bergkäse oder Parmesan
Pfeffer, geriebene Muskatnuss

Aus beiden Mehlsorten, dem Ei, 4–6 EL lauwarmem Wasser und Öl einen glatten, nicht zu festen Nudelteig kneten. Teig in Folie wickeln und 30 Min. ruhen lassen.

Für die Füllung in einem großen Topf Salzwasser aufkochen lassen. Spinat verlesen, dabei Wurzeln, dicke Stiele und welke Blätter entfernen. Spinatblätter waschen und im Salzwasser 2 Min. kochen lassen, abgießen, kalt abschrecken, abtropfen lassen. Spinat fest ausdrücken.

Petersilie waschen, die Blättchen abzupfen und fein hacken. Zwiebel schälen, fein würfeln und in 2 EL Butter 5 Min. dünsten. Petersilie und Spinat 1 Min. mitdünsten. Alles mit Ricotta und 3 EL geriebenen Käse mischen, mit Salz, Pfeffer und Muskat abschmecken.

Den Nudelteig mit Mehl bestäuben und mit einer Nudelmaschine oder mit einem Nudelholz auf der Arbeitsfläche dünn ausrollen. Mit einer 8 cm großen runden Ausstechform oder einem Glas Kreise aus dem Teig ausstechen. Auf jedes Teigstück 1 TL Füllung geben. Am leichtesten lassen sich die »Schlutzer« füllen, wenn Sie dafür einen Spritzbeutel mit großer Tülle verwenden. Teigränder mit wenig Wasser bestreichen, zusammenklappen und mit den Fingern die Ränder andrücken.

In einem großen Topf Salzwasser aufkochen lassen. Schlutzkrapfen darin in ca. 5 Min. bissfest kochen lassen. Die restliche Butter in einer großen schweren Pfanne bräunen, Schlutzkrapfen mit einem Sieblöffel aus dem Wasser heben, abtropfen lassen und »abschmelzen«, d. h. in der braunen Butter schwenken. Schlutzkrapfen auf Teller verteilen und mit Käse bestreut servieren.

Teigvariante

Für einen **Kartoffelteig** 500 g mehlig kochende Kartoffeln mit Schale in kochendem Salzwasser je nach Größe in 15–25 Min. garen, abgießen und im heißen Topf 10 Min. ausdampfen lassen. Kartoffeln pellen und durch eine Kartoffelpresse drücken. 2 Eigelb und 1 EL weiche Butter mit 400 g Kartoffelmasse mischen und abkühlen lassen. Sobald die Kartoffeln kalt sind, 200 g Mehl einarbeiten, den Teig mit Salz und Muskat würzen. Auf der Arbeitsfläche den mit Mehl bestäubten Teig 3 mm dick ausrollen. Teig wie oben ausstechen, füllen und kochen lassen. Zu den Schlutzkrapfen aus Kartoffelteig passt Bratensauce oder eine Sahne-Kräutersauce.

Füllungsvarianten

Für eine **Ziegenkäsefüllung** 250 g Ziegenfrischkäse mit 2 EL Sahne und 1 EL Olivenöl cremig rühren, 1 Bund fein geschnittenen Schnittlauch untermischen. Füllung mit Salz und Pfeffer abschmecken.
Für eine **Artischockenfüllung** die zarten Stiele von 4–8 kleinen Frühjahrsartischocken (Babyartischocken) abschneiden und schälen – es sollen ca. 250 g übrig bleiben. Artischockenstiele mit 1 fein geschnittenen Knoblauchzehe oder 10 Blättern Bärlauch und etwas getrocknetem Thymian in 2 EL Olivenöl ca. 1 Min. anbraten, salzen und pfeffern. Mit 100 ml Weißwein ablöschen und alles zugedeckt 10 Min. dünsten. 100 g Sahne zugeben und fast vollständig einkochen lassen. Mischung vom Herd nehmen und mit 1 Eigelb und 2 EL geriebenem Käse im Blitzhacker pürieren. Abkühlen lassen. Die Artischockenköpfe putzen, in Spalten schneiden, knusprig braten und unter die fertigen Schlutzkrapfen schwenken.

ALPENKÜCHE GETREIDE, NUDELN, KARTOFFELN

Erdäpfel- oder Kartoffelblatteln

heißen die Südtiroler Friggele in (Nord-)Tirol. Die unterschiedlichen Bezeichnungen spiegeln ihre Beliebtheit im österreichischen Alpenraum.

So luftig wie kleine Federkissen, an deren Form sie erinnern, sollen Friggele sein. Wie alle Gerichte aus Kartoffelteigen gelingen auch die Friggele am besten mit mehlig kochenden Kartoffeln. Die sollten möglichst schon eine Weile gelagert und so einen Teil ihrer Feuchtigkeit verloren haben. Auch die Sorte der Kartoffeln spielt eine Rolle: In Südtirol wachsen zum Beispiel Pustertaler Kipferl, eine aromatische, gut bindende Karoffelsorte.

Kartoffel-Friggele mit Sauerkraut

Zubereitungszeit: 45 Min.
Garzeit: 1 Std.
Pro Portion ca.: 700 kcal

Zutaten für 4 Personen:
400 g mehlig kochende Kartoffeln
1 Eigelb
1 EL Gänseschmalz oder Butter
100 g Mehl (+ Mehl für die Arbeitsfläche)
1 TL Anis oder Kümmel, Salz
1 l Öl zum Ausbacken
Für das Sauerkraut:
2 Zwiebeln
1 Apfel (z. B. Boskop)
2 EL Gänseschmalz oder Butter
3 EL Gin, 100 ml Weißwein
500 g Sauerkraut
1 Lorbeerblatt
Salz, Pfeffer
1/2 Bund Dill

Die Kartoffeln schälen, grob würfeln und in kochendem Salzwasser in 15–20 Min. garen. Die Kartoffeln abgießen, ausdampfen lassen und durch eine Kartoffelpresse drücken. Kartoffeln mit Eigelb und 1 EL Gänseschmalz oder Butter mischen und abkühlen lassen.

Inzwischen für das Sauerkraut Zwiebeln und Apfel schälen, die Zwiebeln halbieren und in feine Streifen schneiden. Den Apfel vierteln, entkernen und in Scheiben schneiden. Zwiebeln und Apfel zusammen bei schwacher Hitze in Gänseschmalz oder Butter ca. 5 Min. dünsten. Mit Gin und Weißwein ablöschen, Kraut und Lorbeerblatt dazugeben, 600 ml Wasser dazugießen. Alles salzen, pfeffern und 1 Std. zugedeckt bei mittlerer Hitze garen. Den Dill waschen, Spitzen abzupfen und grob hacken.

Kartoffeln, Mehl und Anis mit 1 TL Salz zügig verkneten, den Teig auf einer mit Mehl bestäubten Arbeitsfläche 2–3 mm dick ausrollen. Mit einem großen Messer oder mit einem Teigrad 6 cm große Rauten ausschneiden.

Das Öl zum Ausbacken in einem flachen Topf erhitzen, bis von einem hinein getauchten Holzlöffelstiel sofort Blasen aufsteigen. Friggele in vier Portionen im heißen Öl in je 2–3 Min. goldbraun backen, auf Küchenpapier abtropfen lassen, mit dem Kraut anrichten und mit Dill bestreuen.

Kartoffel-Paunzen

Zubereitungszeit: 45 Min.
Pro Portion ca.: 440 kcal

Zutaten für 4 Personen:
500 g mehlig kochende Kartoffeln, Salz
200 g Mehl (+ Mehl für die Arbeitsfläche)
150 g trockener Quark (20 %)
1 Ei
Pfeffer, geriebene Muskatnuss
2 EL Butter
1 Bund Schnittlauch
100 g Sahne
100 ml Milch

Die Kartoffeln mit Schale in kochendem Salzwasser je nach Größe in 15–25 Min. garen, abgießen, im heißen Topf ausdampfen lassen, pellen und durch eine Kartoffelpresse drücken. Kartoffeln abkühlen lassen. Mehl, Quark und das Ei zügig unter die abgekühlten Kartoffeln mischen, alles mit Salz, Pfeffer und Muskat würzen.

Aus dem Teig auf einer mit Mehl bestäubten Arbeitsfläche eine 2 cm dicke Rolle formen. Rolle in 3–4 cm lange Stücke schneiden. Die Paunzen in einer beschichteten Pfanne in der Butter bei schwacher Hitze von allen Seiten in ca. 10 Min. goldbraun braten.

In der Zwischenzeit den Schnittlauch waschen und fein schneiden. Sahne und Milch zu den Paunzen geben, bei schwacher Hitze in 4–5 Min. cremig einkochen lassen. Paunzen mit Schnittlauch bestreut servieren.

TIPP

Paunzen und Friggele schmecken sehr gut als Beilage zu geschmorten Fleischgerichten mit viel Sauce. Probieren Sie sie zu geschmorten Kalbsbacken (s. Seite 155) oder Kalbsbrust (s. Seite 157) mit Biersauce. Beide Kartoffelspezialitäten können Sie aber genauso gut mit Sauerkraut als (fast) vegetarischen Hauptgang servieren.

Bayerische Semmelknödel

Zubereitungszeit: 20 Min.
Ruhezeit: 30 Min.
Garzeit: 15–20 Min.
Pro Portion ca.: 255 kcal

Zutaten für 4 Personen:
5 Brötchen vom Vortag (Semmeln; ersatzweise 250 g Weißbrot vom Vortag)
200 ml Milch
2 Eier
1 Zwiebel
1 EL Butter
1 Bund Petersilie
Salz, Pfeffer, geriebene Muskatnuss
evtl. Paniermehl

Die Semmeln halbieren und in dünne Scheiben schneiden. Milch leicht erwärmen, mit den Eiern verquirlen, über die Semmeln gießen und zugedeckt an einem warmen Platz 30 Min. durchziehen lassen. Die Zwiebel schälen, fein würfeln und in der Butter bei starker Hitze 5 Min. dünsten. Petersilie waschen, Blättchen abzupfen, hacken und kurz zu den Zwiebeln geben, Mischung unter die Semmelmasse kneten. Alles mit Salz, Pfeffer und Muskat abschmecken.

In einem großen Topf Salzwasser aufkochen lassen. Probeknödel formen und kochen lassen (s. Seite 215). Falls er zu weich ist, noch etwas Paniermehl unter die Masse kneten. Aus der Semmelmasse mit feuchten Händen Knödel formen. Knödel im sanft kochendem Salzwasser halb zugedeckt in 15–20 Min. garen.

Variante: Südtiroler Speckknödel
Für echte Speckknödel muss natürlich Südtiroler Speck dazu: 80 g davon in dünne Scheiben schneiden, die Scheiben klein würfeln. Manche Köche geben den Speck roh in die Brotmasse, wir dünsten ihn am liebsten zuvor mit den Zwiebeln an.

TIPP
Semmelknödel passen nicht nur zu bayerischen Rahmschwammerln oder Schweinebraten, sondern zu allen Schmorgerichten mit kräftigen Saucen.

Spinatnocken

Zubereitungszeit: 45 Min.
Pro Portion ca.: 400 kcal

Zutaten für 4 Personen:
Salz, 1 kg Blattspinat (ersatzweise 800 g TK-Blattspinat)
1 Frühlingszwiebel
1 Knoblauchzehe
1/2 Bund Dill oder Petersilie
4 EL Butter
150 g Weißbrot oder Toastbrot vom Vortag (ohne Rinde)
1–2 EL Mehl (+ Mehl zum Wenden)
2 Eier
geriebene Muskatnuss
100 g Ziegenhartkäse oder Parmesan

In einem großen Topf Salzwasser aufkochen lassen. Spinat verlesen, dabei Wurzeln, dicke Stiele und welke Blätter entfernen. Spinatblätter waschen und im Salzwasser 2 Min. kochen lassen, abgießen, kalt abschrecken und abtropfen lassen. TK-Spinat nach Packungsanleitung garen. Spinat in einem Tuch sehr fest ausdrücken, so dass 400 g ausgepresster Spinat übrig bleiben.

Frühlingszwiebel putzen, waschen, der Länge nach vierteln, fein schneiden. Knoblauch schälen, den Dill waschen, Spitzen abzupfen und mit dem Knoblauch fein hacken. Zwiebel, Knoblauch und Dill in 1 EL Butter 2 Min. dünsten. Mit dem Spinat im Blitzhacker pürieren oder durch den Fleischwolf drehen.

Das Weißbrot zwischen den Handflächen oder ebenfalls im Blitzhacker zerkrümeln. Die Spinatmischung mit Weißbrot, gut 1 EL Mehl und Eiern verkneten, mit Salz und Muskat kräftig abschmecken. 10 Min. quellen lassen, noch einmal kurz durchkneten.

In einem großen Topf Salzwasser aufkochen lassen. Mit zwei Esslöffeln Probenocke formen und 5 Min. sanft kochen lassen (s. Seite 215). Falls der Teig zu weich ist, noch etwas Mehl unterkneten. Spinatnocken formen, in Mehl wenden und ins kochende Salzwasser geben. Hitze reduzieren und die Nocken in 15 Min. gar ziehen lassen.

Inzwischen den Ziegenkäse grob reiben. Spinatnocken mit einem Schaumlöffel aus dem Wasser heben und auf vier Teller verteilen. Restliche Butter in einem kleinen Topf aufschäumen und hellbraun werden lassen, über die Nocken verteilen und alles mit dem Käse bestreut servieren.

ALPENKÜCHE GETREIDE, NUDELN, KARTOFFELN

Von Bled bis Nizza wächst Buchweizen an der Alpensüdseite. Die Rezepte reichen von Buchweizenrisotto bis zu schwarzer Polenta. Südtiroler folgen ihrer Neigung zum Runden und kochen am liebsten Knödel aus dem aromatischen Getreide. Die slowenischen Teigtaschen sind dagegen elegant gewellt. Unsere Rezepte stammen vom »Turmwirt« in Kastelruth und aus der »Gostilna Rupa« in der Umgebung von Bled.

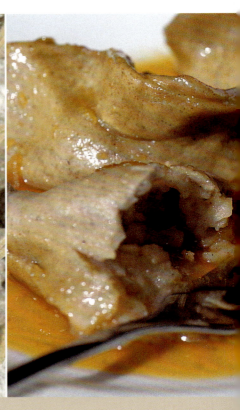

Buchweizen-Teigtaschen mit Spargel

Zubereitungszeit: 45 Min.
Pro Portion ca.: 725 kcal

Zutaten für 4 Personen
(20–24 Stück):
250 g Buchweizenmehl
250 g Weizenmehl (+ Mehl für die Arbeitsfläche)
4 Eier
2 Bund Petersilie
400 g Ricotta (ersatzweise je 200 g trockener Quark und Frischkäse)
Salz, Pfeffer, geriebene Muskatnuss
500 g grüner oder weißer Spargel
1 kleine Fenchelknolle
3–4 Knoblauchzehen
2 EL Butter
2 EL Weißbrotbrösel (s. Seite 216; ersatzweise Paniermehl)

Buchweizen- und Weizenmehl mischen und mit 180 ml heißem Wasser verkrümeln, abkühlen lassen. 1 Ei trennen. Eiweiß beiseite stellen. Mehlmischung mit dem Eigelb und 1 zusätzlichem Ei solange zu einem geschmeidigen Teig verkneten, bis der Teig nicht mehr klebt. Teig zudecken und ruhen lassen.

Inzwischen Petersilie waschen, Blättchen hacken und mit übrigen Eiern und Ricotta verrühren, Mischung mit Salz, Pfeffer und Muskat abschmecken.

Grünen Spargel waschen, holzige Enden abschneiden. Weißen Spargel schälen. Stangen schräg in möglichst dünne Scheiben schneiden. Fenchel waschen, halbieren und in 2 cm große Quadrate schneiden, das Fenchelgrün aufbewahren. Knoblauch schälen, halbieren und in Scheiben schneiden.

Spargel in der Butter ca. 5 Min. unter Rühren braten, dann aus der Pfanne nehmen. Fenchel und Knoblauch mit Salz und Pfeffer würzen und mit 200 ml Wasser 10 Min. zugedeckt dünsten. Spargel zugeben, Gemüse mit Salz und Pfeffer abschmecken und vom Herd nehmen.

ALPENKÜCHE GETREIDE, NUDELN, KARTOFFELN

Buchweizenknödel mit Rahm

Zubereitungszeit: 20 Min.
Garzeit: 20 Min.
Pro Portion ca.: 710 kcal

Zutaten für 4 Personen:
300 g Roggenbrot
1/4 l Milch
125 g ungesalzener, weißer Speck
150 g Lauch
2 EL Butter
150 g Buchweizenmehl
Salz, Pfeffer
geriebene Muskatnuss
500 g Brokkoli
1/2 TL Kümmel
4 EL Weißwein
125 g Sahne
evtl. Paniermehl

Das Brot sehr klein würfeln und in zwei Portionen in einer Pfanne ohne Fett goldbraun rösten. Die Brotwürfel in eine Schüssel geben und mit der kalten Milch übergießen.

Den Speck klein würfeln, Lauch putzen, längs halbieren, gründlich waschen und ebenfalls klein würfeln.

Den Speck und 1 EL Butter in einem kleinen Topf erhitzen. Sobald der Speck brutzelt, die Lauchwürfel dazugeben und bei schwacher Hitze 5 Min. dünsten. Speck, Lauch und Buchweizenmehl zum eingeweichten Brot geben und vermischen. Alles mit Salz, Pfeffer und Muskat abschmecken und ziehen lassen.

In der Zwischenzeit den Brokkoli waschen und in Röschen teilen. Die Stiele schälen und in Scheiben schneiden. Brokkoli in restlicher Butter ca. 5 Min. dünsten, mit Salz und Kümmel würzen. Mit Weißwein ablöschen und die Flüssigkeit vollständig einkochen lassen. Die Sahne zugeben. Alles 2–3 Min. weiterkochen lassen und abschmecken.

In einem großen Topf Salzwasser aufkochen lassen. Aus dem Buchweizenteig einen Probeknödel formen und kochen lassen (s. Seite 215). Falls er zu weich ist, etwas Paniermehl unter die Masse kneten. Mit feuchten Händen kleinere Knödel formen. Knödel im sanft kochenden Salzwasser halb zugedeckt 15–20 Min. garen. Knödel mit Rahm-Brokkoli servieren.

Teigtaschen aus Buchweizen können salzig oder süß sein: Hier sind sie mit Rosinen gefüllt.

Den Teig auf einer mit Mehl bestäubten Arbeitsfläche 2–3 mm dick ausrollen. Mit einer 12 cm großen runden Ausstechform Kreise aus dem Teig ausstechen. Auf jeden Teigkreis 1 EL Ricottafüllung setzen, die Ränder mit dem verbliebenen Eiweiß bestreichen und Teigkreise zu Halbmonden zusammenfalten. Teigränder mit den Fingern festdrücken, so dass dabei ein gewellter Rand entsteht.

Salzwasser aufkochen lassen. Teigtaschen darin 8–10 Min. sanft kochen lassen. Brotbrösel in der Butter goldbraun rösten. Gemüse erhitzen, Teigtaschen aus dem Wasser nehmen und mit Spargel, Bröseln und Fenchelkraut servieren.

Früher verwendeten Bergbauern für die Rahmsauce eher Kohl oder Sauerkraut als den feineren Brokkoli.

Rundumverwertung: Früher kamen die stacheligen Schalen der Esskastanie als Brennstoff in den Ofen.

Im Tessin pflanzten die Familien Kastanienbäume zur Selbstversorgung an. Darum gibt es noch heute frühe, mittlere und späte Sorten.

Esskastanien im Tessin
Die Früchte des Brotbaums

Der Kastanienbaum war früher in Europa mehr als jede andere Baumart von überlebenswichtiger Bedeutung: Man nannte ihn auch »Brotbaum«, denn Kastanien dienten den Menschen mindestens sechs Monate im Jahr als Nahrung.

Maroniverkäufer gehören zum Tessiner Herbst wie die Nebelschwaden über dem Lago Maggiore. Köche servieren dann ihre Wildgerichte mit Kastanien, ganze Dörfer feiern Kastanienfeste und die Bäcker bieten wieder Vermicelle an – süße Nudeln aus Esskastanien.

An der Südseite der Alpen sind Kastanienbäume auf 200 bis 1000 Metern Höhe sehr verbreitet. Wir sprechen hier von der »Castanea sativa«, der Ess- oder Edelkastanie, von der es unzählige Sorten gibt. Sie sind aber alle nicht verwandt mit der ungenießbaren Rosskastanie. In vielen ehemals armen Gebieten der Südschweiz, im Piemont und in Südfrankreich ernährten sich die Menschen bis in die Mitte des letzten Jahrhunderts in der kalten Jahreszeit fast nur von Esskastanien – geröstet, gebraten oder gekocht. Aus Kastanienmehl bereitete man Suppen und Brei, buk Brot oder mit Honig gesüßte Fladen. Die Kastanienblätter verwendeten die Bauern als Streu, die stacheligen Schalen als Brennstoff, und aus den harten Baumstämmen zimmerten sie Dachstühle und Türen.

Ab Martinstag ist Sammeln erlaubt

Im Schweizer Kanton Tessin ist das Klima ideal für den Kastanienbaum: mild, aber regenreich. In den neunziger Jahren haben die Tessiner ihren »Albero del pane« wieder entdeckt und stellen wie früher die verschiedensten Produkte aus Esskastanien her: Mehl, Brot, Kuchen, Konfitüre, sogar Bier. Schließlich ist die braune Frucht auch Grundlage berühmter Schweizer Rezepte wie »Marrons glacés« oder Kastanienkuchen.

Bis zu einem bestimmten Datum – um den Martinstag am 11. November herum – ist im Tessin die Ernte den Besitzern der Kastanienbäume vorbehalten. Danach dürfen alle sammeln. Früher ließen dann die Bauern auch ihre Schweine, Ziegen oder Schafe unter die Bäume. Denn die halfen mit, den Hain zu pflegen: Esskastanien brauchen Licht und Luft. Zu viel Unterholz verdrängt die Bäume. Heute aber kümmern sich die Tessiner selbst um die Pflege ihrer Kastanienbaumhaine.

Von den gewöhnlichen Esskastanien oder Edelkastanien unterscheidet man die Maronen: Die schmecken kräftiger, sahniger und sind ei- bis herzförmig.

Unsere Nocken schmecken auch ganz traditionell mit gebratenem Salbei, brauner Butter und geriebenem Käse.

Kastaniennocken mit Preiselbeeren

Zubereitungszeit: 30 Min.
Ruhezeit: 1 Std.
Pro Portion ca.: 610 kcal

Zutaten für 4 Personen:
100 g Weißbrot vom Vortag
125 g Sahne oder 125 ml Milch
2 Eier
90 g Butter
200 g Esskastanienpüree
(s. Seite 214)
Salz, Pfeffer, geriebene Muskatnuss
75 g Mehl
2 EL Grieß
2 Orangen
2 Schalotten
1–2 TL Thymianblättchen
4 EL Preiselbeeren (aus dem Glas)
1 Prise Lebkuchengewürz
4 EL saure Sahne
1–2 EL geriebener Meerrettich

Weißbrot würfeln und mit Sahne oder Milch begießen. Eier trennen, Eiweiße kühl stellen. Eigelbe und 75 g Butter schaumig rühren. Kastanienpüree unterrühren, mit Salz, Pfeffer und Muskat würzen. Brot- und Kastanienmasse mit Mehl und Grieß vermengen und 1 Std. ziehen lassen.

In einem großen Topf Salzwasser aufkochen lassen. Eiweiße mit 1 Prise Salz steif schlagen und unter die Kastanienmasse ziehen. Mit zwei nassen Esslöffeln Nocken formen. Nocken ins kochende Salzwasser geben. Sobald alle Nocken im Wasser sind, Hitze reduzieren. Nocken ca. 10 Min. ziehen lassen.

Die Orangen mit einem scharfen Messer wie einen Apfel schälen. Filets auslösen, dabei den Saft auffangen. Schalotten schälen, fein schneiden und mit dem Thymian in der restlichen Butter 2 Min. dünsten. Orangensaft zugeben und um zwei Drittel einkochen lassen. Preiselbeeren und Orangenfilets dazugeben, aufkochen lassen und mit Salz, Pfeffer und Lebkuchengewürz abschmecken. Kastaniennocken aus dem Wasser heben und mit den Orangen und Preiselbeeren anrichten, mit saurer Sahne und Meerrettich garnieren.

Nicht größer als ein Eselsohr *dürfen die Sauerampferblätter sein, die man für die »Oreilles d'anes«, »Eselsohren« genannte Lasagne aus dem Valgaudemar in den französischen Alpen verwenden soll. Denn die kleinen Blätter schmecken noch zart-säuerlich und frisch. Nur: Wie groß ist eigentlich ein Eselsohr?*

Mangoldlasagne

Zubereitungszeit: 1 Std. 30 Min.
Backzeit: 15 Min.
Pro Portion ca.: 1010 kcal

Zutaten für 4 Personen:
500 g Mehl (+ Mehl für die Arbeitsfläche)
2 Eier
100 g weiche Butter (+ Butter für die Form)
Salz
50 g Sauerampfer (ca. 1 Bund; ersatzweise etwas mehr Mangold oder Blattspinat nehmen)
600 g Mangoldblätter (mit Stielen ca. 1 kg; ersatzweise Blattspinat)
1 Zwiebel
350 g Sahne
Pfeffer, 1 Knoblauchzehe
100 ml Milch
geriebene Muskatnuss
3 EL geriebener Tomme de Vache oder ein anderer Hartkäse aus Kuhmilch, z. B. Greyerzer

Mehl, Eier und 50 g Butter miteinander verkrümeln und mit 100 ml lauwarmem Wasser zu einem geschmeidigen Nudelteig verkneten. Teig in Folie wickeln und 30 Min. ruhen lassen.

Inzwischen für die Füllung in einem großen Topf Salzwasser aufkochen lassen. Sauerampfer und Mangoldblätter waschen, dicke Stiele entfernen. Die Blätter im Salzwasser 2 Min. kochen lassen, kalt abschrecken, fest ausdrücken und fein schneiden.

Zwiebel schälen und fein würfeln. In 1 EL Butter 2 Min. dünsten. Gemüse zugeben, nach 1 Min. 250 g Sahne zugeben und cremig einkochen lassen. Alles mit Salz und Pfeffer würzen, vom Herd nehmen und abkühlen lassen.

Die Knoblauchzehe schälen, fein hacken. Mit Milch und restlicher Sahne verquirlen, mit Salz, Pfeffer und Muskat kräftig abschmecken.

Den Teig in zwei Teile teilen und mit dem Nudelholz auf einer mit Mehl bestäubten Arbeitsfläche sehr dünn ausrollen. (Falls Sie eine Nudelmaschine verwenden, den Teig bis auf die zweitdünnste Stufe ausrollen.) Im Abstand von ca. 12 cm je 1 gehäuften EL Füllung auf den Teig setzen und flach verstreichen, so dass zwischen den mit Füllung bedeckten Flecken ein 2 cm breiter Streifen frei bleibt. Diesen Streifen mit wenig Wasser bestreichen. Die zweite Teighälfte auflegen und von innen nach außen so andrücken, dass die Luft entweicht.

Den Backofen auf 240° (Umluft 220°) vorheizen. In einem großen Topf Salzwasser aufkochen lassen. Die einzelnen Riesenravioli mit einem Messer oder Teigrad ausschneiden. Ravioli 2 Min. im Salzwasser kochen lassen, mit einem Sieblöffel herausnehmen und in eine große, gebutterte Auflaufform schichten. Zwischen die Schichten jeweils etwas Sahne-Milch gießen. Lasagne mit Käse bestreuen, den Rest Flüssigkeit darüber verteilen und im heißen Ofen (2. Schiene von unten) 15 Min. überbacken.

TIPP

Für Rezepte wie Mangoldlasagne, -nocken oder Capuns (s. Seite 72) benötigen Sie nur die Mangoldblätter. In Gegenden, aus denen diese Rezepte kommen, wachsen spezielle Mangoldsorten mit dünnen Stielen. Sie können jedoch auch Stielmangold mit breiten Stielen benutzen, nur sollten Sie die Stiele abschneiden und separat als Gemüse servieren: Dafür die Stiele quer in 1 cm breite Streifen schneiden und mit etwas Butter, Thymian, Knoblauch und einem kleinen Schuss Wasser oder Brühe ca. 10 Min. zugedeckt dünsten.

ALPENKÜCHE GETREIDE, NUDELN, KARTOFFELN

Ein einfaches Bauern-Rezept sind Kräuternudeln aus St. Dalmas le Selvage in den Alpen Frankreichs. Die grünen Nudeln ähneln Allgäuer Spätzle. Die Frauen in St. Dalmas schneiden die Nudeln mit einer Art Teigkarte aus Metall und servieren sie mit Speck-Tomatensauce und geriebenem Parmesan.

Grüne Kräuternudeln mit Knoblauchsauce

Zubereitungszeit: 55 Min.
Pro Portion ca.: 380 kcal

Zutaten für 4 Personen:
Salz
250 g Spinat oder Löwenzahn (oder gemischt)
4 EL Olivenöl
250 g Mehl (+ Mehl für die Arbeitsfläche und zum Bestäuben)
4 Knoblauchzehen
3–4 Stängel Minze
50 g geriebener harter Schafkäse oder Parmesan
Pfeffer

In einem großen Topf Salzwasser aufkochen lassen. Spinat und/oder Löwenzahn verlesen, dabei Wurzeln, dicke Stiele und welke Blätter entfernen. Blätter waschen und im Salzwasser 2 Min. kochen lassen, kalt abschrecken und fest ausdrücken – es sollen 150 g übrig bleiben. Das Gemüse in Streifen schneiden und mit 1 EL Olivenöl und 1 TL Salz sehr fein pürieren. Mischung mit dem Mehl zu einem weichen Nudelteig verkneten. Teig zudecken und 15 Min. ruhen lassen.

Den Knoblauch schälen und mit 1 TL Salz im Mörser fein zerreiben – oder mit einem großen Messer hacken und dann erst mit dem Salz mischen.

Minze waschen, Blättchen abzupfen und in größere Stücke reißen. Käse reiben.

In einem großen Topf erneut Salzwasser aufkochen lassen. Eine Arbeitsfläche mit reichlich Mehl bestäuben, den Nudelteig vierteln. Nacheinander die einzelnen Stücke zu 10 cm breiten und 3–4 mm dicken Bahnen ausrollen. Mit einem großen Messer, das Sie nicht am Griff, sondern am oberen Teil der Schneide festhalten sollten, 3–4 mm dünne Nudeln schneiden.

Nudeln mit etwas Mehl bestäuben, damit sie nicht zusammenkleben. Sobald alle geschnitten sind, Nudeln im Salzwasser 3–5 Min. kochen lassen.

ALPENKÜCHE GETREIDE, NUDELN, KARTOFFELN

Allgäuer Quarkspätzle

Zubereitungszeit: 45 Min.
Ruhezeit: 20 Min.
Pro Portion ca.: 670 kcal

Zutaten für 4 Personen:
3 Eier
250 g trockener Quark (20 %)
150 ml Buttermilch
300 g Mehl
Pfeffer, Salz
gemahlene Muskatnuss
400 g Zwiebeln
3–4 EL Butter, 1 Bund Petersilie
3 EL gemahlene Haselnüsse
5 EL Milch
100 g geriebener Allgäuer Bergkäse
Außerdem: Spätzlehobel

Eier, Quark und Buttermilch verrühren. Das Mehl zugeben und alles zu einem weichen, glatten Teig verrühren. Mit Salz, Pfeffer und Muskat kräftig würzen. Den Teig 20 Min. ruhen lassen.

In einem großen Topf Salzwasser aufkochen lassen. Den Backofen auf 140° vorheizen (Umluft nicht empfehlenswert).

Die Zwiebeln schälen, halbieren und in Scheiben schneiden. Zwiebeln mit 2 EL Butter in 12–15 Min. goldbraun braten, dabei gleich zu Anfang salzen und oft umrühren. Die Petersilie waschen, die Blättchen abzupfen und hacken. Petersilie mit den Nüssen, Milch und Bergkäse krümelig vermischen.

Den Quark-Teig mit einem Spätzlehobel in das kochende Wasser reiben. Sobald die Spätzle an die Oberfläche steigen, Spätzle mit einer Schaumkelle abschöpfen, gut abtropfen lassen und in eine feuerfeste Form geben. Pfeffern, etwas von den Zwiebeln darauf verteilen und im heißen Ofen warm stellen. Solange wiederholen, bis der Teig aufgebraucht ist. Backofenhitze auf 250° erhöhen oder den Grill dazuschalten. Die Käsebrösel auf den Spätzle verteilen, mit Butterflöckchen belegen und die Spätzle im heißen Ofen 6–8 Min. (Mitte) überbacken. Vorsicht, die Spätzle können leicht verbrennen.

Währenddessen den Knoblauch mit dem Salz in 2 EL Öl 1 Min. dünsten, mit 125 ml Nudelwasser ablöschen und 5 Min. kochen lassen.

Die Nudeln abgießen, nicht abschrecken und gleich mit der Knoblauchsauce mischen. Mit Käse, frisch gemahlenem Pfeffer und Minzeblättchen bestreuen und mit restlichem Olivenöl beträufeln.

INFO

Unsere Spätzle schmecken frisch und viel leichter als die klassische Variante – so sind die überbackenen Quarkspätzle mit einem Salat gut als Mittagessen geeignet, ohne dass Sie danach erst mal ein Verdauungsschläfchen halten müssen.

Die lockeren, leichten Quarkspätzle dürfen ruhig etwas dicker sein. Deshalb können Sie sie gut mit dem Spätzlehobel zubereiten.

Die Weiden
Speck, Wurst und Trockenfleisch

*Spezialitäten wie Bündner Fleisch oder Südtiroler Speck
sind aus der Not entstanden: Das Vieh wurde im
Herbst geschlachtet – damit man es nicht durch den Winter
füttern musste. Getrocknet, gepökelt oder
geräuchert war das Fleisch während der kalten Jahreszeit
ein besonderer Leckerbissen.*

Von Brillenschafen
und Pustertalern

Das Kärntner Brillenschaf hat seinen Namen von der schwarzen Pigmentierung um die Augen.

Die Flaschenkinder haben alle einen Namen: Flecki, Franziska, Adelheid, Melanie und Hasi. Diese Schafe haben Christiane und Boris Fugger »mit Ziegenmilch von Tante Justi« aufgezogen, und sie sind ihnen besonders ans Herz gewachsen. Die Fuggers züchten Kärntner Brillenschafe. Inzwischen haben sie eine Herde mit hundert Schafen, davon achtzig Mutterschafe – die größte Herde Kärntens. »Aber es ist eine Art Hobby. Davon leben können wir nicht«, erklärt Boris. Er ist Oberarzt am Krankenhaus Villach, Christiane ist ebenfalls Ärztin.

Bergschafe mit Brille

Brillenschaflämmer wachsen langsamer als andere Lämmer: Fünf bis sechs Monate dauert es, bis sie groß genug sind zum Verkauf. Lämmer anderer Rassen kann man schon nach drei Monaten verkaufen. Dafür bekommen Brillenschafe oft zweimal im Jahr Junge und häufig Zwillinge. »Aber die Großabnehmer wollen Tiere mit Fettabdeckung, unsere Lämmer sind denen zu mager«, so Boris. Wenn er schlachtet, telefoniert er seine Interessenten durch – kleine, feine Restaurants wie das »Kaufmann und Kaufmann« in Villach. Das Fleisch von Brillenschafen gilt als besonders zart und schmackhaft.

Das Kärntner Brillenschaf war um 1844 die erste bedeutende Bergschafrasse der Alpen: Es ist genügsam, abgehärtet und robust, also bestens an das raue Klima in den Alpen angepasst. Weil es doppelt so schwer ist wie das gewöhnliche Landschaf, hat man mit ihm eine hohe Schlachtausbeute. Es liefert besonders feine Wolle, ist sehr fruchtbar, und die weiblichen Tiere haben einen ausgeprägten Mutterinstinkt. Diese Eigenschaften sprachen sich damals in ganz Europa herum: Die Tiere wurden zu Fuß von den Alpweiden weg sogar bis nach Paris auf den Markt getrieben. Jährlich verkaufte man dort noch Anfang des 20. Jahrhunderts bis zu 30 000 Kärntner Schafe. Dann kam das Dritte Reich, das sich auch in der Tierzucht »Rassebereinigung« auf die Fahnen geschrieben hatte. 1939 wurden alle Bergschafrassen zum »Deutschen Bergschaf« zusammengefasst. Durch systematische Verdrängungskreuzung starb das Brillenschaf in Österreich fast aus. Erst in den achtziger Jahren besannen sich engagierte Züchter wieder auf diese alte Rasse, suchten und fanden schließlich noch einige Tiere in Österreich. Dann begann die mühsame Erhaltungszucht. Mit Erfolg: 1992 zählte man wieder 150 Kärntner Brillenschafe in Österreich, zehn Jahre später schon mehr als 3600. Ein inzwischen gegründeter Verein bekam prominente Schützenhilfe: Der deutsche Optiker Günther Fielmann, selbst Besitzer einer Herde Kärntner Brillenschafe in Norddeutschland, ermöglichte mit seiner finanziellen Unterstützung eine umfangreiche Genotypenanalyse.

Auf der Weide

Boris und Christiane gehen mit uns zur Weide in der Nähe ihres alten Bauernhauses, wo die Brillenschafe weiden. Zur Zeit sind ein paar Schafe trächtig. Am Tag zuvor erst kamen zwei Lämmer, Zwillinge, auf die Welt, wovon aber eines gleich nach der Geburt starb. Boris ist unruhig, will nachschauen, ob nun alles in Ordnung ist. Auf dem Weg zeigt uns Christiane die akkurat gestutzten Büsche am Rand der Weide. Schafe seien wahre »Gebüschvertilger«. Als wir ankommen, sehen wir schon von weitem einen kleinen, weißen Körper regungslos im Gras liegen: Auch das andere Lamm hat es nicht geschafft. Boris geht hin, beugt sich über das Tier, wir spüren, dass wir ihn jetzt lieber alleine lassen. »Klar nimmt mich das mit, wenn ein Tier stirbt«, wird er uns später erklären. Jetzt hat er auch herausgefunden, was passiert war: Das Mutterschaf hat entzündete Euter, konnte ihre Lämmer nicht säugen. Die Fuggers beratschlagen leise, was nun zu tun ist. Schweren Herzens entschließen sie sich, das Muttertier zu schlachten. »Aber des wolln ma halt eigentlich net. Wir wollen die Muttertiere lebend verkaufen – zur Zucht.«

Ob Schafe, Kühe oder Ziegen: In den Alpen haben sich regionale Rassen im Lauf der Jahrhunderte besonders gut an die eher harten Bedingungen angepasst.

Alte Rasse: Die Pustertaler Sprinzen stammen aus Südtirol, sind gute Muttertiere und sehr robust.

Was für alle anderen Tiere gilt, trifft auch auf Schweine zu: Wenn sie im Freie gehalten wurden, schmeckt ihr Fleisch bedeutend besser als das von Stall-Tieren.

Traditionelle Methode: In Slowenien konserviert man Wurst bis heute mit Schmalz – Fett verschließt luftdicht.

Begehbare Räucherkammer: Mehrmals wöchentlich wird hier für die Rauchentwicklung ein kleines, offenes Feuer entfacht.

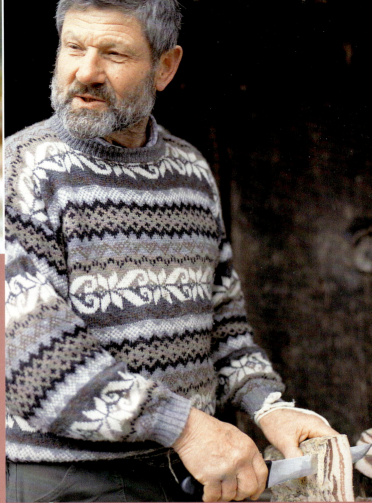

Heinrich Pöders Speck ist bekannt in ganz Südtirol: Die besten Köche kaufen bei ihm ein.

Französische Lammwürste

Plötzlich ein leises Meckern: hinter einem anderen Schaf taucht auf wackeligen Beinen ein Lamm auf, die Nabelschnur hängt noch, die Mutter leckt das feuchte Fell trocken. »Das kam erst vor ein paar Minuten«, sagt Christiane. Sie macht sich an die Erstversorgung, gibt dem Neuankömmling Selen, Boris nummeriert ihn.

Keine Kuh ist so wie diese …

So wie die Fuggers bemühen sich immer mehr Menschen, alte Tierrassen wieder zu züchten, die besonders gut an die Bedingungen in den Alpen angepasst waren. Valentin Gruber hat sich der Pustertaler Sprinzen angenommen – eine aus Südtirol stammende Rinderrasse, die wie die Brillenschafe kurz vor dem Aussterben war. Bauer Gruber schwärmt von seinen Pustertalern, sie seien gute Muttertiere, sehr robust, gute Futterverwerter und hätten einen »starken Charakter«. Und: »Ihr Fleisch is so fein marmoriert, des is was für die Spitzenrestaurants.« Während der k. und k. Monarchie habe man die Pustertaler sogar als beste Rinderrasse bezeichnet. Wir sitzen in der Stube von Grubers Bauernhof im Dörfchen Sankt Lorenzen, an der Wand hängt ein kleines Foto von seinen beiden Kindern und ein großes von zwei Kühen. Und wie ein Vater erzählt der Bauer von Kuh Babsi, die bei der Sprinzen-Schau mit Zuchtverband Schausiegerin geworden sei. Sprinzen-Züchter, sagt er aber auch, würden von anderen oft belächelt, weil die Sprinzen keine Leistungskühe sind. »Diese Turbokühe geben natürlich mehr Milch, 40, 50 Liter am Tag. Aber nur kurze Zeit, die werden ja net alt.« Aber weil die Sprinzen gute Mutterkühe sind, eigneten sie sich gut für die Züchtung, zumal: »Die Milchwirtschaft ist ja viel arbeitsintensiver.«

Naturheilkunde für Schafe

Auch Paul Davin hat sich auf eine alte Rasse besonnen: Der Schafzüchter in den französischen Hautes-Alpes züchtet Merinos. Seine 350 Tiere sind im Sommer vier Monate auf der Alm – und zwar ohne Aufsicht. »Die ist zu teuer«, meint Davin. Zweimal in der Woche fährt er aber hoch und schaut nach dem Rechten. Wenn sie nicht auf der Alm sind, haben die Schafe dennoch ein glückliches Leben mit viel Freilauf auf Davins Hof. Stolz zeigt der Züchter uns den neuen Stall, den er für seine Herde bauen ließ – aus einheimischem Holz. »Wir sind ein Biobetrieb«, erklärt Davin den besonders großen Stall. Denn eine Norm für die Schafhaltung nach biologischen Kriterien heißt: mindestens zwei Quadratmeter Stall pro Schaf. Doch das ist noch nicht alles – der Franzose behandelt kranke Schäfchen mit Homöopathie. So viel Fürsorge freut am Ende die Kunden: Wenn die Lämmer nach vier bis sechs Monaten geschlachtet und im Direktverkauf an den Mann gebracht werden, kann man davon ausgehen, dass das Fleisch nicht mit Chemie belastet ist.

Der Speckspezialist aus Südtirol

Ob Schafe, Kühe oder andere Tiere: Früher wurden viele vor dem Winter geschlachtet. Dann mussten sie erstens nicht durchgefüttert werden und waren zweitens Nahrungsmittel für die Menschen in der kalten Jahreszeit. Dafür machten die Alpenbauern das Fleisch haltbar, meistens wurde es geräuchert. Bis heute sind bestimmte Regionen der Alpen wie Südtirol oder das Aostatal für ihren Speck berühmt.
Auch Heinrich Pöder macht Speck. Im Südtiroler Ultental in der Nähe von Meran züchtet der ehemalige Bauer seine eigenen Schweine – vier verschiedene Rassen. Die Tiere fressen Molke und Getreide, manchmal ein paar Falläpfel auf den Weiden rund um seinen Hof an einem Berghang. Nach dem Schlachten zerlegt Pöder die Schweine selber, denn »man darf das Fleisch so wenig wie möglich ziehen, knicken oder einschneiden«, so Pöder. Jeder Riss im Fleisch bildet einen potentiellen Herd für unangenehme Aromen. Die Fleischstücke reibt der Speckspezialist mit Salz, Pfeffer und ein bisschen Knoblauch ein. Nach zwei Wochen hat das Fleisch genau so viel Salz aufgenommen, wie es für Geschmack und Konservierung braucht. Dann kommt der Speck für sechs bis acht Wochen in die Räucherkammer, aber nur zwei- bis dreimal pro Woche leitet Pöder tatsächlich kalten Rauch in die Kammer. »Ein bisschen Rauch ist gut für den Geschmack, für die Haltbarkeit braucht es ihn nicht.« Zuletzt muss der Speck vier bis acht Monate reifen. In dieser Zeit wird der Speck weich und zart. Auf der Oberfläche bildet sich milder Edelschimmel – ähnlich wie auf den meisten Salami. »Wir haben hier im Ultental eine günstige West-Ost-Ausrichtung, hier weht immer ein leichter frischer Wind.« Pöder steht vor seiner Scheune und blickt ins Tal herunter. Für ihn steht fest: »Da reift der Speck besser.«

Wurst gehört eigentlich zu jeder zünftigen Brotzeit in den Alpen.

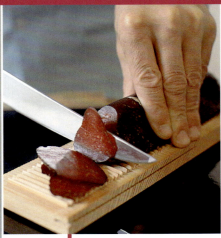

Am besten schmeckt Bündner Fleisch ganz dünn aufgeschnitten.

Ludwig Hatecke verkauft seine Fleisch- und Wurstwaren in feinem Ambiente.

»Laboratori dal gust«
Edles Fleisch aus Graubünden

Nach den Alpabzügen im Herbst schlachteten die Bergbauern früher einen Teil ihrer Rinderherde. Die leicht verderblichen Innereien genoss man gleich bei den traditionellen »Metzgeten«, die besten Stücke aber wurden getrocknet und dienten im Winter als wertvolle Nahrung.

Sind wir in einem Designershop gelandet statt in einer Metzgerei? Doch in den Auslagen liegt Fleisch – unter Glas, arrangiert wie edle Seidentücher. Wir staunen weiter, als uns Ludwig Hatecke begrüßt. Auch er wirkt nicht gerade wie ein Metzger. Obwohl er genau das ist und einer traditionellen Metzgerfamilie entstammt.
Hatecke stellt in seinem »Laboratori dal gust« in Scuol exquisite Fleischwaren her – vor allem Bündner Fleisch und Salsiz. Salsiz heißt eine Wurst, die ursprünglich aus den Reststücken der Fleischlaibe gemacht wurde, die man zu Bündner Fleisch veredelt.

Nur das Beste vom Rind ...
Bündner Fleisch ist Marke, Herkunftsbezeichnung und eine registrierte und geschützte geographische Angabe (GGA): Die Rohstoffe müssen in Graubünden verarbeitet werden. Nicht vorgeschrieben ist die geographische Herkunft des Rohmaterials. Deshalb kommt das Rindfleisch oft aus Südamerika. Hateckes Fleisch aber ist aus Graubünden.

Für Bündner Fleisch verwendet man nur das Fleisch der Oberschenkelmuskulatur von Rindern. Der Metzger schneidet Sehnen und Fett ab und schichtet das Fleisch mit Salz, Kräutern und Gewürzen in einen Behälter, der verschlossen wird. Darin lagert das Fleisch fünf Wochen bei Temperaturen um den Gefrierpunkt. Jede Woche schichtet der Metzger die Fleischstücke um, so werden sie gleichmäßig gepökelt.

Aroma durch Edelschimmel
Danach wird das Fleisch ein paar Monate getrocknet. Dabei presst man es immer wieder, um die im Fleisch verbliebene Feuchtigkeit gleichmäßig zu verteilen. Nebeneffekt ist die eckige Form, die fürs Bündner Fleisch typisch ist. Während der Reifung bildet sich auf der Oberfläche der Laibe Edelschimmel, der ein besonderes Aroma verleiht. »Heute waschen wir den Schimmel vor dem Verkauf ab«, so Hatecke. »Früher kratzte man ihn ab und verwendete ihn als Grippemittel – ist ja eine Art Penicillin.«

BÜNDNER FLEISCH INFO

In der Luft hängend trocknen Bündner Fleisch und Salsiz besonders gleichmäßig.

Renkenfilets mit Bündner Fleisch

Zubereitungszeit: 40 Min.
Pro Portion ca.: 470 kcal

Zutaten für 4 Personen:
2 Schalotten
2 Knoblauchzehen
1 Fenchelknolle
3 Renken oder Forellen (vom Fischhändler filetieren und häuten, Gräten und Köpfe einpacken lassen)
2 Zweige Thymian
1 EL getrocknete Pilze (nach Belieben)
100 ml Weißwein
Salz, Pfeffer
1 kleiner Romanasalat (Lattich)
ca. 20 Scheiben Bündner Fleisch
1 EL Öl
2 EL kalte Butter
Außerdem: Holzspießchen

Schalotten und Knoblauch schälen, grob zerkleinern. Fenchel waschen, zartes Grün hacken und beiseite stellen. Stängelansätze der Knolle abschneiden und mit Schalotten, Knoblauch, Fischgräten, Thymian, Pilzen, Weißwein und 1/4 l Wasser in einem kleinen Topf langsam aufkochen lassen. Schaum abschöpfen, Sud mit Salz und Pfeffer würzen und 20 Min. schwach kochen lassen.

Inzwischen Fischfilets längs halbieren, das dünnere Stück zusammenfalten, das dicke Stück halbieren, so dass kleinere Stücke, die ungefähr gleich dick sind, entstehen. Salat waschen und trockenschleudern, die dicken Blattrippen entfernen. Jedes Stück Renkenfilet leicht salzen, danach Filets zuerst in 1 Salatstreifen, dann in 1 Scheibe Bündner Fleisch wickeln. Mit Holzspießchen fixieren. Fenchelknolle halbieren und in 1 cm große Würfel schneiden.

Renkenfond vorsichtig durch ein Tuch oder feines Sieb gießen. Die Fischröllchen in 1 EL Öl in einer beschichteten Pfanne bei starker Hitze von beiden Seiten je 2 Min. braten. Aus der Pfanne nehmen und auf einem Teller kurz ruhen lassen. Fenchelwürfel in der Pfanne anbraten, mit Fond ablöschen.

Sauce um die Hälfte einkochen lassen. Kalte Butter in Flöckchen und Fenchelgrün unterrühren, Sauce mit Salz und Pfeffer abschmecken. Fischröllchen in der Sauce erhitzen und servieren.

Eglifilets mit Kräuterspinat

Zubereitungszeit: 45 Min.
Pro Portion ca.: 340 kcal

Zutaten für 4 Personen:
600 g Kartoffeln, Salz, 500 g Blattspinat
1 Bund gemischte Kräuter (z. B. für Frankfurter grüne Sauce)
500 g Eglifilets ohne Haut (ersatzweise Renken- oder kleine Zanderfilets)
Saft von 1/2 Zitrone, Pfeffer
Mehl zum Wenden
1 EL Öl, 3–4 EL Butter

Die Kartoffeln schälen, je nach Größe halbieren oder vierteln und in 15–25 Min. in Salzwasser garen. Gleichzeitig in einem großen Topf Salzwasser aufkochen lassen. Spinat verlesen, dabei Wurzeln, dicke Stiele und welke Blätter entfernen. Spinatblätter waschen und im Salzwasser 2 Min. kochen lassen, abgießen, kalt abschrecken, abtropfen lassen. Spinat grob schneiden. Die Kräuter waschen, Blättchen abzupfen und grob hacken.

Eglifilets mit ein paar Tropfen Zitronensaft beträufeln, mit Salz und Pfeffer würzen, im Mehl wenden und gründlich abklopfen. In je 1 EL Öl und Butter bei starker Hitze von beiden Seiten je 2–3 Min. goldbraun braten. Spinat und Kräuter in 1 TL Butter und mit 2 EL Wasser 2 Min. dünsten, mit Salz und Pfeffer abschmecken. Die Fischfilets aus der Pfanne heben. Restliche Butter in der Pfanne aufschäumen, mit 2 EL Zitronensaft ablöschen. Spinat mit Eglifilets und Salzkartoffeln servieren, mit der Zitronenbutter beträufeln.

TIPP

Egli ist die Schweizer Bezeichnung für Flussbarsch, einen besonders feinen Verwandten des Zanders. Die Filets schmecken auch gut auf der Hautseite in Butter gebraten, dafür müssen die Fische vorher geschuppt werden. Außerhalb der Schweiz sind Eglifilets nur schwer und auf Bestellung zu bekommen.

Gegrillter Saibling mit Spargel

Zubereitungszeit: 35 Min.
Pro Portion ca.: 450 kcal

Zutaten für 4 Personen:
4 Saiblinge oder Forellen (je 300–400 g; frisch geschlachteten Fisch 12 Std. ruhen lassen)
Saft von 1/2 Zitrone
1–2 EL Öl
125 g weiche Butter
Salz
1/2 TL Pimentpulver
1 Bund Brunnen- oder Kapuzinerkresse
1 kg weißer Spargel
Zucker, Pfeffer
1 TL scharfer Senf

Die Fische trockentupfen und an den Seiten jeweils 3–4 mal quer bis auf die Mittelgräte einschneiden, mit Zitronensaft und 1 EL Öl beträufeln.

Die Butter mit einem Rührgerät in 6–8 Min. weiß-schaumig schlagen. 1 kräftige Prise Salz und das Pimentpulver unterrühren. Die Brunnenkresse waschen, die Blättchen abzupfen und grob hacken, zusammen mit der Butter im Blitzhacker pürieren. Kräuterbutter kühl stellen.

Spargelstangen schälen, holzige Enden abschneiden. In einem Topf, in den der Spargel hineinpasst, Wasser aufkochen lassen und mit Salz und Zucker süßlich und leicht salzig abschmecken. Den Spargel darin je nach Dicke 10–12 Min. kochen lassen, Topf vom Herd nehmen.

Die Saiblinge mit Salz und Pfeffer würzen und in einer leicht geölten Grillpfanne bei mittlerer Hitze von beiden Seiten je 8 Min. garen.

125 ml vom Spargelwasser abnehmen. Die Hälfte der Kräuterbutter mit dem Pürierstab untermixen, Sauce abschmecken. Saiblinge mit Spargel und der Kressesauce anrichten. Die restliche Kräuterbutter dazu servieren oder einfrieren. Dazu passen Salz-Kartoffeln oder in wenig Kräuterbutter geschwenkte Quarkspätzle (s. Seite 127)

ALPENKÜCHE FISCH UND FLEISCH

Rote Bete und Petersilienwurzeln sind im Herbst besonders gut. Im Frühjahr passen auch andere Rübensorten zum Zander, z. B. Mairübchen (Navets) und junge Möhren.

Die Forellen können Sie auch selbst zum Füllen vorbereiten: Dazu die Fische mit jeweils zwei schrägen Schnitten hinter den Brustflossen bis auf die Rückengräte einschneiden. Danach die Gräte vom Rücken her durchtrennen und den Kopf mit den daran hängenden Innereien vorsichtig abziehen. Zuletzt die Fische innen und außen gründlich waschen.

Gefüllte Forellen

Zubereitungszeit: 30 Min.
Pro Portion ca.: 340 kcal

Zutaten für 4 Personen:
400 g breite Bohnen, Salz
200 g Pfifferlinge oder andere Pilze
4 Forellen (je 300–400; vom Fischhändler vom Kopf her ausnehmen lassen, so dass der Bauch nicht verletzt wird; s. Seite 138)
6 Knoblauchzehen
1 Bund Petersilie
1/2 TL Kümmel
1 Bio-Zitrone
Pfeffer
100 g Maismehl zum Bestäuben
1 TL Paprikapulver
2 EL Öl, 2 EL Butter

In einem großen Topf Salzwasser aufkochen lassen. Die Bohnen putzen, dabei die Enden abknipsen, zähe Fäden entfernen. Die Bohnen 3–4 Min. im Salzwasser kochen lassen, abgießen, kalt abschrecken und dann schräg in Streifen schneiden. Pfifferlinge putzen, Erdreste abschaben, nur wenn nötig, kurz waschen. Große Pilze halbieren oder vierteln.

Die Fische innen und außen waschen und mit Küchenpapier trockentupfen. Knoblauchzehen schälen, die Petersilie waschen, die Blättchen abzupfen und mit dem Knoblauch und dem Kümmel grob hacken. Die Zitrone waschen und mit der Schale würfeln, mit Petersilienmischung und je 1/2 TL Salz und Pfeffer mischen und in die Bäuche der vier Fische verteilen. Maismehl und Paprika auf einem Teller vermengen. Die gefüllten Fische mit Salz und Pfeffer würzen und im Maismehl wenden. Öl und Butter in einer beschichteten Pfanne erhitzen. Fische darin von beiden Seiten je 6–8 Min. braten.

Die Forellen aus der Pfanne nehmen und auf eine Platte legen oder gleich auf vier Teller verteilen. Die Pilze im Bratfett 2 Min. braten, Bohnen zugeben und mit den Pilzen 2 Min. durchschwenken. Gemüse abschmecken und mit den Forellen servieren. Dazu passen Salzkartoffeln.

Zanderfilet mit Roten Beten und Meerrettich

Zubereitungszeit: 50 Min.
Pro Portion ca.: 360 kcal

Zutaten für 4 Personen:
400 g Rote Bete
200 g Petersilienwurzeln
200 g Schalotten
1 Birne
1 EL Kürbiskernöl
Salz, Pfeffer, geriebene Muskatnuss
400 ml helles Bier (ersatzweise Wasser)
2 Frühlingszwiebeln
1 Stück Meerrettichwurzel (ca. 2 cm)
2 EL Kürbiskerne
500 g Zanderfilet
2 EL Butter
2 EL saure Sahne

Backofen auf 180° (Umluft 160°) vorheizen. Rote Beten, Petersilienwurzeln, Schalotten und die Birne schälen und würfeln. Kürbiskernöl in einer kleinen Schmorform oder ofenfesten Pfanne erhitzen. Das Gemüse darin 2 Min. anschwitzen und mit Salz, Pfeffer und Muskat würzen. 100 ml Bier dazugießen. Gemüse im heißen Ofen (Mitte) ca. 40 Min. garen. Ab und zu einen Spritzer Flüssigkeit dazugeben, so dass im Laufe der Zeit ca. 1/8 l Schmorsauce entsteht.

Inzwischen Frühlingszwiebeln putzen, waschen und in dünne Ringe schneiden. Den Meerrettich schälen und fein reiben. Kürbiskerne in einem kleinen Topf ohne Fett rösten, bis sie duften – oder bis die Kerne beginnen zu springen. Vom Herd nehmen und leicht salzen.

Zanderfilet in vier Portionen teilen (8 Stücke), mit Salz und Pfeffer würzen und in einer beschichteten Pfanne in der Butter von beiden Seiten je 3–4 Min. braten. Das Gemüse aus dem Ofen nehmen, abschmecken und auf vier Teller verteilen. Die Zanderfilets auf die Teller legen. Mit saurer Sahne, Kürbiskernen, Frühlingszwiebeln und Meerrettich garnieren und servieren.

Krautkuchen mit Räucherforelle

Zubereitungszeit: 40 Min.
Backzeit: 30 Min.
Bei 4 Personen pro Portion ca.: 640 kcal

Zutaten für 4 kleine Tortelettformen von 10–12 cm Ø
(ersatzweise 1 Quicheform von 24 cm Ø)
200 g Mehl (+ Mehl zum Bestäuben)
1 EL Zucker
Salz
2 Eier
125 g kalte Butter (+ Butter für die Form)
1 Bund Petersilie
1/2 TL getrockneter Majoran
200 g Frischkäse
Pfeffer
2 geräucherte Forellenfilets (ersatzweise
150 g Räucherlachs)
100 g Sauerkraut

Mehl, Zucker und 1 Prise Salz in einer flachen Schüssel mischen. 1 Ei trennen. Butter in Würfel schneiden und zusammen mit dem Eigelb zur Mehlmischung geben, alles mit den Fingerspitzen verkrümeln. Teig zügig zu einer Kugel kneten, in Folie wickeln und 30 Min. im Kühlschrank ruhen lassen.

In der Zwischenzeit die Formen buttern und mit Mehl bestäuben. Für die Füllung die Petersilie waschen, Blättchen abzupfen und hacken. Petersilie, Majoran und Frischkäse mit dem Eiweiß und dem restlichen Ei verrühren, Käsecreme mit Salz und Pfeffer kräftig abschmecken. Forellenfilets in fingerbreite Streifen zupfen, Sauerkraut auf einem Sieb abtropfen lassen.

Backofen auf 180° (Umluft 160°) vorheizen. Teig auf einer mit Mehl bestäubten Arbeitsfläche ausrollen; so dünn wie möglich, damit die kleinen Kuchen schön knusprig werden – so dick wie nötig, damit der Teig nicht reißt. Vier Teigkreise etwas größer als die Tortelett-Formen ausschneiden, in die Formen legen und an Boden und Rändern leicht andrücken.

Sauerkraut und Räucherforelle in die Formen füllen, Käsecreme darauf verteilen. Im heißen Ofen (2. Schiene von unten) in ca. 30 Min. goldbraun backen. Krautkuchen lauwarm oder kalt mit einem großen Salat servieren

Bärlauch-Hecht mit Blumenkohl

Zubereitungszeit: 30 Min.
Pro Portion ca.: 460 kcal

Zutaten für 4 Personen:
500 g Hecht- oder Zanderfilet
1 kleiner Blumenkohl
1 Bund Bärlauch (30 g)
2 EL Sultaninen
3 EL Butter
Salz, geriebene Muskatnuss
5 EL trockener Wermut
200 g Sahne, Pfeffer
1 Scheibe trockenes Weißbrot
2 EL Pinienkerne
1 EL gemahlener Mohn

Das Hechtfilet oder Zanderfilet in vier Portionen teilen, trockentupfen. Blumenkohl waschen und in Röschen teilen. Bärlauch waschen. Dicke Stiele entfernen. Blätter in feine Streifen schneiden. Bärlauch, Blumenkohl und Sultaninen in einer großen Pfanne oder einem flachen Topf mit Deckel in 1 EL Butter ca. 2 Min. dünsten. Mit Salz und Muskat würzen, mit Wermut ablöschen. Flüssigkeit kurz einkochen lassen, dann die Hälfte der Sahne dazugießen. Die Fischfilets mit Salz und Pfeffer würzen, auf das Gemüse legen und zugedeckt bei mittlerer Hitze 10 Min. garen.

In der Zwischenzeit die restliche Sahne halbsteif schlagen und kühl stellen. Das Weißbrot im Blitzhacker oder Mixer fein zerkleinern, die Pinienkerne zugeben und grob mitzerkleinern. Mit dem Mohn mischen. Restliche Butter in einer kleinen Pfanne aufschäumen, Mohnbrösel darin 3–4 Min. unter ständigem Rühren rösten.

Fischfilets aus der Pfanne nehmen und mit dem Gemüse anrichten. Die geschlagene Sahne unter die Sauce rühren. Sauce aufkochen lassen, abschmecken und über dem Blumenkohl verteilen. Den Fisch mit den Mohnbröseln bestreuen und servieren. Dazu passen Salzkartoffeln oder andere saugfähige Beilagen wie Kartoffelpüree oder Polenta (s. Seite 101).

ALPENKÜCHE FISCH UND FLEISCH

Schon Vater Sicher servierte seinen Gästen in der zum Restaurant umgebauten Sägemühle vor allem Fisch.

Durchs eigene Grundstück fließt der Bach, in dem Michael Sicher nicht nur die Saiblinge für seinen Kaviar züchtet, sondern auch Forellen und Flusskrebse.

Michael Sicher
Der Fischflüsterer aus Kärnten

Fünf Jahre lang experimentierte Michael Sicher, bevor er seinen Saiblingskaviar auf den Markt brachte. Der gewann inzwischen eine internationale Kaviarverkostung und hängte dabei sündteuren Malossol ab.

Wär' ich ein Fisch, so wär' ich gern ein Saibling. Und zwar in Kärnten, im Bach hinter dem Restaurant der Familie Sicher in Tainach. Da würde es mir richtig gut gehen – Massagen inklusive. Doch der Reihe nach: Wolfgang und Michael Sicher züchten Saiblinge, vor allem aber sind sie europaweit wohl die einzigen Produzenten von Saiblingskaviar.

Entspannte Saiblinge dank Nelkenöl

Saiblinge laichen im November. Dann nehmen die Brüder jedes Weibchen bis zu zehn Mal aus dem eiskalten Wasser, um zu prüfen, wann der Laich so weit ist. Dazu betäubt Michael, Koch und »Erfinder« des Saiblingskaviars, die Fische ganz leicht mit Nelkenöl: »Dann sind sie nicht so gestresst und man kann ihren Rogen leichter abstreifen.« Das heißt also: herausmassieren.

Mit Salz aus dem Bergwerk konserviert

Anders als Störe dürfen die Saiblinge nach dieser Prozedur munter weiterleben. Michael konserviert den Kaviar ohne Hitze, nur mit etwas Salz – Salz aus dem Bergwerk, denn »Meersalz hat zu viele Verunreinigungen, die die konservierende Wirkung des Salzes mindern«, erklärt der findige Koch. Genaue Angaben zur Verarbeitung der wertvollen Fischeier sind ihm nicht zu entlocken. »Ist alles in meinem Kopf.« Michael grinst.

Später sitzen wir im Restaurant der Sichers, das Vater Alfons 1972 in einem Sägewerk errichtet hat. Inzwischen ist es dank Michaels Kochkünsten mit drei Hauben gekrönt und hat einen Stern im Michelin-Führer. Um den Saiblingskaviar reißen sich Gourmets aus aller Welt.

»Wir sind sozusagen die einzigen freien Bauern Europas«, sinniert der Kärntner Kaviarproduzent. Schließlich könne die EU keine Preise vorgeben, da es nur von ihnen dieses Produkt gäbe. Wir probieren die orange leuchtenden Fischeier und sind uns einig: Michael sollte sein Knowhow unbedingt weitergeben. Denn die Körner sind zart, frisch und zerplatzen wie von selbst im Mund. Anders, aber genauso gut wie der beste Beluga. Wir sind hingerissen.

Arbeitsteilung: Michael (rechts) ist im Restaurant für die Küche zuständig, sein zwei Jahre jüngerer Bruder Wolfgang für den Wein.

Saiblingskaviar mit gestampften Erdäpfeln

Zubereitungszeit: 20 Min.
Pro Portion ca.: 385 kcal

Zutaten für 4 Personen:
750 g mehlig kochende Kartoffeln (Erdäpfel)
Salz
80 g Butter
4–6 EL saure Sahne oder Schmand
130 g Saiblingskaviar (1 Glas; oder Forellenkaviar)
Pfeffer
Kapuzinerkresseblätter und -blüten zum Garnieren

Die Kartoffeln mit Schale in kochendem Salzwasser je nach Größe in 15–25 Min. garen, abgießen, pellen und mit einer Gabel oder einem Kartoffelstampfer grob zerkleinern. Kartoffeln auf vier Teller verteilen.

Die Butter in einem kleinen Topf hellbraun aufschäumen und über die Kartoffeln gießen. Jeweils 1–2 EL saure Sahne oder Schmand auf die Kartoffeln geben und Saiblingskaviar oder Forellenkaviar darauf verteilen. Mit Peffer und evtl. Salz würzen. Mit den Kapuzinerkresseblättern und -blüten dekorieren.

INFO

Russischen oder iranischen Kaviar vom Stör sollten wir nicht mehr kaufen, da die Tiere vom Aussterben bedroht sind. Saiblingskaviar schmeckt zwar anders, aber genauso fein wie der klassische Kaviar. Auch das Mundgefühl der zarten Perlen ist hervorragend – knackig, aber dennoch zart. Guter Forellen- oder Lachskaviar kann ein Ersatz für den seltenen Saiblingskaviar sein – die Konsistenz der beiden Sorten ist jedoch immer fester als das Original.

Junge Wilde: Es muss nicht immer Dill sein. Reichern Sie Ihren Salat mit Wiesenkräutern an. Vogelmiere, Brennnesselblüten oder Gartenmelde schmecken sehr gut im Zucchini-Gurken-Salat.

Bayern und filigrane Küche ist nur scheinbar ein Gegensatz. Bayerisch eingelegte schwarze Walnüsse finden Sie heute in Gourmettempeln überall in Europa. Und viele der besten Köche Deutschlands stammen aus Bayern und dem deutschsprachigen Alpenraum. Warum das so ist? Vielleicht haben die sinnenfrohen Traditionen des katholischen Kirchenjahres damit zu tun, dass die Bewohner katholisch geprägter Regionen dem Essen seit jeher einen besonders hohen Stellenwert beimessen.

ALPENKÜCHE FISCH UND FLEISCH

Lachsforellenfilet mit Kürbispüree

Zubereitungszeit: 30 Min.
Backzeit Kürbis: 45 Min.
Pro Portion ca.: 410 kcal

Zutaten für 4 Personen:
1 kg Muskat- oder Hokkaidokürbis
2 Knoblauchzehen
2 Zweige Rosmarin
2 EL Olivenöl
Salz, Pfeffer
8 eingelegte schwarze Walnüsse (s. Seite 215 oder aus dem Feinkostladen)
2 Bund Frühlingszwiebeln
600 g Lachsforellenfilets (wenn möglich mit Haut)
2–3 EL Butter, 3 EL Rotweinessig

Den Backofen auf 190° (am besten Umluft 170°) vorheizen. Kürbis waschen, entkernen und in große Spalten schneiden. Die Knoblauchzehen in der Schale quetschen, Rosmarinzweige in größere Stücke brechen. Alle Zutaten auf einem Blech mit dem Olivenöl mischen. Salzen, pfeffern und ca. 45 Min. im heißen Ofen garen.

In der Zwischenzeit Nüsse aus ihrem Sirup nehmen und in Scheiben schneiden. 5 EL vom Sirup abmessen. Die Frühlingszwiebeln putzen, waschen und in 3–4 cm lange Stücke schneiden. Lachsforellenfilets in 4 Portionen teilen.

Gebackenen Kürbis schälen, braune Schnittflächen entfernen. Fruchtfleisch durch eine Kartoffelpresse drücken, abschmecken und warm stellen.

1 EL Butter in einer beschichteten Pfanne aufschäumen. Fisch mit Salz und Pfeffer würzen und bei mittlerer Hitze auf der Hautseite 5–6 Min. braten. Filets wenden, Frühlingszwiebeln zugeben und 2 Min. mitgaren. Lachsforellenfilets auf einen Teller legen. Die Frühlingszwiebeln mit Rotweinessig ablöschen, Flüssigkeit bei starker Hitze fast vollständig einkochen lassen. Walnusssirup und schwarze Nüsse zugeben, restliche Butter in kleinen Flocken unterschwenken. Sauce mit Salz und Pfeffer abschmecken und zur Lachsforelle mit dem Kürbispüree servieren.

Paniertes Fischfilet mit Zucchini-Gurkensalat

Zubereitungszeit: 35 Min.
Pro Portion ca.: 640 kcal

Zutaten für 4 Personen:
4 Schalotten
200 g Zucchini
1 EL Zitronensaft
Salz, Pfeffer
1 Prise getrockneter Majoran
1/2 Salatgurke
1–2 Salatherzen
500 g Süßwasser-Fischfilet (z. B. Zanderfilet)
100 g Mehl
2 Eier
1 EL Milch
150 g Weißbrotbrösel (s. Seite 216; ersatzweise Paniermehl)
100 g Butter
2–3 Stängel Dill
3 EL Mayonnaise (s. Seite 215 oder aus dem Glas)
3 EL Rahmjoghurt

Schalotten schälen, Zucchini waschen. Beides in hauchdünne Scheiben schneiden und mit Zitronensaft, Salz, Pfeffer und Majoran mindestens 15 Min. marinieren. Die Gurke schälen und längs vierteln, die Kerne herausschneiden, das Fruchtfleisch ebenfalls in dünne Scheiben schneiden. Die Salatherzen waschen, trockenschleudern und in Spalten schneiden.

Fischfilets erst der Länge nach und dann quer halbieren. Mehl in einen tiefen Teller geben. Eier und Milch in einem zweiten Teller leicht verquirlen. Die Brösel in einen dritten Teller füllen. Fischstreifen salzen, pfeffern und dann nacheinander in Mehl, Eiern und Bröseln wenden. Die Butter in einer großen Pfanne aufschäumen, panierte Fischfilets in die Pfanne legen und bei mittlerer Hitze von beiden Seiten in je 3 Min. goldbraun backen.

Gurkenscheiben und Salatherzen zu den Zucchini und Schalotten geben. Dill waschen, Spitzen abzupfen und mit Mayonnaise und Joghurt verrühren, mit Salz und Pfeffer abschmecken und mit den Salatzutaten mischen. Salat zu den panierten Fischfilets servieren.

Julische Alpen & Kärnten
Am Schnittpunkt der Kulturen

Kleinod in den Alpen Sloweniens: die Marieninsel mitten im Bleder See. Schon im achten Jahrhundert war hier ein Tempel. Noch heute ist das Inselchen ein beliebter Wallfahrtsort.

Die Landschaft ist ursprünglich, steinig. Durch schneeweiße Felsen windet sich die Soca – mit ihrem smaragdgrünen Wasser für viele der schönste Fluss Europas. Kajak- und Rafting-Fans lieben diesen wilden, malerischen Fluss in den Julischen Alpen. Und eine ganz andere Spezies Mensch liebt ihn auch: der Fliegenfischer. In der Soca schwimmt die legendäre Marmorata – die größte Forelle Europas, die über einen Meter lang und 20 Kilo schwer werden kann. Sie zu fangen ist für die aus ganz Europa anreisenden Fliegenfischer eher meditativer, denn sportlicher Akt: Den meisten geht nie eine Marmorata an die Angel. Die sind nämlich nachtaktiv, und nachts ist Angeln hier verboten.

Slowenien: Struklji und Gibanica

Slowenien am südlichen Rand der Alpen besteht zu etwa einem Drittel aus den Südalpen, und zwar den Gebirgszügen Julische Alpen, Karawanken und Steiner Alpen. Gebirge, die noch nicht so sehr erschlos-

Bizarr und urwüchsig: Die Berge im Triglav-Nationalpark liegen auf der Sonnenseite der Alpen. Mitunter scheint in dieser Gegend die Zeit stehengeblieben zu sein.

sen sind. Hier trifft man in manchen Gegenden noch eher einen Steinbock als andere Wanderer. Das trifft allerdings nicht auf den Triglav in den Julischen Alpen zu, mit 2864 Metern der höchste Berg und die steinerne Seele des Landes. Für die Slowenen ist der Triglav heilig, und wer ein echter Slowene ist, besteigt ihn wenigstens einmal im Leben. Inmitten der rauen Bergwelt entdecken wir auch einen Ort der Beschaulichkeit: das Kurstädtchen Bled, gelegen an einem hübschen See mit einer kleinen Insel samt Wallfahrtskirche – wahrscheinlich das meistfotografierte Motiv der Region. Dem Charme dieses Orts erlagen schon Ende des 19. Jahrhunderts Prominente und Adelige, die zur Sommerfrische anreisten. Jugoslawiens Präsident Tito ließ hier eine imposante Villa zu seiner Sommerresidenz umbauen, heute ein Luxus-Hotel mit speziellem Kommunisten-Schick. Luxus hin, Kommunismus her: Wir kehren in eine »Gostilna« ein, ein typisch slowenisches Gasthaus. Nach alter Tradition bietet man hier außer Getränken auch mindestens drei Spezialitäten an, die für die Region bekannt sind. »Dober tek!«, wünscht uns der Wirt, »Guten Appetit« und serviert uns Struklji, ein traditionelles Gericht aus Strudelteig, das aber in vielen Varianten bereitet wird. Im Norden Sloweniens regiert ansonsten eine deftige Fleisch-Küche: Blutwurst, Kutteln, Räucherwürste, Speck und natürlich der bekannte Karst-Schinken, der dem Parma-Schinken ähnelt. Geflügelfreunde kommen mit pikanten, oft nach ungarischer Art gewürzten Gerichten von Gänsen oder Enten zum Zug.

In Sachen Süßspeisen treffen wir in den Julischen Alpen auf alte Bekannte: Strudel, Palatschinken und Nusskuchen kennt man auch aus Österreich. Die Struklji werden übrigens auch süß gefüllt – mal mit Topfen, mal mit Semmelbröseln und in Butter geröstet. Die Königin unter den süßen Speisen ist sicher die Gibanica, ein mehrschichtiger Hefeteig mit Topfen, saurer Sahne, Rosinen oder Trockenfrüchten, Nüssen und Mohn. Ein Zwilling der Potica, eine Teigrolle mit Nuss oder Topfen gefüllt, ist im benachbarten Kärnten der Reinling. Die Kärntner reichen ihn oft an Kirchtagen zur Sauren Suppe, einer aufwendig zu kochenden Fleischsuppe mit Safran und saurem Rahm (s. Seite 67).

Kärnten: Kasnudeln und Schlickkrapferl

Julische Alpen und Kärnten. In den Alpen verschmelzen auch die kulinarischen Kulturen von Slowenien und Österreich. Beide Regionen sind sogar noch im Einflussbereich einer dritten Nation: Italien. So wird die Kärntner Spezialität schlechthin, die Kasnudel, in Italien als Ravioli serviert. In Kärnten füllt man sie mit Kartoffeln, Topfen und Nudelminze, auch ein spezielles Kärntner Gewächs. Den letzten Schliff bekommt die Kasnudel durchs »Krendeln«. Das ist die Kunst, die Kasnudel so zu verschließen, dass sie nicht nur dichthält, sondern auch ein kleines ornamentales Kunstwerk darstellt. Das ist gar nicht so einfach, deshalb heißt es auch: »A Kärntnerin, die wos net krendeln konn, die kriagt kan Monn«. Für diese Nudeln gibt es etliche Rezepte: gefüllt mit Spinat oder Fleisch, als Süßspeise mit Kletzen, also gedörrten Birnen. Eine Mini-Variante sind Schlickkrapferl, beliebt als Suppeneinlage.

Nicht nur die Küche Kärntens wird von Italien beeinflusst: Von den Karawanken ist es zum Mittelmeer nicht mehr weit. In Kärnten ist der Sommer lang und warm, die Menschen sind eher heiter und temperamentvoll wie ihre südländischen Nachbarn. Zu diesem Flair passt die österreichische Riviera, wie die Kärntner stolz das Nordufer des Wörthersees nennen. Überhaupt die Seen: Mehr als 1200 gibt es hier, einige von ihnen gehören zu den wärmsten Gewässern der Alpen und sind zum Baden perfekt wie der Millstätter, der Weißen- oder der Ossiacher See. Eingebettet sind diese Seen zwischen hohen Bergen, sanften Mittelgebirgen und weiten Ebenen. Die höchste Erhebung ist der Großglockner im Nationalpark Hohe Tauern – mit 3798 Metern Österreichs höchster Berg.

Natur und Kultur satt

Naturliebhaber erfreuen sich in Kärnten an ungewöhnlichen Pflanzen wie der Wulfenia, jener zarten, blauen Blume, die sonst nur noch im Himalaja wächst oder seltenen Wildtieren, wie einer Gruppe von Braunbären, die aus Slowenien eingewandert ist und – anders als im deutschen Teil der Alpen – von der Bevölkerung geduldet wird. Auch Kultur und Kunstschätze gibt es in Kärnten reichlich: Einst war Bergbau in Kärnten sehr bedeutend – spektakulär die Gold- und Silberfunde in den Tauern. Und im ausklingenden Mittelalter war Kärnten der größte Bleiproduzent Europas. Kein Wunder, dass überall in diesem Bundesland Österreichs Bergwerke zu finden sind und viele Orte Namen wie Bleiberg oder Hüttenberg tragen. Damals machten die Berge die Kärntner reich, viele Kunstschätze entstanden in dieser Zeit der Blüte: Es gibt viele romanische Bauten und mehr gotische Flügelaltäre als anderswo. Auch die Renaissance hat mit dem Paradebeispiel Schloss Porcia schöne Spuren hinterlassen. Als im 17. Jahrhundert das Zeitalter des Barock anbrach, war Kärnten schon verarmt, viele Unternehmer von Reformation und Gegenreformation aus dem Land vertrieben und der Bergbau unrentabel geworden. Es gab kein Geld mehr für prächtige Barock-Kirchen. Doch die Bauern hielten sich sowieso lieber an ihre Dorfkirchlein und Bildstöcklein, von denen heute noch viele gut erhalten sind. Kunstinteressierte finden zudem in Klagenfurt und Villach viele Anregungen aus alter und neuer Zeit – besonders interessant, weil Kärnten eben am Schnittpunkt dreier Kulturkreise liegt.

Der Wirt einer Buschenschänke in Kärnten hängt vor die Tür ein Büschel Zweige, den »Buschen«, wenn er geöffnet hat.

Fliegenfischer aus ganz Europa kommen in die Julischen Alpen, um in der Soca zu angeln.

Religiosität: Die einfachen Menschen in Kärnten hielten sich eher an Dorfkirchen und Bildstöcke als an repräsentative Prachtbauten.

Österreichs Bundesland Kärnten wirbt mit seinen mehr als 1200 Seen. Hier der Millstätter See nördlich des Drautals bei Spittal. Er ist Kärntens zweitgrößter See nach dem Wörthersee.

In Kärnten und Slowenien wird Schinken im Brotteig meistens an Ostern mit frisch geriebenem Meerrettich und hart gekochten Eiern serviert. Sie können auch ein gepökeltes Stück Schweinefleisch aus Schulter oder Nuss selber garen, kurz abkühlen lassen und lauwarm in den Teig wickeln.

Osterschinken in Brotteig

Zubereitungszeit: 20 Min.
Ruhezeiten: 2 Std. und 20 Min.
Backzeit: 40 Min.
Bei 8 Personen pro Portion ca.: 470 kcal

Für 6–8 Personen:
500 g Mehl (+ Mehl für die Arbeitsfläche)
1 TL Schabzigerklee (Brotklee; nach Belieben)
1 TL gemahlene Fenchelsamen
1 TL gemahlener Koriander
1/2 Würfel Hefe
Salz
100 g weiche Butter
1 kg gekochter Schinken am Stück
1 Eigelb
Außerdem: Backpapier

Mehl und Gewürze in eine Schüssel geben, eine Mulde formen, die Hefe hineinbröseln und 3 EL lauwarmes Wasser zugeben. Hefe mit etwas Mehl verrühren und alles 30 Min. zugedeckt ruhen lassen. Dann 1 TL Salz, 200 ml lauwarmes Wasser und die Butter zugeben. Alles in ca. 10 Min. zu einem Hefeteig verkneten. Teig zu einer Kugel formen und unter einem Tuch ca. 2 Std. gehen lassen, bis der Teig sein Volumen verdoppelt hat.

Den Teig auf einer mit Mehl bestäubten Arbeitsfläche 1 cm dick ausrollen, den Schinken in den Teig einwickeln. Überstehende Teigreste abschneiden und wieder zu einer Kugel kneten. Den Schinken auf ein mit Backpapier belegtes Blech legen und noch einmal unter einem Tuch 20 Min. gehen lassen. Den Ofen auf 180° (Umluft 160°) vorheizen.

Eigelb mit 2 EL Wasser verrühren. Den Schinken damit einpinseln und nach Belieben mit den Teigresten dekorieren. Schinken noch einmal einpinseln und im heißen Ofen (2. Schiene von unten) 40 Min. backen. Aus dem Ofen nehmen, kurz ruhen lassen, und dann auf einer Platte servieren.

Glasierte Schinkenscheiben

Zubereitungszeit: 1 Std. 25 Min.
Pro Portion ca.: 635 kcal

Zutaten für 4 Personen:
600 ml Milch, Salz
geriebene Muskatnuss
200 g Maisgrieß (Polenta, s. Seite 101)
4–5 EL Butter, 500 g grüner Spargel
12 Scheiben luftgetrockneter Schinken
(ca. 1–2 mm dick geschnitten)
3 Zweige Rosmarin
ca. 1/8 l trockener Rotwein, Pfeffer

Für eine weiche Polenta die Milch mit 650 ml Wasser in einem schweren Topf aufkochen lassen, salzen und mit 1 Prise Muskat würzen. Maisgrieß unter ständigem Rühren in den Topf schütten. Bei mittlerer Hitze 30 Min. garen, dabei oft umrühren. Polenta 30 Min. weiterrühren und mit 1–2 EL Butter verfeinern.

Salzwasser aufkochen lassen. Holzige Enden vom Spargel abschneiden, das untere Drittel der Spargelstangen schälen. Stangen im Salzwasser je nach Dicke 8–10 Min. kochen lassen.

Für die Schinkenscheiben jeweils 1 EL Butter in einer großen Pfanne aufschäumen, je 1 Rosmarinzweig und 4 Schinkenscheiben einlegen, 30 Sekunden braten, wenden und mit 2 EL Wein ablöschen. Schinken auf eine Platte gleiten lassen, mit einem Teigschaber die Saucenreste aus der Pfanne über dem Schinken verteilen und die nächsten Scheiben braten. Schinken, Spargel und Polenta zusammen servieren, mit Pfeffer bestreuen.

INFO

Slowenen verwenden für dieses Rezept »Kras Teran«, einen dunklen Rotwein mit kräftiger Säure. Im benachbarten Friaul heißt die Traube »Refosco« – sie wird dort als regionale Spezialität angebaut.

ALPENKÜCHE FISCH UND FLEISCH

Backhendlflügel

Zubereitungszeit: 40 Min.
Marinierzeit: 12 Std.
Pro Portion ca.: 870 kcal

Zutaten für 4 Personen:
800 g Hähnchenflügel
1 Zwiebel
10 Knoblauchzehen
200 g Wurzelgemüse (z. B. Fenchel, Lauch, Möhren)
2 Bio-Zitronen
2 Zweige Ysop, Salbei oder Thymian
1 TL Piment, 1 TL Wacholderbeeren
1 TL Pfefferkörner
150 ml Weißweinessig
100 g Mehl, 2 Eier
1 EL Sahne
150 g Weißbrotbrösel (s. Seite 216; ersatzweise Paniermehl)
500 g Butterschmalz zum Ausbacken

Die Hähnchenflügel trockentupfen, die Spitzen abschneiden und für eine Brühe einfrieren. Zwiebel schälen und grob zerkleinern, den Knoblauch mit der Schale quetschen, am besten mit der Breitseite eines großen Messers oder einem Topfboden. Das Wurzelgemüse, die Zitronen und Kräuter waschen. Das Gemüse grob zerkleinern, 1 Zitrone in Scheiben schneiden, die andere beiseite legen.

Hähnchenflügel mit den vorbereiteten Zutaten sowie Piment, Wacholderbeeren, Pfefferkörnern, Essig und 600 ml Wasser in einem Topf zum Kochen bringen. Vom Herd nehmen, abkühlen lassen und im Kühlschrank mindestens 12 Std. marinieren.

Beiseite gelegte Zitrone in Schnitze schneiden. Die Hähnchenflügel aus der Marinade nehmen, gut abtropfen lassen. Das Mehl in einen tiefen Teller geben. Eier und Sahne in einem zweiten Teller leicht verquirlen. Die Brösel in einen dritten Teller füllen. Die Hähnchenflügel salzen und nacheinander in Mehl, Eiern und den Bröseln wenden.

Das Butterschmalz in einer großen Pfanne erhitzen, bis von einem hinein getauchten Holzlöffelstiel sofort Blasen aufsteigen. Die Hähnchenflügel einlegen und bei mittlerer Hitze in insgesamt 10–15 Min. goldbraun und knusprig backen. Mit Zitronenschnitzen servieren. Dazu passt selbstgemachte Mayonnaise (s. Seite 215) einfacher Kartoffel-Gurkensalat, Endiviensalat (s. Seite 18) oder Löwenzahnsalat (s. Seite 26).

Slowenisches Hähnchen

Zubereitungszeit: 2 Std. 10 Min.
Pro Portion ca.: 875 kcal

Zutaten für 4 Personen:
150 g Buchweizenkörner, Salz
1 großes Brathähnchen (Poularde; 1,5 kg–1,8 kg)
3 Zwiebeln, 2–3 Knoblauchzehen
1 Bund Petersilie, 2 Stängel Liebstöckel
4 Stängel Minze, Pfeffer
250 g Kirschtomaten
1/2 l Bier

Den Buchweizen in einem Sieb abwaschen und mit 1 l Wasser und 1 Prise Salz 20–25 Min. kochen lassen. Dicke Fettstücke aus dem Bauch des Hähnchens nehmen und grob hacken. Fett mit 4 EL Wasser in einem kleinen Topf auslassen, bis das austretende Fett klar wird und das Wasser völlig verdunstet ist.

In der Zwischenzeit Zwiebeln und Knoblauch schälen. 1 Zwiebel und den Knoblauch klein würfeln. Die Kräuter waschen, Blättchen abzupfen und hacken.

Buchweizen abgießen, kalt abspülen und gut abtropfen lassen. 2 EL vom ausgelassenen Hähnchenschmalz in einem Topf erhitzen. Zwiebelwürfel und Knoblauch darin 3 Min. dünsten. Kräuter einrühren, Buchweizen zugeben und alles mit Salz und Pfeffer würzen. Vom Herd nehmen.

Den Backofen und darin einen kleinen Bräter oder eine ofenfeste Pfanne auf 210° (Umluft 190°) vorheizen. Die Flügelspitzen und den Halsansatz vom Brathähnchen abschneiden, dabei die Haut möglichst wenig verletzen. Mit den Händen vom Hals aus unter die Brusthaut fahren und dabei die Haut lösen. Mit einem Löffel die Buchweizenfüllung unter der Haut verteilen. Überstehende Haut unter das Hähnchen schlagen und dort mit Holzstäbchen oder Rouladennadeln feststecken. Übrige Füllung in die Bauchhöhle füllen, diese ebenfalls verschließen.

Das Hähnchen mit restlichem Schmalz einreiben und mit Salz und Pfeffer würzen. Etwas Schmalz in den Bräter geben, das Hähnchen darin im heißen Ofen (Mitte) von allen Seiten insgesamt 20 Min. anbraten. Zuletzt soll das Hähnchen auf dem Rücken liegen. Die restlichen Zwiebeln achteln und zum Hähnchen geben, die Tomaten waschen und ebenfalls mit in den Bräter geben. Nach 10 Min. etwas Bier dazugießen. Wiederholen, bis nach weiteren 45–60 Min. das Hähnchen knusprig und braun und ein konzentrierter Bratensaft entstanden ist.

ALPENKÜCHE FISCH UND FLEISCH

Kalbsbacken wanderten in Sülze oder Wurst, bis Spitzenköche das saftige Fleisch entdeckten. Für viele Metzger ist diese Verwendung neu. Deshalb: Fleisch für »Joues de veau braisées« vorbestellen.

Die Schweinebacken haben wir nach einem Rezept von Otto Koch zubereitet, der jetzt das Restaurant »Alpenrose« in Zürs führt. Er ist Pionier der Veredelung regionaler Spezialitäten für die Hochküche: Lange bevor junge Köche wild wurden, erfand Koch die Weißwurst von Meeresfrüchten, Semmelknödelsoufflee oder falsche Prinzregententorte mit Trüffelsauce.

Geschmorte Kalbsbacken

Zubereitungszeit: 30 Min.
Schmorzeit: 2 Std.
Pro Portion ca.: 700 kcal

Zutaten für 4 Personen:
1 1/4 kg Kalbsbacken (8–12 Stück, beim Metzger vorbestellen)
2 Zwiebeln, 2 Möhren
1/2 Fenchelknolle, 2 Knoblauchzehen
4–6 Zweige Thymian
2 EL Sonnenblumenöl
Salz, Pfeffer
3 EL passierte Tomaten
600–700 ml kräftiger Rotwein
40 g trockenes Roggenbrot
1 EL getrocknete Pilze

Die Kalbsbacken trockentupfen, dicke Fettstücke dünner schneiden. Zwiebeln und Möhren schälen, die Fenchelknolle waschen. Gemüse zusammen in 1–2 cm große Würfel schneiden. Den Knoblauch schälen, die Zehen halbieren oder vierteln. Thymian waschen.

Den Ofen auf 175° (Umluft 160°) vorheizen. Sonnenblumenöl im Bräter auf dem Herd erhitzen. Kalbsbacken mit Salz und Pfeffer würzen und bei mittlerer Hitze von beiden Seiten im Öl braun braten. Das Gemüse dazugeben und ca. 5 Min. mitbraten. Zuerst pürierte Tomaten zugeben, danach alles mit etwas Rotwein ablöschen. Den Rotwein vollständig einkochen lassen, dann wieder etwas Wein dazugießen und erneut einkochen lassen – bis der Wein verbraucht ist. Brot und Pilze zerkrümeln und mit dem Thymian zum Fleisch geben, 1/2 l Wasser dazugießen und alles zugedeckt im heißen Ofen (Mitte) 2 Std. schmoren. Ab und zu einen Schöpflöffel voll Wasser zugeben, so dass sich langsam eine kräftige Schmorsauce bildet.

Das Fleisch aus dem Bräter nehmen, Thymianzweige entfernen. Die Schmorsauce abschmecken und dann entweder durch ein Sieb gießen oder mit dem Schmorgemüse zu den Kalbsbacken servieren. Dazu passen saugfähige Beilagen wie Polentanudeln (s. Seite 103), Quarkspätzle (s. Seite 127) oder Kartoffelpüree.

Gebratene Schweinebacken mit Knödelsalat

Zubereitungszeit: 1 Std. 15 Min.
Pro Portion ca.: 890 kcal

Zutaten für 4 Personen:
500 g Wurzelgemüse (z. B. Möhre, Staudensellerie, Lauch, Zwiebel)
2 TL Wacholderbeeren
1 kg Schweinebacken ohne Schwarte (beim Metzger vorbestellen)
Salz, Pfeffer
6 EL Sonnenblumenöl, 1/2 l Bier
4 gekochte Semmelknödel vom Vortag (s. Seite 118)
250 g Pfifferlinge, 8 Radieschen
50 g Feldsalat, 1 Knoblauchzehe
1 Bund Petersilie, 1/2 Bund Schnittlauch
1 TL Butter, 1 TL Puderzucker
3 EL Weißweinessig

Den Ofen auf 175° (Umluft 160°) vorheizen. Das Wurzelgemüse putzen, falls nötig schälen, waschen und würfeln. Wacholderbeeren hacken. Schweinebacken mit Wacholder, Salz und Pfeffer würzen und in 1 EL Sonnenblumenöl im Bräter auf dem Herd von beiden Seiten goldbraun braten. Wurzelgemüse 2 Min. mitbraten, dann alles zugedeckt in den heißen Ofen (Mitte) schieben. Nach 15 Min. mit wenig Bier begießen. Das Fleisch soll mehr braten als schmoren, damit eine aromatische Bratensauce entsteht. Immer wieder mal Bier angießen, bis nach ca. 1 Std. das Bier verbraucht und die Bäckchen gar sind.

Währenddessen Knödel in dünne Scheiben schneiden und auf Teller verteilen. Pilze, Radieschen und Salat putzen und waschen. Radieschen klein würfeln. Knoblauchzehe leicht quetschen. Kräuter waschen und fein schneiden.

Butter und 1 EL Öl in einer großen Pfanne erhitzen, die Pilze darin mit der Knoblauchzehe 3–4 Min. braten, ab und zu durchschwenken. Salzen und pfeffern, Puderzucker dazugeben und schmelzen lassen. Mit Essig ablöschen. Essig kurz einkochen und Pfanne vom Herd nehmen. Sobald die Pilze etwas abgekühlt sind, das restliche Öl, Radieschen und die Kräuter unterrühren, alles mit Salz und Pfeffer abschmecken.

Schweinebacken aus dem Ofen nehmen und in Scheiben schneiden. Die Sauce durch ein Sieb gießen. Fleisch, Sauce, Pilze und Feldsalat auf den Knödeln verteilen.

Geschmorte Kalbsbrust

Zubereitungszeit: 30 Min.
Marinierzeit: mindestens 1–2 Std.
Schmorzeit: 1 Std. 30 Min.
Pro Portion ca.: 650 kcal

Für 4–6 Personen:
1 1/2 kg Kalbsbrust
500 g Kalbsknochen (vom Metzger hacken lassen)
3–4 Knoblauchzehen
1 Bund Petersilie
1 TL getrockneter Majoran
2 EL Öl
3 Zwiebeln
200 g Möhren
200 g Petersilienwurzeln
1/2 l dunkles Bier

Kalbsbrust trockentupfen, dicke Fettschichten etwas dünner schneiden. Knochen waschen. Die Knoblauchzehen quetschen, die Petersilie grob hacken. Beides mit Majoran und Öl mischen und auf der Kalbsbrust verteilen. Kalbsbrust zugedeckt und bei Zimmertemperatur 1–2 Std. oder im Kühlschrank über Nacht ziehen lassen.

Den Ofen auf 175° (Umluft 160°) vorheizen. Die Gewürze von der Kalbsbrust abstreifen und beiseite stellen. Das Fleisch und die Knochen in einer großen ofenfesten Pfanne oder einem Bräter bei mittlerer Hitze auf dem Herd von allen Seiten je 3–4 Min. anbraten. Im heißen Ofen (2. Schiene von unten) insgesamt 1 Std. 30 Min. schmoren. Nach dem Anbraten gleich Zwiebeln, Möhren und Petersilienwurzeln schälen, grob würfeln und nach 20 Min. mit der Gewürzmischung zum Braten geben. Sobald auch das Gemüse leicht angebraten ist, alles mit 100 ml Bier ablöschen. Ist das Bier weitgehend verdunstet, Gemüse erneut ablöschen, dabei immer wieder auch den Braten begießen.

Die Kalbsbrust nach 1 Std. 30 Min. aus dem Ofen nehmen und auf einer Platte 10 Min. ruhen lassen. Falls nötig, noch etwas Wasser zum Gemüse geben, aufkochen lassen, abschmecken und zu dem Braten servieren. Dazu passen Rösti (s. Seite 106) oder Paunzen (s. Seite 117).

Dazu: Schmorkartoffeln
Schnelle Beilage: einfach 500 g geschälte und gewürfelte Kartoffeln zusammen mit dem Gemüse und dem Fleisch schmoren.

Brathähnchen mit Brezenfüllung

Zubereitungszeit: 30 Min.
Backzeit: 1 Std. 30 Min.
Pro Portion ca.: 750 kcal

Zutaten für 4 Personen:
3 Brezen (Laugenbrezeln) vom Vortag
2 EL Sultaninen
125 ml Milch
1 Ei, 1 Zwiebel
1 EL Butter, 1 Bund Petersilie
1 Bio-Zitrone
Salz, Pfeffer, Paprikapulver
1 großes Brathähnchen (Poularde; 1,5–1,8 kg)
1 EL Sonnenblumenöl
Außerdem: Holzspießchen

Die Brezen in dünne Scheiben schneiden und mit den Sultaninen mischen. Milch leicht erwärmen, mit dem Ei verquirlen und über die Brezen gießen. Brezen zugedeckt an einem warmen Platz ziehen lassen. Die Zwiebel schälen, fein würfeln und in der Butter bei schwacher Hitze 5 Min. dünsten. Petersilie waschen, die Blättchen hacken. Die Zitrone waschen, 1 TL Schale abreiben und mit der Petersilie kurz zu den Zwiebeln geben. Alles zusammen unter die Brezenmasse kneten. Mit wenig Salz, Pfeffer und Paprika abschmecken.

Den Backofen auf 210° (Umluft 190°) vorheizen. Flügelspitzen und Hals vom Brathähnchen abschneiden. Die Brusthaut über den Halsansatz ziehen und mit einem Holzspießchen unter dem Hähnchen feststecken. Das Hähnchen füllen. Die Öffnung wird nicht verschlossen, der Bauchraum kann also prall gefüllt sein.

Das Hähnchen mit wenig Öl einreiben und mit Salz, Pfeffer und Paprika würzen. Im heißen Ofen auf ein geöltes Gitter (2. Schiene von unten) über ein Backblech setzen. 1 Tasse Wasser in das Blech gießen, damit das herabtropfende Fett nicht verbrennt. Hähnchen in 1 Std. 30 Min. knusprig braun braten. Sobald das Wasser verdunstet ist, Hähnchen ab und zu mit etwas Bratfett begießen.

Zum Servieren Brust und Keulen mit einem Messer oder einer Geflügelschere von den Knochen lösen. Die Karkasse mit einer Geflügelschere längs aufschneiden. Die Füllung herausnehmen und schneiden, mit dem Hähnchen servieren.

Nicht ohne Blasmusik: Das Aufstellen des Maibaums ist immer ein Fest, bei dem das ganze Dorf feiert.

Ehrensache: Diese Männer hieven den schweren Stamm noch mit eigener Muskelkraft nach oben.

Maibaum in Bayern
Wer hat den Schönsten?

Das Aufstellen des Maibaums ist ein alter Brauch vor allem im südbayerischen Raum. Alle fünf Jahre muss ein neuer Baum aufgestellt werden.

Nur noch ein paar Zentimeter. »Hauuuu-Ruck!«, schallt es von allen Seiten. Die Männer pressen sich mit aller Kraft gegen die »Schaibeln« – die oben zusammengebundenen Stangen, mit denen der Maibaum aufgerichtet wird. Ganz Mittenwald ist versammelt, inklusive Bürgermeister und Pfarrer. Ein letztes Kommando. Und der Baum steht. Die Blaskapelle spielt einen Tusch. Anton reibt sich die verschwitzten Hände an der Lederhose ab, schaut zufrieden nach oben. Drei Stunden lang hat er zusammen mit anderen Burschen den Baum hochgestemmt. »Der ist 32 Meter lang. Des wird die Wallgauer gscheit ärgern«, feixt er. Der Maibaum in Wallgau ist nämlich kürzer.

Sinnbild für Fruchtbarkeit

Vor allem im südlichen Bayern ist der Maibaum seit dem 18. Jahrhundert fester Bestandteil des Brauchtums. Wahrscheinlich geht der grüne Baum auf eine Baum- und Waldverehrung zurück: Die Germanen sahen in ihm eine Vergrößerung der Lebensrute – ein Sinnbild der Fruchtbarkeit und des Segens. In vielen Regionen stellt man den Baum mit der Rinde auf, in Oberbayern wird er erst geschält und weiß-blau gestrichen. Dann schmücken die Dorfbewohner den grünen Wipfel mit bunten Bändern und einem Kranz, verzieren den Stamm mit geschnitzten Figuren und Zunftzeichen der örtlichen Handwerker. Verpönt ist es, sich beim Aufstellen technischer Hilfsmittel wie Flaschenzug oder gar Kran zu bedienen. Nur die reine Muskelkraft zählt; deshalb sollen alle kräftigen Männer im Ort mit anpacken.

Zeichen von Zusammenhalt

Das gemeinsame Schlagen des Baums im Wald, das Schmücken und Aufstellen, das Feiern danach – der Maibaum ist für jede Gemeinde ein Zeichen von Zusammenhalt, Traditionsbewusstsein und Wohlstand. Kein Wunder, dass es alljährlich zum Wettstreit kommt, wo der höchste und prachtvollste Baum errichtet wird, dass Burschen- und Trachtenvereine auf den Baum aufpassen wie Wachhunde und dass Vereine aus

BRAUCHTUM REPORTAGE

Früh übt sich: Auch die Kleinen schuhplatteln, was das Zeug hält. Gut, wenn sie sich fit halten – in ein paar Jahren sollten sie stark genug sein, um den Maibaum zu stemmen.

Nachbardörfern ihn mit List zu stehlen versuchen. Da werden Bäume versteckt, an Alarmsirenen angeschlossen oder angekettet, da werden Nachtwachen schon mal mit Freibier abgefüllt oder von hübschen Mädchen abgelenkt.

Baum gegen Bier
Das Maibaum-Stehlen erfreut sich ebensolcher Beliebtheit wie das Aufstellen, im Grunde ist es Bestandteil der Maibaum-Tradition. Der Baum wird schon Wochen vor dem 1. Mai geschlagen, damit er gut trocknen kann. In dieser Zeit ist er extrem gefährdet, muss versteckt und bewacht werden. Denn überall schnüffeln jetzt Diebe in spe herum, die weder weite Anfahrtswege noch Mühen scheuen: Sogar von der Zugspitze entführte eine verwegene Bande vor ein paar Jahren den Maibaum – per Helikopter!
Wird ein Baum trotz Bewachung geklaut, müssen die Bestohlenen mit den Dieben verhandeln. Die fordern als Lösegeld meistens eine Brotzeit und vor allem eine große Menge Bier, die bei der Übergabe gemeinsam getrunken wird. Gewöhnlich versöhnen sich dabei die beiden Parteien. Oft helfen die Diebe sogar, den Baum aufzustellen. Bleiben die Verhandlungen ergebnislos, stellen die Diebe den gestohlenen Baum als »Schandbaum« auf. Das kommt allerdings selten vor, denn keine Gemeinde will – neben der Schande des Beklautwordenseins – als geizig dastehen.

Das ganze Dorf feiert
Die Blaskapelle hat sich eingespielt. Sie steht jetzt am Rand einer Art provisorischen Bühne aus Holzbrettern, auf der sich schon einige Paare zur Musik im Kreis drehen. Röcke schwingen, Füße stampfen, Kinder kreischen. Der Pfarrer lächelt wohlwollend. Die Maibaumstemmer aber brauchen jetzt einmal eine Erfrischung, ein paar von ihnen holen sich eine Maß Bier. Auch Anton. Vielleicht baldowert er dann mit den anderen einen Plan für nächstes Jahr aus. Da wollen die Wallgauer einen neuen Maibaum aufstellen.

Kalbsragout

Zubereitungszeit: 20 Min.
Garzeit: 1 Std. 35 Min.
Pro Portion ca.: 420 kcal

Zutaten für 4 Personen:
1 kg Kalbfleisch (z. B. aus der Schulter)
200 g Zwiebeln
2 Knoblauchzehen
1–2 Stangen Staudensellerie
3–4 Zweige Rosmarin
1 TL Butter, 2 EL Olivenöl
Salz, Pfeffer
1 Tomate
100 ml Weißwein

Ein einfaches Kalbsragout mit Polenta oder Gnocchi ist ein Genuss. Denn durch die eher neutralen, aber saugfähigen Beilagen kommt die Schmorsauce besonders gut zur Geltung.

Das Kalbfleisch in 2–3 cm große Würfel schneiden. Zwiebeln und Knoblauchzehen schälen und würfeln. Den Sellerie waschen und ebenfalls würfeln. Die Rosmarinzweige waschen, die Nadeln abstreifen und mit der Butter fein hacken – die Butter verhindert dabei, dass die Rosmarinnadeln springen.

Öl in einem schweren Topf erhitzen, darin bei schwacher Hitze das Fleisch in ca. 15 Min. goldbraun anbraten. Zwiebeln, Knoblauch, Sellerie und die Hälfte vom Rosmarin zugeben, alles mit Salz und Pfeffer würzen und zugedeckt 10 Min. weiterschmoren. Die Tomate waschen, grob würfeln und zum Fleisch geben. Alles nach weiteren 10 Min. mit dem Weißwein ablöschen. Fleisch langsam bei schwacher Hitze 1 weitere Std. schmoren, dabei immer wieder etwas Wasser dazugeben (jedes Mal knapp 100 ml), so dass allmählich eine konzentrierte Schmorsauce entsteht.

Am Ende der Garzeit restlichen Rosmarin unter das Ragout rühren, Ragout mit Salz und Pfeffer abschmecken und servieren.

Variante: »Nordalpenragout«

Auf der Alpennordseite kommen traditionell weder Staudensellerie noch Tomate ins Ragout. Schneiden Sie stattdessen 500 g Spitzkohl in 3–4 cm große Quadrate und geben ihn zusammen mit den Zwiebeln zum Fleisch. Ragout mit Thymian und Kümmel würzen.

Gebratener Kalbstafelspitz

Zubereitungszeit: 25 Min.
Garzeit: 30–40 Min.
Pro Portion ca.: 785 kcal

Zutaten für 4 Personen:
200 g Sauerampfer
600 g junger Spitzkohl oder Weißkohl
1 Kalbstafelspitz (ca. 1 kg)
Salz, Pfeffer
2 EL Sonnenblumenöl
200 g Topinambur (Erdartischocken)
300 ml Öl zum Frittieren
125 ml Weißwein, 100 g kalte Butter

Sauerampfer waschen, dicke Stiele entfernen. Die Blätter auf einem Tablett auslegen und einfrieren. So wird die Sauce später schön grün. Die äußeren Blätter vom Spitzkohl entfernen, den Kohlkopf achteln.

Backofen auf 180° (Umluft 165°) vorheizen. Kalbstafelspitz salzen, pfeffern und in dem Öl in einem Bräter oder einer ofenfesten Pfanne rundherum anbraten. Dann im heißen Ofen (2. Schiene von unten) insgesamt 30–40 Min. sanft braten. Nach 15 Min. Garzeit Kohl mit in den Bräter geben. Nach der Garzeit Braten und Kohl herausnehmen und 10 Min. zugedeckt ruhen lassen.

Inzwischen Topinambur gründlich waschen und in sehr dünne Scheiben schneiden. Das Öl zum Frittieren erhitzen, bis von einem hinein getauchten Holzlöffelstiel sofort Blasen aufsteigen. Topinamburscheiben darin in 2–3 Min. hell-golden frittieren, auf Küchenpapier abtropfen lassen und leicht salzen.

Den Weißwein aufkochen lassen, den gefrorenen Sauerampfer und die kalte Butter neben dem Herd mit einem Pürierstab hineinmixen, dann die Sauce nochmals leicht erhitzen und mit Salz und Pfeffer abschmecken.

Den Kalbstafelspitz quer zur Faser in Scheiben schneiden – er sollte innen noch rosa sein – und auf dem Spitzkohl anrichten. Mit Topinambur-Chips bestreuen.

ALPENKÜCHE FISCH UND FLEISCH

Das französische Wort für Schmoren ist »dauber«. »Daubière« heißt der Schmortopf. Der Titel unseres Rezeptes bedeutet also einfach »Geschmortes Rindfleisch«. Kein Wunder, dass es in Frankreich fast so viele Rezeptvarianten wie Haushalte gibt – in unserer Version ist die ungewöhnliche, aber sehr harmonische Gewürzmischung besonders reizvoll.

Bœuf en Daube

Zubereitungszeit: 45 Min.
Garzeit: 3 Std.
Bei 6 Personen pro Portion ca.: 650 kcal

Zutaten für 4–6 Personen:
1,2 kg Rindfleisch (Schulter oder Bug)
200 g Zwiebeln
200 g weiße Rübchen (z. B. Mairübchen)
200 g Möhren, 100 g Knollensellerie
100 g Räucherspeck
Salz, Pfeffer
3/4 l kräftiger Rotwein
2 Scheiben Kalbsfuß (nach Belieben)
4 EL Sultaninen
1 Tasse schwarzer Tee
2 Knoblauchzehen
1/2 Bio-Orange
2 Lorbeerblätter, 4 Gewürznelken
1 TL Koriandersamen
1 l Brühe (ersatzweise Wasser)
800 g mehlig kochende Kartoffeln
1 Bund Petersilie

Das Fleisch in ca. 1 cm große Würfel schneiden. Das Gemüse schälen und ebenfalls würfeln. Auch den Speck klein würfeln und im Schmortopf bei mittlerer Hitze auslassen. Das Fleisch dazugeben und bei sehr starker Hitze braun braten – in einem kleinen Schmortopf müssen Sie das Fleisch in zwei Portionen anbraten, damit es nicht beginnt zu kochen. Das Fleisch salzen, pfeffern und aus dem Topf nehmen, dafür das Gemüse hineingeben. 5 Min. braten, dann den Rotwein dazugießen. Die Kalbsfußscheiben in den Topf legen. Rotwein bei mittlerer Hitze in ca. 30 Min. um die Hälfte einkochen lassen.

In der Zwischenzeit Sultaninen im Tee aufkochen lassen, beiseite stellen und ziehen lassen. Den Knoblauch schälen und hacken. Orange waschen, die Schale fein abreiben, den Saft auspressen.

Das angebratene Fleisch zusammen mit Knoblauch, Lorbeer, Orangenschale und -saft, Nelken und Koriander zu Gemüse und Kalbsfußscheiben geben. Alles bei schwacher Hitze insgesamt mindestens 3 Std. zugedeckt weich schmoren, dabei ab und zu etwas Brühe dazugeben.

Nach ca. 2 1/2 Std. Garzeit Kartoffeln mit Schale in kochendem Salzwasser je nach Größe in 15–25 Min. garen, abgießen und pellen. Kurz vor Ende der Fleischgarzeit Sultaninen abgießen und 10 Min. mit dem Fleisch kochen lassen. Petersilie waschen, Blättchen abzupfen und hacken, unter das Ragout rühren, abschmecken. Die Kartoffeln auf Teller verteilen, mit der Gabel grob zerdrücken und mit dem Ragout servieren.

Varianten: Bœuf à la mode und Böfflamotte

Für ein noch zarteres Ragout – oder eine energiesparende kürzere Garzeit – können Sie das Fleisch mit Gemüse, Kräutern und Rotwein zuerst 4–6 Tage im Kühlschrank marinieren, dann abgießen, anbraten und mit der Marinade ca. 2 Std. schmoren. Wenn Sie das Bratenstück dabei im Ganzen lassen, wird daraus ein »Bœuf à la mode«. Mit Napoleons Armeen kamen Wort und Rezept nach Bayern und verwandelten sich dort in »Böfflamotte«. Da in Bayern wenig Wein wächst, änderte sich das Rezept: Für eine echt bayerische Böfflamotte-Marinade verwenden Sie 800 ml Wasser und ca. 200 ml Essig, zusammen mit dem zerkleinerten Gemüse und den Gewürzen. Die Orange, manchmal auch die Sultaninen fallen dabei weg, 1 TL Wacholderbeeren kommt dazu. Sobald das Fleisch schön braun angebraten ist, lassen Sie 1 EL Zucker im Bratfett hellbraun karamellisieren. Dann geben Sie 1 EL Mehl dazu, rösten es kurz an und gießen schließlich mit der kalten Marinade auf. Ob Sie Ihre Sauce mit etwas mehr Mehl oder lieber mit einem zerkrümelten Saucen-Lebkuchen (gibt es im Supermarkt) binden, müssen Sie selber entscheiden – genauso wie beim rheinischen Sauerbraten findet man auch in Bayern beide Versionen. Dazu passen Salzkartoffeln, Semmel- oder Kartoffelknödel und Salat.

ALPENKÜCHE FISCH UND FLEISCH

Fleisch aus der Rinderschulter

enthält reichlich Bindegewebe: Sanft geschmort oder bei schwacher Hitze geköchelt, verwandeln sich diese Sehnen und Häutchen in wunderbar saftiges Gelee – die wichtigste Voraussetzung für gutes Gulasch. Aus diesem Grund ist gekochtes Schulterscherzl vielleicht nicht ganz so feinfaserig wie ein Tafelspitz, schmeckt aber um so saftiger.

Gekochtes Schulterscherzl

Zubereitungszeit: 30 Min.
Garzeit: 3 Std.
Pro Portion ca.: 520 kcal

Zutaten für 4 Personen:
2 Zwiebeln
1 kg Suppenknochen vom Rind
1 kg Rindfleisch aus der Schulter, Salz
250 g Wurzelgemüse (Möhren, Petersilienwurzel, Knollensellerie)
1 Kohlblatt (nach Belieben)
1–2 Zweige Thymian
1/2 Bund Petersilie
4 Knoblauchzehen
1 TL schwarze Pfefferkörner
2 Quitten
3 dünne Stangen Lauch
3 EL saure Sahne, 1 TL Apfelessig
1 Stück frische Meerrettichwurzel (ca. 5 cm), Pfeffer
2 EL Kürbiskerne, 1 EL Kürbiskernöl

Die Zwiebeln mit der Schale halbieren und auf der Schnittfläche in einem großen Topf in ca. 10 Min. dunkelbraun rösten. Die Zwiebeln herausnehmen. Die Suppenknochen in dem Topf mit ca. 3 l Wasser bedecken und zum Kochen bringen. Den aufsteigenden Schaum abschöpfen, nach 10 Min. das Schulterstück und die gerösteten Zwiebeln einlegen. Alles leicht salzen und 1 Std. bei schwacher Hitze kochen lassen.

Währenddessen Wurzelgemüse, Kohlblatt, Thymian und Petersilie waschen und zu einem Bündel binden, die Knoblauchzehen mit der Schale halbieren, die Pfefferkörner mit der Breitseite eines großen Messers oder im Mörser quetschen. Alles nach 1 Std. Garzeit zum Rindfleisch geben und 1 weitere Std. kochen lassen.

Inzwischen die Quitten quer halbieren. Lauch putzen und gründlich waschen. Beides nach ca. 2 Std. Garzeit in die Suppe geben und 1 weitere Std. knapp unter dem Siedepunkt garen.

Quitten aus der Brühe nehmen, etwas abkühlen lassen. Das Kernhaus ausstechen oder mit einem kleinen Messer herausschneiden. Dann die Quittenhälften bis auf einen Rand von ca. 5 mm aushöhlen. Das Fruchtfleisch mit saurer Sahne und Essig im Blitzhacker pürieren. Meerrettich schälen und reiben, mit dem Quittenrahm verrühren, mit Salz und Pfeffer abschmecken und in die Quittenhälften füllen. Kürbiskerne in einem kleinen Topf rösten, bis sie duften und beginnen zu springen, auf einem Teller salzen.

Rindfleisch und Lauch aus der Brühe nehmen, die Brühe durch ein Sieb gießen und abschmecken. Das Fleisch in Scheiben schneiden und mit Quitten-Kren und wenig Brühe anrichten. Mit Kürbiskernen bestreuen und mit Kernöl beträufeln. Dazu passen Röst- oder Salzkartoffeln.

Variante: Filet mit Linsenvinaigrette

Für ein rosa gegartes Rinderfilet, vielleicht die edelste Ausprägung österreichischer Siedfleisch-Kultur, die Suppe wie oben beschrieben kochen lassen. 750 g Rinderfilet am Stück erst nach 2 Std. Kochzeit in die Brühe legen und in 30 Min. gar ziehen lassen. Sie können das Fleisch wie beschrieben mit Lauch und Quitten zubereiten oder mit einer warmen Linsenvinaigrette servieren: Dafür 100 g Linsen nach Packungsanweisung in Salzwasser garen, abgießen und kalt abschrecken. 400 g Wurzelgemüse in 4–5 mm große Würfel schneiden, in 1–2 EL Butter und mit 2–3 EL Brühe und 1 Prise Salz 10 Min. bei schwacher Hitze dünsten. Inzwischen 400 g Tomaten und 1 Bund Schnittlauch waschen. Tomaten würfeln, Schnittlauch fein schneiden. Linsen, Tomaten und Schnittlauch zum Gemüse geben. Alles mit 2 EL Weißweinessig ablöschen, Flüssigkeit kurz einkochen lassen. 3–4 EL Brühe und 2 EL Sonnenblumenöl unterrühren, mit Salz und Pfeffer abschmecken und mit dünn geschnittenen Rinderfiletscheiben servieren. Geriebener Meerrettich passt natürlich trotzdem dazu, entweder pur oder mit saurer Sahne verrührt.

Das Zicklein-Rezept haben wir von Hans Baumgartner. Der Südtiroler hatte lange ein eigenes, sehr gutes Restaurant (»Pichler«). Inzwischen ist er Südtirols bekanntester Käse-Experte.

Die besten Artischocken sind italienische Babyartischocken. Es gibt sie im Frühjahr um Ostern herum, in der Zeit, in der auch Zicklein angeboten wird. Die Artischocken als Gemüse zum Zicklein wie auf Seite 88 vorbereiten, in Spalten schneiden, mit 1 TL Zitronensaft mischen. Sofort bei sehr schwacher Hitze in 2–3 EL Olivenöl mit 2 angequetschten Knoblauchzehen in ca. 8 Min. knusprig braten. Mit Salz und Pfeffer würzen und mit reichlich Petersilie bestreut servieren.

Geschmortes Zicklein

Zubereitungszeit: 10 Min.
Garzeit: 2 Std. 30 Min.
Pro Portion ca.: 690 kcal

Zutaten für 4 Personen:
1 1/2 kg Zickleinstücke mit Knochen
(je ca. 5–6 cm dick)
3–4 Zweige Rosmarin
80 g Lardo (weißer, gesalzener Speck aus dem italienischen Feinkostladen) in dünnen Scheiben
80 g Butter
Salz, Pfeffer
1/4 l Weißwein

Den Backofen auf 180° vorheizen (Umluft nicht empfehlenswert). Die Zickleinstücke eng nebeneinander in einen kleinen Bräter pressen, Rosmarinzweige waschen und darauf legen, alles mit den Speckscheiben bedecken. 2 EL Butter in Flöckchen darauf verteilen und Zicklein im heißen Ofen (2. Schiene von unten) ca. 1 Std. 30 Min. braten.

Dann den Bräter aus dem Ofen nehmen, den knusprigen Speck und den Rosmarin herunternehmen. Die Zickleinstücke salzen und pfeffern, im eigenen Saft wenden und auf der anderen Seite ebenfalls würzen. Wichtig: Die Stücke sollen immer fest beisammen bleiben. Das Zicklein mit ca. 80 ml Weißwein ablöschen, die Speckscheiben und den Rosmarin mit neuen Butterflöckchen wieder auf das Fleisch legen. Zicklein erneut in den heißen Ofen schieben und ca. 20 Min. braten. Diesen Vorgang noch zwei mal wiederholen.

Zicklein mit dem Bratensaft und den knusprigen Speckscheiben servieren.

TIPPS

Zum Zicklein passen am besten einfache Kartoffelbeilagen. Die leckere Schmorsauce vom Kaninchen verlangt nach Beilagen wie Polenta (s. Seite 101) oder Semmelknödel (s. Seite 118), als Gemüse schmecken Wirsing, Fenchel oder gebratene Pilze besonders gut dazu.

Kaninchen in Rotwein

Zubereitungszeit: 1 Std.
Marinierzeit: 2–3 Tage
Pro Portion ca.: 640 kcal

Zutaten für 4 Personen:
250 g Schalotten, 4 Knoblauchzehen
200 g Möhren, 1/2 Fenchelknolle
1 EL schwarze Pfefferkörner
1 TL Wacholderbeeren
2 Zweige Rosmarin
1 küchenfertiges Kaninchen (ca. 1,2 kg, vom Metzger in 8 Teile hacken lassen, oder 1,2 kg Kaninchenteile mit Knochen), 1 Lorbeerblatt
3/4 l kräftiger Rotwein
80 g Räucherspeck, Salz
5 EL passierte Tomaten
3–4 EL Preiselbeeren (aus dem Glas)
100 g Kartoffeln

Schalotten und Knoblauch schälen und halbieren. Möhren schälen, Fenchel waschen, beides würfeln. Pfeffer mit dem Wacholder im Mörser quetschen. Rosmarin waschen. Kaninchenstücke mit Gemüse, Gewürzen, Rosmarin und Lorbeer mischen und mit Rotwein begießen. Zugedeckt 2–3 Tage im Kühlschrank marinieren.

Fleisch und Gemüse auf einem Sieb gut abtropfen lassen, dabei die Marinade auffangen. Marinade aufkochen lassen, den aufsteigenden Schaum abschöpfen. Speck klein würfeln und in einem Schmortopf auslassen. Die knusprigen Speckwürfel mit einem Sieblöffel herausnehmen und aufbewahren. Fleisch und Gemüse im Speckfett bei sehr starker Hitze anbraten. Falls das Fleisch zu kochen beginnt, Teile nicht umrühren, bis die Feuchtigkeit verdunstet ist und das Kaninchen wieder beginnt zu braten. Sobald das Fleisch hell angebraten ist, Kaninchenteile salzen. Tomaten dazugeben. Nach 1 Min. alles mit wenig heißer Marinade ablöschen. Marinade einkochen lassen, bis das Fleisch wieder beginnt zu »brutzeln«. Einige Male wiederholen, dann die Preiselbeeren unterrühren. Restliche Marinade dazugießen, Kartoffeln schälen und in den Topf reiben. Alles zugedeckt auf dem Herd bei schwacher Hitze ca. 40 Min. schmoren.

Das weich geschmorte Fleisch mit einer Gabel aus dem Ragout herausfischen – »ausstechen«. Die Sauce durch ein Sieb passieren. Kaninchen und Speckwürfel zurück in die Sauce geben, abschmecken. Mit Polenta (s. Seite 101) oder Semmelknödeln (s. Seite 118) und Gemüse servieren.

Tiroler Bauernbratl

Zubereitungszeit: 2 Std.
Pro Portion ca.: 960 kcal

Zutaten für 4 Personen:
700 g Lammfleisch aus der Schulter
300 g Lammrippchen oder -koteletts
1 TL Wacholderbeeren
Salz, Pfeffer
2 EL Olivenöl
200 g kleine Zwiebeln
5 Knoblauchzehen
3–4 Zweige Rosmarin
1–2 EL Birnen- oder Apfelgelee
4 EL passierte Tomaten
1/2 l Rotwein (z. B. Blauburgunder aus Südtirol)
400 g Topinambur oder Petersilienwurzel
250 g Möhren
1 Birne
1–2 TL Balsamessig
Mehl zum Bestäuben

Das Lammfleisch in 3–4 cm große Stücke schneiden, die Rippchen voneinander trennen. Die Wacholderbeeren hacken. Das Fleisch mit Wacholder, Salz und Pfeffer würzen und mit wenig Mehl bestäuben. In einem schweren Schmortopf bei mittlerer Hitze im Olivenöl in ca. 15 Min. von allen Seiten goldbraun anbraten.

Den Ofen auf 200° (Umluft 180°) vorheizen. Die Zwiebeln schälen und vierteln, die Knoblauchzehen mit der Schale leicht quetschen. Zusammen zum Fleisch geben und 2–3 Min. braten. Rosmarin waschen. Nadeln abzupfen, evtl. grob hacken und mit Gelee und passierten Tomaten zum Lamm geben. Alles mit 1 Schuss Rotwein ablöschen. Fleisch in den heißen Ofen (unten) schieben. Sobald der Wein nach ca. 10 Min. fast vollständig eingekocht ist, Fleisch noch einmal ablöschen. Den Vorgang wiederholen, bis der Wein nach weiteren 45 Min. aufgebraucht ist.

Währenddessen Topinambur und Möhren schälen und in große Stücke schneiden. Die Birne waschen, vierteln und entkernen, das Fruchtfleisch in Scheiben schneiden. Alles zusammen nach 1 Std. Garzeit mit in den Schmortopf geben, 1/4 l Wasser dazugießen und Bauernbratl in 30 Min. fertig schmoren. Sauce mit Balsamessig, Salz und Pfeffer abschmecken. Bratl mit einem Salat servieren.

Lammschulter aus dem Ofen

Zubereitungszeit: 50 Min.
Pro Portion ca.: 860 kcal

Zutaten für 4 Personen:
1 EL Nussöl
3–4 EL Butter
1 ausgelöste Lammschulter (ca. 1,2 kg; beim Metzger vorbestellen, am besten mit Knochen der Vorderhaxe)
Salz, Pfeffer
4 Knoblauchzehen
je 2 Zweige Rosmarin, Thymian und Salbei
80 g getrocknete Aprikosen
3–4 EL grüne Haselnusskerne (ersatzweise Pinienkerne)
200 g Pilze (z. B. Pfifferlinge oder Steinpilze)
600 g neue Kartoffeln
1/4 l Weißwein

Nussöl und 1 EL Butter in einem großen Bräter erhitzen. Die Lammschulter mit Salz und Pfeffer würzen und im Bräter bei mittlerer Hitze in ca. 10 Min. von beiden Seiten goldbraun anbraten.

Backofen auf 220° (Umluft 200°) vorheizen. Knoblauch schälen, die Kräuter waschen. Blättchen abzupfen und mit dem Knoblauch hacken. Die Aprikosen in Streifen schneiden, Haselnusskerne grob hacken. Die Pilze nur wenn nötig waschen, große Pilze in dicke Scheiben schneiden. Kartoffeln schälen und in hauchdünne Scheiben hobeln. Die Kartoffelscheiben in einer Schüssel mit Salz und Pfeffer würzen, die restliche Butter zerlassen und mit den Kartoffeln mischen.

Kräutermischung, Aprikosen, Nüsse und Pilze auf der Lammschulter verteilen. Die Kartoffeln wie unordentliche Schuppen auf das Fleisch legen. Lammschulter im heißen Ofen (2. Schiene von unten) ca. 30 Min. garen, dabei nach der Hälfte der Zeit den Weißwein angießen. Den Braten am besten in der Form an den Tisch bringen. Das Kartoffelgemüse verteilen, den Braten in Scheiben schneiden und mit der Bratensauce servieren.

ALPENKÜCHE FISCH UND FLEISCH

G'surtes Schweinshaxl mit Saubohnen

Zubereitungszeit: 45 Min.
Garzeit Haxl: 2 Std.
Pro Portion ca.: 980 kcal

Zutaten für 4 Personen:
2 Zwiebeln
2 kleine, gepökelte Schweine-Vorderhaxen (keine Hinterhaxen; ca. 1 1/4 kg; beim Metzger vorbestellen)
1 EL schwarze Pfefferkörner, 3 Lorbeerblätter
4 Zweige Thymian, Salz
1 kg frische Saubohnen oder Erbsenschoten
1 Bund Frühlingszwiebeln
2 Stängel Minze, 2 Zweige Bohnenkraut
1/2 Bio-Zitrone
500 g Kartoffeln
2 EL Olivenöl, Pfeffer

Die Zwiebeln mit der Schale halbieren und auf der Schnittfläche in einem großen Topf in ca. 10 Min. dunkelbraun rösten. Zwiebeln herausnehmen. 2 1/2 l Wasser in den Topf geben, die Schweinshaxen einlegen und zum Kochen bringen. Den aufsteigenden Schaum abschöpfen. Nach 10 Min. die Pfefferkörner im Mörser quetschen und mit den gerösteten Zwiebeln, Lorbeer und Thymianzweigen zu den Haxen geben. Alles leicht salzen und knapp unter dem Siedepunkt in 2 Std. gar ziehen lassen.

Inzwischen die Bohnenkerne auspalen, also aus den Schoten lösen. Salzwasser aufkochen lassen. Bohnenkerne darin 2 Min. kochen lassen, abgießen und kalt abschrecken. Bohnen aus den Häuten lösen. (Sie können die Bohnenkerne auch mit Haut essen, dann sind sie nicht ganz so zart). Frühlingszwiebeln waschen, putzen und in 3–4 cm lange Stücke schneiden. Die Kräuter waschen, Blättchen abzupfen und hacken. Zitronenschale abreiben, den Saft auspressen.

Kartoffeln schälen, in große Würfel schneiden und im Olivenöl mit 1/4 l vom Kochsud der Haxen 10 Min. zugedeckt dünsten, mit Salz und Pfeffer würzen. Frühlingszwiebeln zugeben und weitere 15 Min. mitdünsten. Zuletzt Bohnenkerne, Kräuter und Zitronenschale unterrühren und alles mit Zitronensaft abschmecken.

Surhaxl aus dem Sud nehmen, vom Knochen lösen und in dünne Scheibchen schneiden, mit dem Bohnengemüse servieren, evtl. mit etwas Kochfond befeuchten.

Gebratene Kalbshaxe

Zubereitungszeit: 30 Min.
Garzeit: 2 Std. 15 Min.
Pro Portion ca.: 615 kcal

Zutaten für 4 Personen:
500 g gehackte Kalbsknochen (nach Belieben)
4 Knoblauchzehen
Salz, Pfeffer
1 TL Kümmel
1 Kalbshaxe
3 EL Sonnenblumenöl
3 Zwiebeln
500 g Muskat- oder Hokkaidokürbis
250 g Rote Beten
250 g Petersilienwurzeln
1/2 l helles Bier oder Brühe
1 Bund Brunnenkresse oder Rucola
1 TL Essig

Den Backofen mit einem Bräter (unten) auf 220° (Umluft 200°) vorheizen. Die Kalbsknochen im heißen Bräter im Ofen 15 Min. rösten. Knoblauchzehen schälen und pressen oder im Mörser quetschen Mit je 1 TL Salz, Pfeffer und Kümmel mischen, die Haxe mit der Paste einreiben. 2 EL Öl in den Bräter geben, die Haxe darin von allen Seiten in ca. 15 Min. hell anbraten.

Währenddessen das Gemüse schälen. Zwiebeln in Spalten schneiden, Kürbis und Rote Beten würfeln und die Petersilienwurzel in dicke Scheiben schneiden.

Die Zwiebeln zur Haxe geben und mit anbraten. Mit ca. 125 ml Bier ablöschen. Hitze auf 180° reduzieren und Haxe ca. 1 Std. 30 Min. braten, dabei ab und zu mit Bratensaft oder Bier begießen. Dann das Gemüse zugeben, mit Salz und Pfeffer würzen und alles in ca. 45 Min. fertig braten, dabei die Haxe immer wieder begießen.

Den Bräter aus dem Ofen nehmen, die Knochen entfernen, die Sauce abschmecken. Die Haxe im ausgeschalteten Ofen bei geöffneter Tür 15 Min. ruhen lassen. Brunnenkresse oder Rucola putzen und waschen, dabei dicke Stiele und welke Blätter entfernen. Die Blättchen mit je 1 Prise Salz und Pfeffer, Essig und 1 EL Öl marinieren. Die Haxe in Scheiben schneiden und mit Gemüse und Sauce anrichten, mit der Kräutermischung bestreuen und servieren.

ALPENKÜCHE FISCH UND FLEISCH

Viehscheid im Allgäu
Die Rückkehr der Rindviecher

Der Almabtrieb ist das Erntedankfest der Almbauern. In anderen Regionen nennt man ihn auch Alpabfahrt, im Allgäu Viehscheid.

Die Wiesen sind noch feucht, ein weißer Nebelschleier liegt über ihnen. Doch am Rande des Dorfes herrscht schon Volksfeststimmung. Tausende Menschen warten darauf, dass sie endlich kommen – die Kühe.

Der Hirte scheidet das Vieh
In Obermaiselstein gibt es alljährlich einen der größten Alpabtriebe des Allgäus zu bestaunen. Ungefähr 1200 Kühe von elf Almen, die man im Allgäu Alpen nennt, trotten an diesem Tag ins Tal zurück von ihrem »Urlaub« in der Höhe. Unten angekommen werden die Tiere in einen großen, trichterförmigen Einschlag getrieben. Von dort kann jeweils nur eine Kuh durch einen Gang am Trichterende hinausgelangen. Da »scheidet« der Hirte – daher der bayerische Ausdruck Viehscheid – die Kühe aus der Herde und verteilt sie an ihre Besitzer zurück. Denn auf den Almen betreut ein Hirte meistens die Kühe vieler Bauern. Im frühen Herbst, häufig im September, werden die Kühe dann wieder zurück ins Tal getrieben. Der Termin kann sich von Jahr zu Jahr verschieben. Er hängt vom Wetter ab und davon, wann der Alpauftrieb im Frühjahr war.

Konzert der Kuhglocken
Zuerst hören wir die Glocken der Kühe, erst leise, dann immer lauter: Für ihren großen Tag bekommen die Tiere statt ihrer kleinen Weidschellen große Zugschellen umgebunden. Diese Glocken sind der Stolz jeden Senners, er hat sie noch oben auf der Alm frisch poliert und ihre Fransen gebürstet. Jede Herde hat durch sie ihr eigenes Klangbild, für viele ist es Musik in den Ohren. Auch uns laufen warme Schauer über den Rücken bei diesem prächtigen Geläut. Und da: Die erste Herde tritt aus dem Dunkel eines kleinen Tunnels heraus auf die Straße. Die Kühe dampfen – der Weg herunter vom Riedpass war anstrengend. Zwei Hirten in kurzen Lederhosen, weißen Hemden und grauen Filzhütchen auf dem Kopf führen vor der Herde die Kranzrinder am Halfter: ein gutes Zeichen!

BRAUCHTUM REPORTAGE

Längst ist der Viehscheid in Obermaiselstein, einer der größten Almabtriebe des Allgäus, auch zu einem wichtigen Ereignis für Touristen und Besucher geworden.

Kreuz und Spiegel gegen böse Geister

Der Alpabtrieb ist das Dankfest der Bauern und Senner, wenn das Vieh wieder gesund von der Alp zurück in den Stall kommt. Nur wenn die drei Monate Bergsommer ohne Unfall verliefen, suchen die Älpler am Ende das schönste Rind der Herde aus und schmücken es mit einem Kranz. Im Oberallgäu binden sie aus Tannenzweigen, Ebereschen, Silberdisteln und anderen bunten Bergblumen eine Art Krone. Ein Kreuz soll den Schutz Gottes erbitten. Auch ein Spiegel gehört in den Kranz. Brauchtumsforscher vermuten, dass der Spiegel – zusammen mit dem Lärm der Glocken – die Kühe auf dem Weg ins Tal vor bösen Geistern schützen sollte. Die zwei besten Milchkühe und die zwei stärksten Kühe werden besonders geschmückt. Die beiden Milchkühe bekommen den »Milchstaffl«: Eine gedrechselte Miniausführung dieses Milchverarbeitungsgeschirrs bindet man an den Kopfschmuck der Tiere. Die zwei stärksten Kühe bekommen zusätzlich einen Spiegel in ihren Kopfschmuck gesteckt.

In anderen Regionen Bayerns schmückt man alle Kühe, im Allgäu nur die Leitkühe. War der Verlust von Vieh oder gar der Unfall eines Senners zu beklagen, bekam die Kuh früher in manchen Gegenden einen »Klagbusch« mit Trauerflor. Heute nimmt man das nicht mehr so genau, schon wegen der Touristen.

Festtag für Mensch und Tier

Aus drei verschiedenen Richtungen kommen jetzt die Herden, eine nach der anderen. Das Glockengeläut wird ohrenbetäubend, Fotoapparate klicken, die Leute klatschen. Immer mehr Kühe drängen sich muhend in dem Einschlag auf der Wiese. Die Blaskapelle stimmt erste Töne an, im Festzelt geben Helfer schon Brotzeiten und Bier aus. Die Hirten begrüßen ihre Kollegen von den anderen Almen und stoßen – verschwitzt und zufrieden – mit einer Mass Bier an. Am Abend werden sie noch mit extra angefertigten Kuhschellen geehrt werden für die hundert Tage, die sie Verantwortung für eine ganze Rinderherde getragen haben.

ALPENKÜCHE FISCH UND FLEISCH

Die Jagd *spielt eine große Rolle in vielen Schweizer Kantonen. Wenn in Graubünden die Jäger während der Saison im Herbst das erlegte Wild heimbringen, freuen sich ihre Familien genau so wie viele Restaurantbesitzer und ihre Gäste …*

Gamsmedaillons mit Orangenbutter

Zubereitungszeit: 1 Std. 40 Min.
Pro Portion ca.: 485 kcal

Zutaten für 4 Personen:
2 Knoblauchzehen, 2 TL Wacholderbeeren
1 Lorbeerblatt, 125 ml Rotwein
1 Bio-Orange, 1/2 Bund Estragon
200 g weiche Butter, TL Pimentpulver
Salz, Pfeffer
600 g Gamsrückenfilet ohne Haut und Sehnen oder Rehrückenfilet (s. Tipp)
600 g Rosenkohl
1 EL Öl, 2 TL Zucker

Für die Marinade Knoblauch schälen und mit 1 TL Wacholderbeeren im Mörser leicht quetschen, dann mit Lorbeer in einen Topf geben. Wein dazugießen, aufkochen lassen und im Topf mit den Gewürzen erkalten lassen.

Orange waschen, die Schale fein abreiben. Saft auspressen und sirupartig einkochen lassen. Restliche Wacholderbeeren hacken. Estragon waschen, Blättchen hacken. Butter schaumig schlagen. Orangenschale und -saft, Wacholderbeeren und Estragon unterrühren. Butter mit Piment, Salz und Pfeffer würzen. In eine mit Alufolie ausgelegte Form streichen und für mindestens 1 Std. in den Kühlschrank stellen.

Inzwischen Marinade durch ein Sieb gießen, Gams- oder Rehrücken in 8 Medaillons schneiden und 10–20 Min. bei Zimmertemperatur in die Marinade legen.

Welke Blätter vom Rosenkohl entfernen, die Rosenkohlköpfchen vierteln, Strunk herausschneiden, Blätter voneinander lösen. Rosenkohlblättchen mit 3 EL Wasser und 1 Prise Salz zugedeckt 5 Min. dünsten.

Das Fleisch aus der Marinade nehmen, trockentupfen und im Öl von beiden Seiten je 2–3 Min. braten, mit Salz, Pfeffer und Zucker würzen. Mit der Marinade ablöschen, nach 30 Sek. das Fleisch aus der Pfanne nehmen und auf einem Teller ruhen lassen.

Die Marinade um die Hälfte einkochen lassen, 3 EL der kalten Orangenbutter in kleinen Flöckchen unter die Sauce rühren, Sauce abschmecken und mit Rosenkohl und Gams- oder Rehmedaillons anrichten. Servieren Sie die Hälfte der verbliebenen Orangenbutter dazu. Heben Sie den Rest im Kühlschrank oder im Gefrierfach für den nächsten Grillabend auf. Dazu passen Rösti (s. Seite 106), Polenta (s. Seite 101) und Essigzwetschgen (s. Seite 214).

Variante: Gamsrücken mit Hagebuttensauce

Peter Gschwendtner serviert in seinem Restaurant »Castle« im Gomser Tal im Wallis Hagebuttensauce zum Gamsrücken. Wenn Sie diese Sauce zusätzlich servieren möchten, binden Sie die eingekochte Marinade mit 2 EL Butter ohne Gewürze. Für die Hagebuttensauce 100 g Hagebuttenmark mit 150 ml Weißwein und 4 EL Zucker 20 Min. bei schwacher Hitze kochen lassen. Im Mixer oder mit dem Pürierstab ganz fein pürieren. Sie können die Sauce auch aus selbst gesammelten Hagebutten zubereiten, dafür die Früchte halbieren, über Nacht mit Weißwein und Zucker marinieren und dann weich kochen. Pürieren und durch ein feines Sieb streichen, um die Kerne zu entfernen. Größere Mengen lassen sich gut in Einmachgläsern einkochen, dann hält die Sauce mehrere Monate.

INFO

Alle Rezepte für Gemsenfleisch können Sie auch mit Rehfleisch zubereiten, Gemsenfleisch ist ein bisschen würziger. Gemsen haben ein hartes Leben im Hochgebirge, sie können bis zu 20 Jahre alt werden – das Fleisch von älteren Tieren sollten Sie einige Tage marinieren, bevor Sie es langsam weich schmoren. Dies gilt besonders für Schulter und Keule. Verwenden Sie für unser Rezept den Rücken eines jungen Tieres.

Jäger und staatliche Forstbetriebe vermarkten ihr Fleisch zunehmend selber. So bleiben Verantwortung und Kontrolle über die Fleischqualität da, wo sie hingehören.

Zu Wildpflanzerln und Kastanienpüree passen Preiselbeeren oder Essigzwetschgen (s. Seite 214). Wenn Sie 3 oder 4 Kastanien übrig haben, schneiden Sie sie in dünne Scheiben und braten sie in Butter knusprig. Auf Küchenpapier abtropfen lassen, leicht salzen und über das Püree streuen.

Wildpflanzerl mit Kastanienpüree

Zubereitungszeit: 45 Min.
Pro Portion ca.: 540 kcal

Zutaten für 4 Personen:
600 g Reh- oder Hirschkeule (vom Metzger von Häuten und Sehnen befreien lassen)
1/2 l Milch
2 Brötchen vom Vortag oder 4 Scheiben Toastbrot
1 Ei
1 Zwiebel, 2 Knoblauchzehen
2 kleinere Wirsingblätter, Salz
3–4 EL Butter
1/4 Bund Majoran oder Thymian
1/2 Bio-Orange, 1 EL scharfer Senf
Pfeffer, geriebene Muskatnuss
500 g mehlig kochende Kartoffeln
250 g geschälte Esskastanien (s. Seite 214 oder TK)
1/2 Zimtstange, 2 EL Sonnenblumenöl

Das Fleisch in sehr dünne Scheiben schneiden, die Scheiben in Streifen und die Streifen in kleine Würfel schneiden – alternativ können Sie das Fleisch auch durch die grobe Scheibe eines Fleischwolfes drehen. 120 ml Milch lauwarm erhitzen, Brötchen halbieren, in dünne Scheiben schneiden und mit Milch und Ei einweichen.

Zwiebeln und Knoblauch schälen, die Kohlblätter waschen, dicke Blattrippen entfernen. Alles zusammen fein hacken. Mit 1 Prise Salz in 1–2 EL Butter zugedeckt ca. 10 Min. bei schwacher Hitze dünsten. Majoran waschen, Blättchen hacken und kurz mitdünsten, Pfanne beiseite stellen. Die Orange waschen, die Schale fein abreiben. Brötchen mit Hackfleisch, Senf, Zwiebelmasse und Orangenschale verkneten. Kräftig mit Salz, Pfeffer und etwas Muskat abschmecken.

Kartoffeln schälen und grob würfeln, zusammen mit den Esskastanien und dem Zimt ca. 20 Min. weich dämpfen. Vom Herd nehmen und im Dämpfkorb kurz trocknen lassen. Restliche Milch aufkochen lassen, mit Salz, Pfeffer und Muskat kräftig würzen. Kastanien und Kartoffeln mit einer Kartoffelpresse in die Milch pressen, vermischen, mit 1/2 TL Butter verfeinern und warm stellen.

Mit feuchten Händen kleine, flache Fleischklöße formen und in Öl und restlicher Butter auf jeder Seite 7–8 Min. braten. Wildpflanzerl mit dem Püree servieren.

Hirschsteaks mit Kürbisrösti

Zubereitungszeit: 35 Min.
Pro Portion ca.: 640 kcal

Zutaten für 4 Personen:
1 Zwiebel, 350 g Kartoffeln
350 g Hokkaidokürbis
Salz, Pfeffer
5 EL Öl, 5 EL Butter
500 g Hirschkeule ohne Knochen oder Rehkeule
1 TL Wacholderbeeren
1 EL grober Senf
5 EL weißer Portwein
200 g Sahne

Zwiebel, Kartoffeln und Kürbis schälen. Zwiebel halbieren und in feine Streifen schneiden, Kartoffeln und Kürbis auf einer groben Reibe – Röstiraffel – raspeln. Alles mischen und mit Salz und Pfeffer würzen. Masse in einem Tuch fest ausdrücken.

In zwei großen beschichteten Pfannen je 2 EL Öl und Butter erhitzen. Kartoffel-Kürbis-Masse jeweils in vier kleinen Häufchen in die Pfannen geben. Rösti nach 10 Min. wenden und in 7–8 Min. fertig garen.

Das Fleisch in 4 Steaks schneiden. Wacholderbeeren hacken, mit dem Senf mischen. Die Steaks in der Mischung wenden, mit Salz und Pfeffer würzen und bei schwacher Hitze in je 1 EL Öl und Butter in einer beschichteten Pfanne 4 Min. braten. Die Hitze erhöhen, die Steaks wenden und mit Portwein ablöschen. Wein einkochen lassen. Sahne zugeben, 2 Min. einkochen lassen. Sauce abschmecken und mit den Rösti servieren. Dazu passen grüne Gemüse wie z. B. Blattspinat.

TIPP

Für ein Hirsch- oder Rehragout aus den zähen Fleischstücken, wie Schulter oder Hals, können Sie unser Kaninchenrezept von Seite 167 verwenden. In der Marinade wird das Wildfleisch schon vor dem Kochen zart.

Die Cafés und Keller
Strudel, Wein und feine Brände

*Süße Mehlspeisen wärmen die Seele.
In ihnen stecken Eier, Mehl und Butter und das wärmt
auch den Magen. Mit Topfenstrudel, Marillenknödel
oder Kaiserschmarrn grüßt die k.u.k. Monarchie. Zur Verdauung
gibt's einen Obstler, zum Kaffee ein Stück Schokolade.*

Noch etwas Süßes?
Mehlspeisen & Schokolade

Zwischen hauchdünnen Blätterteigscheiben duftet Vanillecreme, das ganze zarte Gebilde ist mit Puderzucker bestäubt und scheint mir entgegenzurufen: »Iss mich!«. Wir sitzen auf der Aussichtsterrasse eines Cafés in Bled vor einer Kremschnitte, eine bekannte süße Spezialität aus dem malerischen Städtchen in den Julischen Alpen. Und der Ruf wird erhört: Natürlich esse ich diese Köstlichkeit ungeachtet der Gedanken um die eigene Körperfülle!

Kraftnahrung für Bauern
Fasnachtskrapfen, Topfenstrudel, Marillenknödel ... Süßspeisen sind aus der alpenländischen Küche nicht wegzudenken. Klar, denn Mehl, Fett und Eier waren auch für die Bauern in den Bergen schon immer leicht verfügbar, günstig und echte Sattmacher. Für die harte Arbeit auf Hof und Feld brauchte es Nahrung, die Kraft gab. Die meisten Mehlspeisengerichte gehen ursprünglich auf Fastenspeisen zurück. Von fast allen Mehlspeisengerichten gibt es salzige und süße Varianten. Letztere sind wohl auch der Vorratshaltung zu verdanken: Nüsse und Obst ließen sich gut über den Winter konservieren und zusammen mit Mehl und Co. zu leckeren Speisen verarbeiten. Ab etwa 1800 nahm sich vor allem in Österreich die »Mehlspeisköchin« der Mehlspeisen an. Die Mehlspeise wurde mehr und mehr zur Nachspeise, die jede Mahlzeit abschließen sollte, nicht nur in Restaurants, sondern auch zu Hause. Die einst sehr einfachen, bäuerlichen Rezepte wurden dadurch immer mehr verfeinert.

Süße Grenzüberschreitung
Dazu kamen die kulinarischen Einflüsse der Nachbarländer: So übernahmen österreichische Zuckerbäcker während der k. u. k. Monarchie das Beste aus den Süßspeisenküchen der zugehörenden Länder wie Ungarn, Oberitalien oder Russland und entwickelten daraus neue, noch perfektere süße Gerichte. Die damals vor allem in Österreich und Norditalien entstehenden Kaffeehäuser trugen zu ihrer Verbreitung bei. Noch heute bestellt man sich dort zum kleinen Schwarzen auch gerne mal ein Kipferl, einen Millirahmstrudel oder ein Stück Sachertorte. Aus Venedig wiederum, im 18. Jahrhundert Hochburg der Patissiers, brachten einst Konditoren, die auf Arbeitssuche aus den Alpenregionen ausgewandert waren, feinste Rezepturen und Expertenwissen wieder mit nach Hause.

Milchschokolade: Wer hat sie erfunden?
Nicht nur bei süßen Mehlspeisen, Kuchen und Gebäck haben die Bewohner der Alpenländer die Nase vorn: In Sachen Confiserie gehören die Schweizer zu den Weltmeistern. Als die aus Mexiko importierte Kakaobohne in Form von Schokolade auf den europäischen Markt kam, waren es die Eidgenossen, die der neuen Süßigkeit zum Siegeszug verhalfen, indem sie sie immer mehr verfeinerten. So brachte Daniel Peter die Milch in die »Schoggi«. Der Chocolatier aus Moudon gilt als Erfinder der Milchschokolade. Rodolphe Lindt aus Bern dagegen erfand das Conchieren, bei dem die fein gewalzten Mikropartikel in der Schokoladenmasse mehrere Tage lang bei ungefähr 80 Grad gerührt werden. Dabei verflüchtigen sich unerwünschte Bitterstoffe, und vor allem legt sich um jedes Kakaobohnenstäubchen in der cremigen Masse eine feine Hülle aus Kakaobutter – der zarte Schmelz entsteht. Ende des 19. Jahrhunderts schließlich war der technologische Vorsprung der Schweizer Schokoladenhersteller riesig und fiel zusammen mit einem frühen Touristenansturm. Die Reisenden trugen den Ruhm der Schweizer Schokolade in die Welt.

Aber natürlich gibt's auch in anderen Alpenländern Leckereien aus Schokolade. Hmmm ... da fällt mir ein: Ich hab' doch aus Salzburg Mozartkugeln mitgebracht. Wo sind die eigentlich?

Vanillecreme, Sahne, Blätterteig – das sind die Zutaten für die berühmte Kremschnitte aus dem slowenischen Alpenkurort Bled.

Kein Festtag ohne Krapfen: Für die Südtiroler Bauernhochzeit haben die Kastelruther Frauen zweitausend Stück gebacken.

Herz der alpenländischen Süßspeisenkultur: Hefeteige. Früher verwendete man dafür eher selten Eier – die wertvolle Zutat gab es nur bei ausgesprochenen Feiertagsrezepten.

Die Klurfelds bewirtschaften ihren Berghof im Tessin biodynamisch.

Der Rebberg von Visperterminen im Wallis: der höchste Europas.

Destillateur mit Leidenschaft: Für seine Brände erntet Wilhelm Jesche nur Obstsorten mit optimalem Reifegrad.

Der naturreine Traubensaft der Klurfelds schmeckt besonders gut.

DIE CAFÉS UND KELLER REPORTAGE

Lauter edle Tropfen
Alpenwein & Obstbrand

Der Saft leuchtet dunkelrot im Glas, duftet nach Erdbeeren und schmeckt ein bisschen herb. Er hat Charakter wie ein Wein. Wir sitzen bei Marco und Verena Klurfeld und machen eine Saftprobe. Die beiden sind Winzer mit Berghof in Mergoscia über Locarno, auf sieben Hektar bewirtschaften sie ihre Reben – biodynamisch und »alles in Handarbeit, weil unsere Hänge so steil sind«, wie Marco erklärt. Neben Wein und Grappa produzieren sie jedes Jahr 7000 Liter Traubensaft – der verkauft sich am besten. Besonders lukrativ ist die Sache trotzdem nicht wegen der harten Anbaubedingungen. »Wer hier Wein macht, ist Überzeugungstäter.« Klurfelds bauen die robuste Americano-Traube an, weil die ohne Chemie problemlos wächst.

Weine aus hohen Lagen

Weine aus den Alpenregionen sind ein Spiegel der Landschaft, in der sie wachsen. Und die meist trockenen, frischen Tropfen passen bestens zur deftigen Küche der Alpenländer. Im Zentrum des Gebirges, nördlich des Hauptkamms, wachsen fast keine Weine. Doch schon in Innsbrucker Kneipen merken wir: Ohne Wein läuft nichts. Bier ist die Ausnahme.
Jenseits des Brenners liegen im Eisacktal bei Brixen die ersten Weinberge. Die Reben wachsen an Hängen, die sich für eine rasante Abfahrt auf Skiern eignen würden. Überhaupt Südtirol: Es hat eine uralte Weinbaugeschichte. Bis vor 15 Jahren war es vor allem bekannt als Anbaugebiet preiswerter Massenweine, doch heute produzieren immer mehr Südtiroler Winzer charaktervolle Gourmetweine.
Im geografischen, kulturellen und teilweise klimatischen Einflussbereich der Alpen liegen auch die Anbauregionen in der Steiermark, um Verona, am Gardasee, im Friaul oder im Piemont. Das zweite große Weinland innerhalb des Hochgebirges aber ist die Schweiz – in den Regionen Waadtland, Wallis, Jura, Tessin und Ostschweiz. Die meisten frischen und trockenen Weißweine werden aus der Gutedel-Rebe gekeltert. Wie der berühmte Fendant, der zu Fisch, Käse und dem traditionellen Fondue getrunken wird. Die roten Klassiker der Schweiz stammen vor allem aus dem Tessin und dem Wallis. Im Kanton Wallis liegt auch der höchste Weinberg Europas: Auf einer Höhe zwischen 650 und 1150 Metern wächst in Visperterminen Wein. In kurzen Terrassen mit hohen Trockensteinmauern überwindet der Rebberg auf engstem Raum 500 Höhenmeter. Die Südlage des Hanges und die großen Steinflächen der Mauern wirken für die Reben bis in den Spätherbst wie eine Wärmekammer. Zusammen mit ein paar Föhnstößen können so die Trauben gut reifen. Eine sehr alte Rarität ist die hier angebaute Rebsorte Salvagnin, die in der Schweiz auch »Heida« heißt.

Obstbrände: Sortenreine Reifeprüfung

Alte Sorten bevorzugt auch Wilhelm Jesche – allerdings keine Traubensorten, sondern Stein-, Kern- oder Beerenobst. Der Kärntner destilliert sortenreine Obstbrände, die in Österreich kein Geheimtipp mehr sind. Und er setzt damit eine Tradition fort: Seit jeher brannten Alpenbauern aus Wurzeln, Wildbeeren und Fallobst ihren Schnaps. Was früher dabei herauskam, war zwar hochprozentig, aber alles andere als fein. Heute sorgen strenge Vorschriften für die Qualität der Schnäpse. Jesche sieht seine feinen Brände zwischen den alten Bauernbränden und den Industrieprodukten. Letztere hätten wenig Seele, und »die Bauern haben's früher einfach oft falsch gemacht«. Er dagegen lässt alle Sorgfalt walten. Angefangen beim Obst: »Die Qualität wächst im Garten.« Er kauft nur Birnen, die am Baum gereift sind, bei Lieferung brennt er sofort. Davor werden die Früchte durchsortiert, sieben bis acht Tonnen, die matschigen kommen raus – alles in Handarbeit. Überhaupt gibt es viel Handarbeit. Zwar hilft beim Destillieren inzwischen eine Computeranlage, aber »solange der Computer nicht riechen kann ...«

Alte Tradition: Schnaps aus Obst, Beeren oder Wurzeln.

Wir haben den Apfelstrudel mit Mürbeteig gebacken. Sie können ihn selbstverständlich auch mit einem klassischen Strudelteig zubereiten – probieren Sie aus, welche Variante Ihnen besser schmeckt.

Apfelstrudel

Zubereitungszeit: 45 Min.
Einweichzeit Sultaninen: 12 Std.
Ruhezeit: 30–40 Min.
Backzeit: 30 Min.
Bei 12 Stück pro Stück ca.: 350 kcal

Zutaten für 1 Strudel:
Für den Teig:
300 g Mehl (+ Mehl zum Bestäuben)
200 g kalte Butter (+ Butter fürs Blech)
100 g Zucker, 1 Ei, Salz
Für die Füllung:
3–4 EL Sultaninen, 3–4 EL Rum
2 EL Pinienkerne, 2 EL Butter
3 EL Weißbrotbrösel (s. Seite 216; ersatzweise Paniermehl)
1 1/4 kg aromatische Äpfel oder Birnen
1 TL Zitronensaft
2 EL Aprikosenkonfitüre
1/2 TL Zimtpulver
Puderzucker zum Bestreuen

Für die Füllung Sultaninen über Nacht in dem Rum einweichen. Für den Teig das Mehl auf die Arbeitsfläche sieben. Butter in Stückchen schneiden. Mit Zucker, Ei und 1 Prise Salz verkrümeln. Teig zu einer Kugel kneten, in Folie wickeln und 30–40 Min. kühl stellen.

Inzwischen für die Füllung Pinienkerne in einer Pfanne ohne Fett rösten, herausnehmen und abkühlen lassen. Butter in der Pfanne aufschäumen, Brotbrösel darin unter ständigem Rühren hellbraun rösten. Äpfel oder Birnen schälen, vierteln, entkernen und in 1 cm dicke Scheiben schneiden. Mit Zitronensaft, Sultaninen, Konfitüre und Zimt mischen.

Backofen auf 200° (Umluft 180°) vorheizen. Ein großes Tuch mit Mehl bestäuben. Strudelteig darauf rechteckig ausrollen. Längs ein Drittel des Teiges mit den Bröseln bestreuen. Apfel- oder Birnenmischung auf den Bröseln verteilen. Zum Einrollen Tuch hochheben. Strudel zur freien Teigseite hin einrollen. Mit der Naht nach unten auf ein gebuttertes Backblech legen. Strudel im heißen Ofen (2. Schiene von unten) in 30 Min. goldbraun backen. Mit Puderzucker bestreut servieren.

Aprikosenstrudel

Zubereitungszeit: 1 Std. 10 Min.
Ruhezeit: 2 Std.
Backzeit: 30 Min.
Bei 12 Stück pro Stück ca.: 605 kcal

Zutaten für 1 Strudel:
1 Portion Strudelteig (s. Seite 216)
Für die Füllung:
250 g weiche Butter, Salz
1/2 TL abgeriebene Zitronenschale
5 Eier, 225 g Grieß
250 g saure Sahne
750 g Aprikosen, 3 EL Zucker
1 Päckchen Vanillezucker
80 g Löffelbiskuits
1 kleiner Zweig Rosmarin
Mehl und Puderzucker zum Bestäuben

Teig zubereiten. Für die Füllung 150 g Butter mit Salz und Zitronenschale schaumig rühren. Eier trennen, nach und nach die Eigelbe unter die Butter rühren. Grieß und saure Sahne einrühren. 2 Std. quellen lassen.

Aprikosen waschen, abtrocknen, vierteln und entsteinen. Eiweiße, Zucker und Vanillezucker steif schlagen, vorsichtig unter die Grießmasse ziehen. Löffelbiskuits in einem Gefrierbeutel mit einem schweren Gegenstand zerkrümeln. Rosmarin waschen, Nadeln fein hacken. Restliche Butter zerlassen. Backofen auf 200° (Umluft 180°) vorheizen.

Ein großes Tuch mit Mehl bestäuben. Den Teig darauf wie im Grundrezept ausrollen, dann nach allen Seiten dünn ausziehen.

Strudelteig mit etwas flüssiger Butter bepinseln, längs ein Drittel des Teiges mit Biskuitbröseln bestreuen. Zuerst die Grießmasse, dann Aprikosen und Rosmarin auf den Bröseln verteilen. Zum Einrollen Tuch hochheben. Strudel zur freien Teigseite hin einrollen. Mit der Naht nach unten auf ein gebuttertes Backblech legen, mit etwas Butter bestreichen und im heißen Ofen (Mitte) in 30 Min. goldbraun backen. Zwei- bis dreimal mit Butter einstreichen. Mit Puderzucker bestreuen, mit Schlagsahne servieren.

ALPENKÜCHE DESSERTS UND GEBÄCK

Für Walnussbäume liegt das Engadin zu hoch. Die weltberühmte Engadiner Nusstorte gäbe es nicht ohne tatkräftige Bündner Zuckerbäcker, die jahrhundertelang in Norditalien arbeiteten, um der Armut in der Heimat zu entfliehen. Die Traditionskonditorei Hauser in St. Moritz versendet ihre Torten heute in die ganze Welt. Jede einzelne wird von Hand gebacken – von einem Chef-Konditor aus Norditalien …

Mit einem speziellen Modellierstab drücken Konditoren im Engadin den Teigrand an.

Engadiner Nusstorte

Zubereitungszeit: 1 Std.
Ruhezeit: 1 Std.
Backzeit: 40 Min.
Bei 16 Stück pro Stück ca.: 480 kcal

Zutaten für 1 Springform mit ca. 26 cm Ø:
200 g weiche Butter (+ Butter für die Form)
100 g Zucker, 2 Eier
1–2 EL warme Milch
600 g Mehl (+ Mehl für die Arbeitsfläche)
1 TL Backpulver, Salz
1/2 TL abgeriebene Zitronenschale

Für die Füllung:
230 g Walnusskerne
200 g Sahne
70 g Honig
300 g Zucker
Puderzucker zum Bestreuen

Butter und Zucker in 5–10 Min. weißschaumig rühren. Nacheinander die Eier unterschlagen und die warme Milch zugeben. Mehl, Backpulver, 1 Prise Salz und Zitronenschale mischen und mit der Buttermischung verkneten. Den Teig zudecken und 1 Std. im Kühlschrank ruhen lassen.

Währenddessen für die Füllung die Walnusskerne grob hacken. In einem kleinen Topf Sahne und Honig aufkochen lassen. Gleichzeitig in einem zweiten Topf den Zucker mit 5 EL Wasser so lange kochen lassen, bis der Zucker goldbraun karamellisiert. Mit der Honig-Sahne ablöschen und bei schwacher Hitze kochen lassen, bis sich der Karamell gelöst hat. Die Nüsse zugeben, alles umrühren und in einer Schüssel bei Zimmertemperatur abkühlen lassen.

Den Backofen auf 200° vorheizen (Umluft nicht empfehlenswert). Zwei Drittel des Teiges auf einer mit Mehl bestäubten Arbeitsfläche zu einem 5 mm

ALPENKÜCHE DESSERTS UND GEBÄCK

Walliser Aprikosentarte

Zubereitungszeit: 40 Min.
Backzeit: 40 Min.
Bei 12 Stück pro Stück ca.: 360 kcal

Zutaten für 1 Tarte- oder Springform mit ca. 26 cm Ø:
150 g Mehl (+ Mehl zum Bestäuben)
3 EL Zucker
100 g Butter (+ Butter für die Form und zum Belegen)
1 Eigelb
Für den Belag:
750 g Aprikosen
125 g weiche Butter
100 g Puderzucker
50 g Mehl
125 g gemahlene Mandeln
3 Eier
2 EL Zucker
Außerdem: Backpapier

Für den Teig Mehl, Zucker, Butter und Eigelb miteinander verkrümeln. Teig zügig zu einer Kugel zusammenkneten und zugedeckt 15 Min. im Kühlschrank ruhen lassen. Die Form mit etwas zerlassener Butter auspinseln und mit wenig Mehl bestäuben. Den Teig ausrollen und die Form damit auslegen. Teig mit einer Gabel stupfen und in der Form noch einmal 15 Min. kühl stellen.

Inzwischen den Backofen auf 200° (Umluft 180°) vorheizen. Für den Belag Aprikosen waschen und halbieren, dabei die Steine entfernen. Butter und Puderzucker schaumig schlagen, Mehl und Mandeln zugeben. Eier nacheinander unterrühren.

Den Teig mit der Mandelcreme bestreichen und mit Aprikosen belegen. Tarte im heißen Ofen (2. Schiene von unten) 20 Min. backen, dann mit dem Zucker bestreuen (nach Belieben auch mit ein paar Butterflöckchen belegen) und die Temperatur auf 180° (Umluft 160°) verringern. Tarte in 20 Min. fertig backen und lauwarm oder kalt servieren.

TIPP

Besonders gut schmeckt die Tarte, wenn Sie ein paar gehackte Blättchen Verbene oder Zitronenmelisse unter die Mandelcreme mischen.
In manchen Teilen des Wallis wird der Kuchen ganz ohne Mandelcreme gebacken oder stattdessen zuerst mit Aprikosen belegt und dann mit einer Mischung aus 2 Eiern, 200 g Sahne und 1 Päckchen Vanillezucker übergossen.

Sehr saftig und einfach zu backen ist die Aprikosentarte aus dem Wallis.

dicken Kreis mit 35 cm Ø ausrollen. Kreis in die gebutterte Form legen. Nussfüllung auf den Teig geben und vorsichtig flach drücken. Den restlichen Teig genauso dick, aber nur mit ca. 26 cm Ø ausrollen und als Deckel auf die Füllung legen. Überstehenden Teigrand ca. 1 cm hoch abschneiden und nach innen schlagen und mit einer Gabel andrücken.

Torte im heißen Ofen (2. Schiene von unten) ca. 40 Min. backen. Aus der Form nehmen, abkühlen lassen und in schmale Stücke schneiden, mit Puderzucker bestreuen und servieren.

Dinkelbuchteln

Zubereitungszeit: 40 Min.
Ruhezeiten: 30–45 Min. und 15 Min.
Backzeit: 30 Min.
Pro Stück ca.: 255 kcal

Zutaten für 16 Stück:
Für den Teig:
200 ml Milch
400 g Dinkelmehl (+ Mehl für die Arbeitsfläche)
1 Päckchen Trockenhefe
2 EL Zucker
1 Päckchen Vanillezucker
125 g weiche Butter
1 Ei, Salz
Für die Füllung:
50 g Marzipanrohmasse
4 EL Milch
75 g gemahlener Mohn
2 EL Sultaninen
1 EL Vanillezucker, 1 EL Rum
Für die Aprikosen:
500 g Aprikosen, 125 g Zucker
100 ml Weißwein (ersatzweise Wasser)
1 Zimtstange
Puderzucker zum Bestäuben

Für den Teig die Milch erwärmen. Dinkelmehl, Hefe, lauwarme Milch, Zucker, Vanillezucker, 75 g Butter, Ei und 1 Prise Salz mit den Knethaken eines Rührgerätes in 5 Min. zu einem weichen Teig kneten. Teig zugedeckt 30–45 Min. an einem warmen Platz gehen lassen, bis sich das Volumen verdoppelt hat. Teig zusammenschlagen und in ca. 25 Min noch einmal verdoppeln lassen.

Inzwischen für die Füllung Marzipan in Stücke schneiden. Milch aufkochen lassen. Mohn, Sultaninen, Vanillezucker, Marzipan und Rum zugeben und glatt rühren. Masse vom Herd nehmen und abkühlen lassen.

Für die Aprikosen Früchte waschen, halbieren, entsteinen und in Spalten schneiden. Zucker in einem kleinen Topf mit 3 EL Wasser hellbraun karamellisieren, mit Weißwein ablöschen. Die Aprikosen und den Zimt zugeben, alles 1 Min. kochen lassen und vom Herd nehmen.

Backofen auf 170° (Umluft 150°) vorheizen. Restliche Butter schmelzen und in eine Auflaufform (ca. 28 cm x 16 cm) geben. Teig auf eine mit Mehl bestäubte Arbeitsfläche geben, mit einem Esslöffel 16 Stücke abstechen.

Stücke zu flachen Kreisen drücken, auf jeden Kreis 1 TL Mohnfüllung setzen. Buchteln verschließen und nebeneinander in die Form setzen, dabei in der Butter wälzen. Buchteln noch einmal 15 Min. gehen lassen, dann im heißen Ofen (2. Schiene von unten) ca. 30 Min. backen. Mit Puderzucker bestäuben und mit den Aprikosen servieren.

Schwarzbeerkucherl

Zubereitungszeit: 20 Min.
Bei 16 Stück pro Stück ca.: 125 kcal

Zutaten für 12–16 Stück:
250 g Heidelbeeren (Schwarzbeeren)
150 g Mehl, 75 g Zucker
1 Päckchen Vanillezucker, Salz
6 EL Milch
6 EL Butterschmalz zum Ausbacken
200 g Sahne
Puderzucker zum Bestreuen

Backofen auf 200° (Umluft 180°) vorheizen. Heidelbeeren waschen und verlesen. Mehl, Zucker, Vanillezucker und 1 Prise Salz unterheben. Milch und 6 EL Wasser fast aufkochen lassen und unter vorsichtigem Rühren mit den Beeren zu einem weichen Teig vermischen.

Die Hälfte vom Butterschmalz auf dem Herd in einer ofenfesten, beschichteten Pfanne erhitzen. Mit einem Esslöffel aus der Hälfte des Teiges 6–8 kleine Pfannkuchen in die Pfanne setzen (s. Tipp). Im heißen Ofen (Mitte) 5 Min. backen, dann wenden und in weiteren 3 Min. fertig backen. Aus dem übrigen Teig ebenso 6–8 Kucherl backen. Die Sahne schlagen, Schwarzbeerkucherl mit Sahne und Puderzucker bestreut servieren. Auf der Alm gibt es noch ein Glas Milch dazu.

TIPP

Österreicher verwenden spezielle Liwanzenpfannen (s. Foto). Doch keine Sorge: Die Kucherl lassen sich auch in einer ofenfesten, beschichteten Pfanne sehr gut backen. Am besten Kucherl sofort aus der Pfanne servieren, dann die zweite Hälfte backen.

ALPENKÜCHE DESSERTS UND GEBÄCK

Auch das gehört zu den Alpen: Wein mit dem A.O.C.-Siegel »Cotes de Provence«.

Antoine erntet seinen Wein meistens Ende September – an einem Wochenende mit dreißig Helfern.

Antoine Sassi
Der südlichste Winzer der Alpen

Fast am südwestlichen Zipfel der Alpenkette, in Frankreich, keltert der italienischstämmige Winzer Sassi feine Weine aus den Trauben uralter Rebstöcke.

Sein T-Shirt ist ausgebleicht, die kurzen Haare struppig. Doch wenn Antoine Sassi lacht – und das tut er oft – wirkt er so charmant wie ein französischer Filmstar. Man möge diese Assoziation verzeihen, Cannes ist nicht weit.

Wir stehen zwischen Sassis Weinreben und sind umgeben von Bergen. Hier in Villars-Sur-Var nördlich von Nizza lässt der Winzer auf vier Hektar Land die Trauben reifen für seinen Wein – 6000 Flaschen weißen, 12000 Flaschen roten im Jahr. Das Besondere: Seine Weine tragen das A.O.C-Siegel »Cotes de Provence«, obwohl sie in den Alpes Maritimes entstehen. Hier in den Seealpen ist Sassi der einzige Winzer, der Wein mit diesem Gütesiegel produziert.

Mikro-Klima und guter Boden

Der Großvater seiner Frau hatte sechs Hektar Land gekauft und begonnen, Wein anzubauen. Die Weinreben sind alt, von 1926, und sie wachsen in kalkhaltiger Erde, die mit Kies bedeckt ist. Der hält in der Nacht die Wärme im Boden. Das ist auch nötig, denn die Nächte können ganz schön kalt werden. Überhaupt das Klima: Es unterscheidet sich sehr von dem der Anbauregionen weiter im Süden. Die Winter sind streng, schließlich sind wir schon in den Alpen. »Im Sommer haben wir aber eine reelle Hitze«, so Sassi, »weil wir hier von den Bergen eingekesselt sind.« Der Franzose erklärt uns sein »Terroir« mit Inbrunst, der Ausdruck aus der Weinfachsprache wird für uns richtig lebendig: Die »regionale Identität« dieses Weines ist so einzigartig, das muss man einfach schmecken.

Le Clos Saint-Joseph: nur rot und weiß

Sein »Micro-Terroir«, wie es Sassi stolz nennt, wissen Kenner zu schätzen: Der Winzer verkauft seinen Wein an die besten Restaurants der Cote d'Azur. Rosé-Wein, eigentlich typisch für die Provence, macht er aber nicht: »Ich hab kaum genug Trauben für meinen Rouge«, sagt er und lacht wieder dieses breite Filmstar-Lachen.

Gute Tropfen: In seinem Weinkeller empfängt Sassi interessierte Kunden zur Verkostung.

Die Mandeltarte genießt man am besten mit einem Glas Dessertwein.

Mandeltarte

Zubereitungszeit: 15 Min.
Backzeit: 30 Min.
Bei 12 Stück pro Stück
ca.: 250 kcal

Zutaten für 1 Tarteform oder 1 Pizzablech mit ca. 32 cm Ø:
125 g Mandelkerne ohne Haut (s. Tipp)
125 g weiche Butter (+ Butter für die Form)
100 g Zucker
1 TL Vanillezucker
1 TL abgeriebene Zitroneschale
2 EL Honig
2 Eigelb
125 g Mehl
100 g Maismehl (oder feiner Maisgrieß; + Maismehl für die Form)

Die Mandeln in einer Pfanne ohne Fett rösten, bis sie duften. Im Mörser oder Blitzhacker fein zerkleinern.

Den Backofen auf 160° vorheizen (Umluft nicht empfehlenswert). Butter, Zucker, Vanillezucker und Zitronenschale in 5–10 Min. weiß-schaumig schlagen. Den Honig und die beiden Eigelbe nacheinander unterschlagen. Alles mit Mehl, Maismehl und gemahlenen Mandeln verrühren.

Die Form mit Butter ausstreichen und mit Maismehl bestäuben. Den Teig einfüllen und glatt streichen. Im heißen Ofen (2. Schiene von unten) 25–30 Min. backen. Tarte aus dem Ofen nehmen und abkühlen lassen. Mandeltarte im Ganzen servieren. Dazu passt ein trockener Dessertwein.

TIPP

Am besten schmecken die Mandeln, wenn Sie sie selber frisch häuten. Dazu Kerne einfach 15 Sekunden in kochendes Wasser legen, abgießen und dann die Haut abziehen.

Polenta-Zimtschnitten

Zubereitungszeit: 25 Min.
Abkühlzeit: 2 Std.
Pro Portion ca.: 350 kcal

Zutaten für 4 Personen:
1/2 Vanilleschote
400 ml Milch, Salz
100 g Zucker, 4–5 EL Butter
100 g Instant-Maisgrieß (Polenta)
2 Eier, Mehl zum Wenden
1/2 TL Zimtpulver

Die Vanilleschote der Länge nach halbieren, das Mark mit einem Messerrücken herausschaben. Beides mit der Milch in einem kleinen Topf aufkochen lassen, 1 Prise Salz, 1 EL Zucker und 1–2 EL Butter dazugeben.

Die Vanilleschote aus der Milch nehmen. Den Maisgrieß unter Rühren in den Topf rieseln lassen, aufkochen lassen und nach Packungsanweisung ca. 5 Min. zugedeckt bei sehr schwacher Hitze quellen lassen. Ein Backblech (oder einen großen Teller) mit wenig Butter bestreichen, die Polenta darauf verteilen und mit einem gebutterten Pfannenwender glatt streichen. Mindestens 2 Std. im Kühlschrank abkühlen lassen.

Polenta in Rechtecke mit ca. 4 cm Seitenlänge schneiden. Die beiden Eier mit 1 EL Zucker in einem tiefen Teller verquirlen. Mehl zum Wenden in einen zweiten Teller geben. Restliche Butter in einer beschichteten Pfanne erhitzen. Polentastücke im Mehl wenden, dann durch die Eier ziehen und in der Butter von beiden Seiten in 2–3 Min. goldbraun braten.

Die Polenta-Schnitten auf Küchenpapier abtropfen lassen. Restlichen Zucker mit dem Zimt mischen. Polentaschnitten darin wenden und servieren.

TIPP

Dazu passen Kirschröster oder -kompott. Kirschröster können Sie nach dem Rezept für Zwetschgenröster auf Seite 202 zubereiten. Auch Apfel- oder Birnenmus (s. Seite 50) sind beliebt im Wallis, der Heimat dieses einfachen Desserts.

Türkentommerl

Zubereitungszeit: 45 Min.
Backzeit: 30 Min.
Bei 6 Personen pro Portion ca.: 400 kcal

Für 4–6 Personen:
1/2 l Milch
100 g Butter (+ Butter für die Form)
1 Päckchen Vanillezucker
1/2 TL abgeriebene Zitronenschale (nach Belieben)
Salz
120 g Maisgrieß (Polenta; + Maisgrieß zum Ausstreuen)
4 EL Zucker
5 EL Sahne
3 EL Mandelblättchen
600 g Pfirsiche oder Aprikosen (traditionell Äpfel oder Birnen)
Puderzucker zum Bestreuen

Milch, 50 g Butter, Vanillezucker und nach Belieben Zitronenschale mit 1 Prise Salz aufkochen lassen, den Grieß unter Rühren zugeben. Vom Herd nehmen und zugedeckt 15 Min. quellen lassen.

Den Backofen auf 180° (Umluft 160°) vorheizen, eine Auflaufform (ca. 20 cm x 30 cm) mit Butter ausstreichen und mit wenig Maisgrieß ausstreuen. Restliche Butter mit Zucker und Sahne aufkochen lassen. Die Mandelblättchen unterrühren. Alles noch einmal aufkochen lassen, dann abkühlen lassen. Pfirsiche oder Aprikosen waschen, halbieren, entsteinen und in Spalten schneiden.

Die Hälfte der Grießmasse in die Form geben und glatt streichen, die Hälfte der Früchte auf der Grießmasse verteilen. Restliche Grießmasse und dann die restlichen Früchte in die Form geben, die Butter-Sahnemischung darüber verteilen und im heißen Ofen (Mitte) 30 Min. backen.

Türkentommerl aus dem Ofen nehmen und 10 Min. ruhen lassen. In Stücke teilen und mit Puderzucker bestreut servieren. Wer mag, reicht auch noch geschlagene Sahne dazu.

Im Nationalpark der Dolomiten und in seiner Umgebung wachsen
viele verschiedene Maissorten, die als ganzes Korn, grober und feiner Maisgrieß oder Maismehl Verwendung in der Küche finden. Falls Sie kein Maismehl bekommen, können Sie auch Grieß für die beiden Rezepte verwenden – nur Schnellkoch-Grieß sollten Sie in diesem Fall vermeiden.

Polentina

Zubereitungszeit: 30 Min.
Backzeit: 30 Min.
Abkühlzeit: 15 Min.
Bei 12 Stück pro Stück ca.: 345 kcal

Zutaten für 2 Pie- oder Quiche-
formen mit je 18–20 cm Ø:
200 g weiche Butter (+ Butter
für die Formen)
180 g Puderzucker (+ Puderzucker
zum Bestreuen)
1 Päckchen Vanillezucker
3 Eier
160 g Mehl
60 g Maismehl oder Maisgrieß
60 g gemahlene Haselnüsse
1 Msp. Backpulver
200 g Pflaumenmus (Powidl; ersatzweise Zwetschgenkonfitüre)
1 EL Zwetschgenwasser (nach
Belieben)

Backofen auf 180° vorheizen (Umluft nicht empfehlenswert). Butter mit Puder- und Vanillezucker in ca. 10 Min. weiß-schaumig schlagen. Die Eier nacheinander unterrühren. Mehl, Maismehl und Haselnüsse mit dem Backpulver mischen und zügig unter die schaumige Butter rühren.

Die Formen buttern, jeweils die Hälfte des Teiges einfüllen. Ein gefaltetes Küchentuch auf die Arbeitsfläche legen, die Formen einige Male auf das Tuch klopfen, damit sich der Teig verteilt. Kuchen im heißen Ofen (2. Schiene von unten) ca. 30 Min. backen.

Die beiden Kuchen aus dem Ofen nehmen, 15 Min. abkühlen lassen und dann aus der Form stürzen. Mit einem großen Sägemesser quer halbieren. Das Pflaumenmus mit Zwetschgenwasser glatt rühren. Den jeweils unteren Kuchenboden dünn mit dem Mus bestreichen, die Kuchen wieder zusammensetzen. Kuchen nach Belieben mit Puderzucker bestreuen und lauwarm oder kalt servieren.

ALPENKÜCHE DESSERTS UND GEBÄCK

Zaetti

Zubereitungszeit: 20 Min.
Ruhezeit: 30 Min.
Backzeit: 12–14 Min.
Pro Stück ca.: 60 kcal

Zutaten für ca. 40 Stück:
100 g weiche Butter
70 g Zucker
1 Ei
125 g Mehl (+ Mehl für die Arbeitsfläche)
175 g Maismehl oder Maisgrieß
Salz
1/2 TL Backpulver
1 TL abgeriebene Orangenschale
3–4 EL Sultaninen
Außerdem: Backpapier

Die Butter, den Zucker und das Ei in ca. 5 Min. schaumig schlagen. Mehl und Maismehl mit 1 Prise Salz, Backpulver, Orangenschale und Sultaninen mischen, dann zügig unter die Buttermischung rühren. Den Teig im Kühlschrank zugedeckt mindestens 30 Min. ruhen lassen.

Backofen auf 200° (Umluft 180°) vorheizen. Den Teig auf einer mit Mehl bestäubten Arbeitsfläche zu einem 3 cm dicken Rechteck ausrollen. Mit einem scharfen Messer Teig in ca. 5 cm breite Streifen schneiden. Jeden Streifen in gut 1 cm dicke Stücke schneiden, so dass kleine Rechtecke von 5 cm x 3 cm Größe entstehen.

Die Teigstücke in Reihen auf ein mit Backpapier belegtes Blech legen. Ca. 5 cm Abstand zwischen den Reihen lassen, damit die Kekse etwas aufgehen können. Teigstücke im heißen Ofen (Mitte) 12–14 Min. backen, bis die Keksränder hellbraun sind. Die Maiskekse mit dem Backpapier vom Blech ziehen und abkühlen lassen.

Wie die hierzulande bekannteren Cantucci aus Italien schmecken auch Zaetti gut zu Dessertwein.

Dazu: Pflaumenragout

500 g Pflaumen waschen, entsteinen und halbieren. Die Hälften in Spalten schneiden und in eine große Metallschüssel legen. 125 ml Portwein (für Kinder Traubensaft) mit 2 EL Zucker und 1 Zimtstange aufkochen lassen. 1 TL Speisestärke mit 1 EL Wasser verrühren. Wein vom Herd ziehen, die Speisestärke mit einem Schneebesen unterrühren. Alles noch einmal aufkochen lassen, dann 5 Min. bei sehr schwacher Hitze köcheln lassen. Pflaumen mit der heißen Flüssigkeit übergießen. Mindestens 12 Std. durchziehen lassen. Vor dem Servieren mit Zitronenthymian oder -melisse mischen.

Zwetschgenknödel

Zubereitungszeit: 40 Min.
Garzeit Kartoffeln: 15–25 Min.
Pro Stück ca.: 180 kcal

Zutaten für 12 Stück:
700 g mehlig kochende Kartoffeln, Salz
3 Eigelb, 100 g Mehl
100 g feiner Hartweizengrieß oder Wiener Grießler
(Dunst; + Grieß für die Arbeitsfläche)
2 EL Öl, geriebene Muskatnuss
2 EL Zimtzucker
12 Zwetschgen
12 Stück Marzipanrohmasse (je ca. 8–10 g)
oder Würfelzucker (nach Belieben)
1 Prise Zucker
100 g Butter
3 EL Weißbrotbrösel (s. Seite 216; ersatzweise Paniermehl)
1 EL gemahlener Mohn

Die Kartoffeln mit Schale in kochendem Salzwasser je nach Größe in 15–25 Min. garen, pellen und durch eine Kartoffelpresse drücken. Die Eigelbe zügig einarbeiten, Kartoffelmasse abkühlen lassen. Dann mit Mehl, Grieß oder Grießler und Öl verkneten, mit wenig Salz, Muskat und 1 EL Zimtzucker mild abschmecken.

Die Zwetschgen waschen und entkernen, nach Belieben mit Marzipan oder Würfelzucker füllen. Den Kartoffelteig auf einem mit Grieß bestreuten Brett knapp 1 cm dick ausrollen. Den Teig in 7 cm große Quadrate schneiden. Teigstücke mit den Zwetschgen füllen und rund rollen.

In einem großen Topf Wasser mit je 1 Prise Salz und Zucker aufkochen lassen. Zwetschgenknödel ins kochende Wasser geben. Sobald sie aufsteigen, die Hitze reduzieren. Zwetschgenknödel mit halb aufgelegtem Deckel ca. 10 Min. ziehen lassen.

In der Zwischenzeit 75 g Butter in einer Pfanne erhitzen, Weißbrotbrösel darin unter ständigem Rühren goldbraun rösten. Zum Schluss restlichen Zimtzucker unterrühren. Restliche Butter in einem kleinen Topf aufschäumen, den Mohn darin rösten.

Knödel mit einem Sieblöffel aus dem Wasser heben, gut abtropfen lassen, auf Teller verteilen und mit Bröseln bestreuen. Mohnbutter auf den Knödeln verteilen. Dazu passt Vanillesauce.

Topfenschmarren

Zubereitungszeit: 35 Min.
Pro Portion ca.: 330 kcal

Zutaten für 4 Personen:
400 g Kirschen
3 Eier
100 g trockener Quark (20 % oder Topfen)
3 EL Milch
3 EL Mehl
2 EL gemahlene Mandeln
1 Päckchen Vanillezucker
1 TL abgeriebene Zitronenschale
Salz
5 EL Zucker
2–3 EL Butter
1 Msp. Zimtpulver
Puderzucker zum Bestreuen

Kirschen waschen, entsteinen und halbieren. Den Backofen auf 220° (Umluft 200°) vorheizen. Die Eier trennen. Die Eigelbe mit Quark oder Topfen, Milch, Mehl, Mandeln, Vanillezucker, Zitronenschale und 1 Prise Salz verrühren. Die Eiweiße mit 3 EL Zucker steif schlagen und unter die Topfenmasse ziehen.

1–2 EL Butter in einer ofenfesten, beschichteten oder anderen Pfanne, die nicht klebt, erhitzen. Teig darin kurz auf dem Herd anbacken, dann im heißen Ofen (Mitte) 10 Min. garen. Den Schmarren herausnehmen, mit zwei Gabeln in große Stücke reißen und wenden. 1 EL Butter zugeben und den Schmarren im Ofen in 3–4 Min. fertig backen. Zimt und restlichen Zucker zugeben und untermischen. Den Zucker schmelzen oder sogar hell karamellisieren lassen. Die Kirschen zugeben und durchschwenken. Schmarren mit Puderzucker bestreut servieren.

TIPP

Löschen Sie den fertigen Schmarren mit 4–5 EL Kirschwasser ab und flambieren Sie das Gericht, halten Sie also ein Streichholz vorsichtig von der Seite an die Pfanne. Nicht erschrecken: Es gibt eine kleine Stichflamme!

ALPENKÜCHE DESSERTS UND GEBÄCK

Der Kirchtum des Südtiroler Dorfs St. Valentin, im Hintergrund der Schlern.

Der Schlitten ist das beste Mittel zur Fortbewegung im Winter, wenn alles mit Schnee bedeckt ist. Früher zogen Pferde oder Ochsen das Gefährt.

Südtiroler Bauernhochzeit
Das große Fressen

Eine Hochzeit war eine willkommene Abwechslung im kargen Leben der Bergbauern. Entsprechend groß wurde sie gefeiert – aber nur im Winter, wenn die Landwirtschaft nicht alle Zeit in Anspruch nahm.

Wer glaubt, in Kastelruth singen nur die berühmten Spatzen, der irrt: Zur Seiser Alm, Europas größter Alm, fahren Urlauber im Sommer zum Wandern, im Winter zum Skifahren. Und zur Zeit alle zwei Jahre im Januar können sie in die Welt alter Bauernbräuche eintauchen. Dann lassen die Kastelruther die Tradition eines wunderbaren Bauernfestes wieder aufleben: Originalgetreu stellen sie den Pferdeschlittenumzug einer Bauernhochzeit nach – inklusive wochenlanger Vorbereitungen mit Kostümnähen und Krapfenbacken.

Feiern im Winter

Die Veranstaltung selbst hat sich inzwischen zu einer der größten und prächtigsten Trachtenschauen Südtirols entwickelt. Die Bauernhochzeit beginnt am frühen Nachmittag in St. Valentin. Von dort bricht der Hochzeitszug mit seinen schön geschmückten Pferdeschlitten nach Kastelruth auf. Nach dem Einzug auf dem Dorfplatz nehmen die Hochzeitsgäste ihren Platz auf der Freitreppe zu Füßen des mächtigen Kastelruther Turmes ein. Hier werden die einzelnen Trachten vorgestellt und beschrieben. Dann zieht sich die Gesellschaft zum Brautmahl zurück.

Früher fuhr man mit dem Schlitten zur Trauung in die Kirche, weil bis in die siebziger Jahre des vergangenen Jahrhunderts Hochzeiten nur unter der Woche und vor allem nur in den Wintermonaten gefeiert wurden.

Im Frühjahr und Sommer hatten die Bergbauern keine Zeit für Feste, die Arbeit auf dem Feld ging vor. Umso ausgiebiger holten die Menschen das Feiern im Winter nach. Eine Bauernhochzeit war ein Feiertag, das ganze Dorf mit von der Partie. Und Gelegenheit zum Feiern – und vor allem Essen – gab so eine Hochzeit gleich an mehreren Tagen. Zuerst kam die »Katzenmusik«, der Polterabend, bei dem feierwütige Dorfbewohner mit allerlei krachmachenden Gegenständen am Samstag vor Bekanntgabe der Eheschließung in den Heimathäusern des Brautpaares einfielen. Das musste nun die Katzenmusiker mit Speck und Krapfen verköstigen – oft bis in die frühen Morgenstunden.

BRAUCHTUM REPORTAGE

Das Laden der Gäste zog sich über mehrere Tage: Der »Hochzeitslader«, in imposanter Tracht und mit Pulverhorn, Pistole und Hochzeitsstab ausgestattet, kutschierte die Brautleute mit dem Pferdeschlitten von Hochzeitsgast zu Hochzeitsgast. Und wieder Schlemmen: Jeder Gast lud Brautpaar und Hochzeitslader zum Essen ein und überreichte schon sein Geschenk.

Seltene Gelegenheit zum Sattessen

Das eigentliche große Gelage war natürlich am Hochzeitstag selbst. So mancher Gast konnte es kaum erwarten, sich einmal wieder richtig satt essen zu können. Am frühen Morgen brachte der Brautführer die Braut im Pferdeschlitten zum Wirtshaus, wo Bräutigam und Familie schon warteten. Von hier ging es zur Kirche. Nach der Trauung mit Gesang und Blasmusik dann der Hochzeitszug: In festgelegter Reihenfolge fuhren Brautpaar, Paten, Familienmitglieder, Nachbarn, Hochzeitslader und Brautnäherin in festlich geschmückten Pferdeschlitten zum Gasthaus, bei größeren Hochzeiten konnten das bis zu 50 Schlitten sein. Das anschließende Hochzeitsmahl ließ keine Wünsche offen.

Von Aniskrapfen bis Mohnpofesen

Serviert wurden um die 15 Gänge, darunter Aniskrapfen mit Sahne, Kalbskopf sauer, Wiener Schnitzel und Kompott, Oblatenkiachl, Rindfleisch und Innsbrucker Wurst mit Kartoffelpüree und Essigkren, Knödel und eingemachtes Kalbsgulasch, Grüne Krapfen, Schweinernes mit Kraut, Mohnpofesen, Grieskoch, Kalbsbraten mit Kompott und Salat, Torte und Konfekt. Zwischen den Gängen trank man Kaffee, ließ sich fotografieren, tanzte. Gegen Ende des Essens tanzte der nächste Nachbar »die Hanswurst auf«: Mit einem mit kleinen Puppen gefüllten Guglhupf tanzte der Mann um die Braut herum und zog dabei immer wieder die Puppen heraus – solange, bis die Braut sie endlich fangen konnte. Der Nachbar bekam einen Freitanz, die Hochzeitsgäste verabschiedeten sich und hatten vermutlich tagelang Magenschmerzen von der ungewohnten Völlerei.

ALPENKÜCHE DESSERTS UND GEBÄCK

Schlosserbuam mit Orangensauce

Zubereitungszeit: 30 Min.
Marinierzeit: 4–6 Std.
Pro Stück ca.: 295 kcal

Zutaten für 16 Stück:
3 EL Zwetschgenwasser (ersatzweise Wasser)
16 weiche getrocknete Pflaumen
16 Mandelkerne ohne Haut (s. Tipp Seite 191)
2 Bio-Orangen
150 g Zucker
100 g Crème fraîche
150 g Mehl
2 Eier
125 ml helles Bier
Salz
1–2 l Öl zum Ausbacken
1 TL Zimtpulver

Zwetschgenwasser mit 3 EL Wasser mischen. Die Pflaumen mit den Mandelkernen füllen und in das Zwetschgenwasser legen. 4–6 Std. ziehen lassen, bis die Früchte den größten Teil der Flüssigkeit aufgenommen haben.

Für die Sauce die Orangen waschen, die Schale von 1 Orange abreiben, den Saft von beiden Orangen auspressen. 100 g Zucker mit 2 EL Wasser in einem kleinen Topf kochen lassen, bis der Zucker hellbraun karamelisiert. Mit dem Orangensaft ablöschen. Vorsicht, es zischt! Alles sirupartig einkochen und vom Herd nehmen. Die Orangenschale unter die Sauce rühren. Sauce abkühlen lassen, zum Servieren mit der Crème fraîche mischen.

Mehl, Eier und Bier mit 1 Prise Salz und 2 EL Öl verquirlen. Das restliche Öl zum Ausbacken der Schlosserbuam in einem kleinen Topf erhitzen, bis von einem hinein getauchten Holzlöffelstiel sofort Blasen aufsteigen. Restlichen Zucker mit dem Zimt vermischen. Die Pflaumen durch den Backteig ziehen und in zwei oder drei Portionen im heißen Fett ausbacken. Schlosserbuam auf Küchenpapier abtropfen lassen, im Zimtzucker wälzen und mit der Orangensauce servieren.

Südtiroler Hochzeitskrapfen

Zubereitungszeit: 1 Std. 30 Min.
Pro Stück ca.: 200 kcal

Zutaten für 20 Stück:
150 ml Milch
2 EL Sahne
250 g Weizenmehl (+ Mehl für die Arbeitsfläche)
50 g Roggenmehl
Salz
1 Eigelb
1 EL Öl
1 EL trockener Wermut
100 g getrocknete Birnen (Kletzen)
100 g Pflaumenmus (Powidl; ersatzweise Zwetschgenkonfitüre)
1/2 TL Zimtpulver
1 Msp. gemahlene Gewürznelken
1–2 l Öl zum Ausbacken
Puderzucker zum Bestäuben

Milch und Sahne erwärmen. Mehl, Roggenmehl und 1 Prise Salz mischen, mit lauwarmer Milch und Sahne, Eigelb, Öl und Wermut zu einem geschmeidigen Teig verkneten. Den Teig zudecken und mindestens 30 Min. ruhen lassen.

Inzwischen die Kletzen in einem Topf knapp mit Wasser bedeckt in 15 Min. weich kochen, abgießen und dabei etwas Kochwasser auffangen. Kletzen kurz abkühlen lassen. Stiele entfernen, die Birnen im Blitzhacker fein pürieren, falls nötig, etwas Kochwasser dazugeben. Pflaumenmus, Zimt und Nelkenpulver zugeben und untermixen.

Den Teig auf einer mit Mehl bestäubten Arbeitsfläche dünn ausrollen (ca. 40 cm x 50 cm). Den Teig der Länge nach mit einem Teigrad halbieren. Jeweils die Hälfte des Teiges mit der Füllung bestreichen, die andere Hälfte darüberklappen und leicht andrücken. Jeden Teigstreifen auf etwa doppelte Länge ausziehen und dann in Quadrate schneiden.

Das Öl zum Ausbacken erhitzen, bis von einem hinein getauchten Holzlöffelstiel sofort Blasen aufsteigen. Die Krapfen darin in 3–4 Min. goldbraun backen, dabei immer wieder umdrehen. Auf Küchenpapier abtropfen lassen, mit Puderzucker bestäuben und heiß servieren.

Hefeknödel mit Erdbeerfüllung

Zubereitungszeit: 1 Std.
Ruhezeiten Teig: 10 Min. und 30 Min. und 20 Min.
Pro Stück ca.: 160 kcal

Zutaten für 12 Stück:
250 g Mehl (+ Mehl für die Arbeitsfläche)
Salz, 1/4 Würfel Hefe
1 EL Zucker, 1/8 l Milch
75 g weiche Butter, 2 Eigelb
12 große Erdbeeren
50 g Weißbrotbrösel (s. Seite 216; ersatzweise Paniermehl)
Puderzucker zum Bestreuen

Mehl und 1 Prise Salz in eine Rührschüssel füllen. Eine kleine Mulde formen, Hefe hineinbröseln und Zucker zugeben. Milch leicht erwärmen, ein Drittel davon mit Hefe, Zucker und etwas Mehl in der Mulde verrühren. Vorteig mit Mehl bestäuben und zugedeckt an einem warmen Ort 5–10 Min. gehen lassen, bis sich kleine Risse an der Oberfläche bilden. Jetzt die restliche Milch zum Teig gießen, 30 g Butter und Eigelbe zugeben. Teig ca. 10 Min. mit den Knethaken des Handrührgerätes kneten, zudecken und ca. 30 Min. gehen lassen, bis sich das Volumen verdoppelt hat.

Teig auf einer mit Mehl bestäubten Arbeitsfläche ausrollen und in 12 Stücke teilen. Auf jedes Teigstück 1 Erdbeere legen. Teigstücke zu Knödeln formen und zugedeckt auf einer bemehlten Arbeitsfläche noch einmal 20 Min. gehen lassen.

Inzwischen die Brösel in der übrigen Butter hellbraun rösten. Einen großen Topf halb mit Wasser füllen. Wasser zum Kochen bringen. Entweder ein Geschirrtuch über den Topf legen und an den Henkeln festbinden oder einen Dämpfeinsatz fetten und in den Topf setzen.

Jeweils 6 Knödel auf das Tuch oder in den Einsatz legen. Mit einem hohen Deckel oder einer passenden Metallschüssel zudecken und im Dampf 20 Min. garen. Knödel mit Bröseln und mit Puderzucker bestreut servieren.

Variante
Hefeknödel sind eine sehr schöne Beilage zu Schmorgerichten, dazu einfach Füllung und Puderzucker weglassen.

Grießknödelchen mit Zwetschgenröster

Zubereitungszeit: 30 Min.
Kühlzeit: 1 Std.
Pro Stück ca.: 245 kcal

Zutaten für 16 Stück:
1 Vanilleschote
1/2 l Milch, 200 g Butter
4 EL Zucker, Salz
150 g Hartweizengrieß, 2 Eier
500 g Zwetschgen oder gelbe Pflaumen
1 Bio-Orange
4 EL Rotwein
100 g brauner Zucker
2 EL Aprikosengeist (nach Belieben)
4 EL Weißbrotbrösel (s. Seite 216; ersatzweise Paniermehl)
4 EL gemahlener Mohn, 3 EL Zimtzucker

Vanilleschote längs halbieren, Mark herausschaben. Vanillemark mit Milch, 125 g Butter, Zucker und 1 Prise Salz aufkochen lassen. Hartweizengrieß einrühren. Hitze reduzieren und Grieß unter Rühren »abbrennen«, bis sich die Masse vom Topfboden löst. In eine Schüssel umfüllen. Nacheinander die Eier unterrühren, bis die Masse bindet. Grießmasse abkühlen lassen.

Inzwischen für den Zwetschgenröster Früchte waschen und entsteinen. Orange waschen, Schale abreiben, Saft auspressen. Rotwein, Orangensaft, braunen Zucker und Aprikosengeist zum Kochen bringen. Zwetschgen oder gelbe Pflaumen zusammen mit Orangenschale und Vanilleschote dazugeben und bei schwacher Hitze 15 Min. dünsten. Mit einem Pürierstab etwa ein Drittel der Früchte pürieren. Zwetschgenröster vom Herd nehmen.

Salzwasser in einem großen Topf aufkochen lassen. Mit zwei feuchten Esslöffeln ca. 16 Nocken aus der Grießmasse formen und nacheinander ins Wasser gleiten lassen. Nocken bei schwacher Hitze in 10 Min. gar ziehen lassen.

Währenddessen restliche Butter in einer Pfanne erhitzen, Weißbrotbrösel und Mohn darin unter ständigem Rühren goldbraun rösten. Zimtzucker unterrühren. Knödel aus dem Wasser heben, abtropfen lassen und mit Mohn-Bröseln und Zwetschgenröster anrichten. Wer mag, träufelt noch zerlassene Butter darüber.

ALPENKÜCHE DESSERTS UND GEBÄCK

Honig in Slowenien
Geliebte Bienenvölker

Seit dem römischen Altertum ist die Imkerei in Slowenien verbreitet. Im 19. Jahrhundert wurde die slowenische – krainische – graue Biene weltbekannt. Ein Slowene war 1769 erster kaiserlicher Imkereilehrer in Wien und schrieb eine umfangreiches Werk über die Imkerei.

Sanftmütig ist sie, putzeifrig, mit schwachem Hang zur Räuberei … Wenn Imker von der Carnica-Biene sprechen, fangen ihre Augen nicht selten an zu strahlen. Genauso wie bei Janko Zupanc gerade, ein Imker in Lancovo, einem Dorf bei Bled, dem bekannten Kurort in den Alpen Sloweniens. In dieser Region ist in fast jedem Wappen eine Biene abgebildet. An den Straßen werben selbstgemalte Schilder für Honig, Propolis und Honigschnaps frisch vom Imker. Und im nahen Radovljica ist ein Bienenmuseum.

Die berühmte Carnica
Bienen züchtet man wegen des Honigs – in Slowenien aber schon seit Jahrhunderten auch, um mit den Bienen selbst zu handeln. Gezüchtet wird dort aber nicht irgendeine Biene, sondern die wegen ihrer guten Eigenschaften berühmte Carnica-Biene. Die kommt ursprünglich aus der Krain, dem Teil Sloweniens, der das fruchtbare Becken von Ljubljana und das benachbarte Gebirgsland umfasst.

Waggonweise Handel
Es war ein junger Bauernsohn aus Breznica, der schon im 18. Jahrhundert die Carnica-Biene berühmt gemacht hat: Anton Janša. Als erster Lehrer an der damals von Erzherzogin Maria-Theresia gegründeten Schule für Kaiserliche und Königliche Bienenzucht in Wien hat er besonders mit seinen Schriften sehr zur Entfaltung der Bienenzucht beigetragen: Im 19. Jahrhundert lieferten slowenische Bienenhändler die Bienen waggonweise nach Mitteleuropa – die krainische Biene wurde in Nord- und Mitteleuropa zur Muster- oder Referenzbiene. Seit gut zwanzig Jahren wacht in Ljubljana sogar eine eigene Institution über die Qualität dieser Bienenrasse: das Amt für die Auslese der Carnica. Vor allem seit der 1991 erlangten Unabhängigkeit Sloweniens hält man die aus dem Land stammenden Carnica für schützenswert. Und seit 1992 stehen alle Bienenköniginnen in einem Verzeichnis und werden regelmäßig in ausgewählten Bienenstöcken geprüft.

HONIG REPORTAGE

Alpenländische Farbenfreude: Die bebilderten Stirnbretter des Oberkrainer Bienenstocks drücken Fürsorge und Liebe für die Bienen aus (links). Die Carnica ist eine mittelgroße, schlanke Biene mit auffällig breiten, grauen Filzbinden und oftmals orangefarbenen Ecken und Ringen auf dem Hinterleib (oben).

Bunte Bilder für die Bienen

Imker Zupanc zeigt uns sein Bienenhaus am Rand seines kleinen Grundstücks. Es ist ganz aus Holz, mit halbrundem Dach und steht in einer Art Ständer, der mit Abfallöl gefüllt ist – zum Schutz vor Ameisen. »Originalgetreu wieder aufgebaut«, erklärt Zupanc stolz.

Die Oberkrainer Bienenstöcke unterschieden sich nämlich von denen anderer Regionen. Besonders auffällig: die mit bunten Bildern bemalten Stirnbretter. Sie zeigen uns heute noch, wie fürsorglich sich die Bienenzüchter der Gegend um ihre Schützlinge kümmerten. Religiöse Motive wie volkstümliche Heilige sollten die Bienen vor Hexenzauber und Unglücksfällen bewahren. Außerdem wusste man schon damals, dass Farben es den Bienen erleichtern, die einzelnen Bienenstöcke voneinander zu unterscheiden. In der Glanzperiode dieser Volkskunst malten die Künstler oft Satirisches: Da bügelt der Teufel schon mal Weiberwäsche, kämpfen zwei Frauen um die Männerhose, zieht eine Frau ihren Mann aus dem Wirtshaus. Oder es streiten sich zwei Bauern um eine Kuh, während der Advokat ebenjene melkt – eine lustige Illustration der schon damals verbreiteten Prozesswut.

Wenn Bienen sterben ...

Janko Zupanc besaß einmal ein Sägewerk. Nachdem ihn der Staat enteignet hatte, verschrieb er sich ganz der Imkerei. Jetzt ist Zupanc ein alter Mann und kümmert sich immer noch liebevoll um seine Bienen. Die paar Gläser Honig, die er produziert, reichen gerade mal für seine Familie. Aber der Honig ist ihm auch nicht mehr so wichtig. Wie sehr die Slowenen ihre Bienen schätzen und verehren, spiegelt sich übrigens auch in ihrer Sprache: Die meisten Tiere, selbst Hunde, »krepieren« in der slowenischen Sprache einfach. Doch die Biene »stirbt«.

Struklji

Zubereitungszeit: 35 Min.
Ruhezeit: 30 Min.
Bei 16 Stück pro Stück ca.: 125 kcal

Zutaten für 12–16 Stück:
175 g Buchweizenmehl
175 g Weizenmehl (+ Mehl für die Arbeitsfläche)
2 Eier
4 EL Butter
250 g trockener Quark (20 %)
1 Päckchen Vanillezucker
Salz
2 EL Weißbrotbrösel (s. Seite 216; ersatzweise Paniermehl)
1 EL Zimtzucker

Buchweizen- und Weizenmehl mischen und mit 125 ml heißem Wasser verkrümeln, abkühlen lassen. Mit 1 Ei so lange zu einem geschmeidigen Teig verkneten, bis der Teig nicht mehr klebt. Teig zugedeckt 30 Min. ruhen lassen. In der Zwischenzeit für die Füllung 2 EL Butter schmelzen und mit dem restlichem Ei, dem Quark und dem Vanillezucker verrühren.

Den Teig auf einer mit Mehl bestäubten Arbeitsfläche 2–3 mm dick ausrollen. Mit einer 12 cm großen runden Ausstechform Kreise ausstechen. Auf jeden Teigkreis 1 EL Füllung setzen, die Ränder mit wenig Wasser bestreichen und Teigkreise zu Halbmonden zusammenfalten. Teigränder mit den Fingern festdrücken, so dass ein gewellter Rand entsteht.

In einem großen Topf Salzwasser aufkochen lassen. Teigtaschen darin 8–10 Min. kochen. Brotbrösel in der restlichen Butter goldbraun rösten, dabei ständig umrühren. Pfanne vom Herd nehmen, Brösel etwas abkühlen lassen, Zimtzucker unterrühren. Teigtaschen aus dem Wasser nehmen und mit den Bröseln servieren.

Dazu passen Fruchtkompotts, karamellisierte Äpfel (s. Seite 215), Zwetschgenröster (s. Seite 202) oder frische Beeren.

Gibanica

Zubereitungszeit: 30 Min.
Marinier- und Abtropfzeit: 6 Std.
Ruhezeiten: 45 Min. und 15 Min.
Backzeit: 45 Min.
Bei 12 Stück pro Stück ca.: 540 kcal

Zutaten für 1 Brot:
100 g getrocknete Aprikosen
4 EL Aprikosengeist (ersatzweise Wasser)
1 kg trockener Quark (20 % oder Topfen)
750 g Mehl (+ Mehl für die Arbeitsfläche)
1 Päckchen Trockenhefe, Salz
2 EL Sonnenblumenöl, 5 Eier
400 ml Milch, 125 g Zucker
1 Päckchen Vanillezucker, 2 EL Grieß
150 g Butter, 2 EL Zimtzucker
Außerdem: Backpapier

Aprikosen mit 5 EL heißem Wasser und Aprikosengeist begießen, zugedeckt 6 Std. ziehen lassen. Inzwischen Quark auf einem Sieb im Kühlschrank abtropfen lassen.

Mehl mit Hefe und 1/2 TL Salz mischen und mit Öl, 1 Ei und der Milch zu einem geschmeidigen Teig verkneten. Teig zugedeckt an einem warmen Platz ca. 45 Min. gehen lassen, bis sich das Volumen verdoppelt hat.

Für die Füllung Zucker und Vanillezucker mit restlichen Eiern leicht schaumig rühren. Quark, Grieß und Aprikosen ohne Flüssigkeit dazugeben. Die Butter schmelzen. Backofen auf 200° (Umluft 180°) vorheizen.

Teig auf einer bemehlten Arbeitsfläche zu einem 5 mm dicken Kreis (ca. 40 cm Ø) ausrollen, auf ein mit Backpapier belegtes Blech legen und mit etwas flüssiger Butter bestreichen. Die Hälfte der Füllung in der Mitte des Teiges verstreichen, dabei einen Rand von 12–14 cm frei lassen. Den Rand sternförmig sechsmal bis zur Füllung hin einschneiden. Eines der so entstandenen Teigstücke ähnlich wie Strudelteig so groß ziehen, dass Sie die Füllung damit vollständig zudecken können. Oberseite erneut mit Butter bestreichen, Rest der Füllung darauf verteilen. Mit einem zweiten Teigstück bedecken. Wieder mit Butter bestreichen und (ohne weitere Füllung) mit dem nächsten Teigstück zudecken, bis ein runder Laib entstanden ist. Teig weitere 15 Min. gehen lassen. Im heißen Ofen (unten) in ca. 45 Min. goldbraun backen. Gibanica aus dem Ofen nehmen und mit Butter bestreichen, mit Zimtzucker bestreuen und warm mit Früchten servieren.

ALPENKÜCHE DESSERTS UND GEBÄCK

Die slowenische Bäuerin

Vida Janc besteht darauf, die Nüsse für ihre Potica-Füllung selbst zu mahlen – es schmecke viel frischer als mit gekauften! Natürlich sind die Nüsse aus ihrem Garten und ihr Steinbackofen wird mit Holz aus dem nahen Wald beheizt. Unsere Tochter jedenfalls hatte größte Freude daran, Vida beim Backen zu helfen.

Potica

Zubereitungszeit: 45 Min.
Ruhezeiten: 45–60 Min. und 30 Min.
Backzeit: 30–40 Min.
Bei 12 Stück pro Stück ca.: 890 kcal

Zutaten für 1 große Gugelhupfform:
Für den Teig:
1/2 l Milch
65 g Zucker
1/2 TL abgeriebene Zitronenschale
4–6 EL Rum
1 Würfel Hefe
800 g Mehl (+ Mehl für die Arbeitsfläche)
200 g Wiener Grießler (Dunst; ersatzweise Mehl)
125 g Butter (+ Butter für die Form)
4 Eigelb
Für die Füllung:
600 g gemahlene Walnüsse
1 EL Kaffeepulver
200 ml Milch
6 EL Rum
250 g Sultaninen
1 TL abgeriebene Zitronenschale
1 TL Zimtpulver
1 Päckchen Vanillezucker
4 Eiweiß
5 EL Zucker

Für den Teig Milch erwärmen und mit Zucker, Zitronenschale und Rum mit einem Kochlöffel verrühren, die Hefe hineinbröseln. Nach und nach Mehl und Wiener Grießler unterschlagen, damit die Potica später schön feinporig wird. Sobald der Teig zu fest wird, den Löffel beiseite legen und Teig kneten – mit der Hand oder in der Küchenmaschine. 80 g Butter zerlassen und zuletzt mit den Eigelben unterkneten. Teig mit einem Tuch zudecken und an einem warmen Platz 45–60 Min. gehen lassen, bis sich das Volumen verdoppelt hat. Zusammenschlagen und noch einmal 30 Min. gehen lassen.

ALPENKÜCHE DESSERTS UND GEBÄCK

Variante: Reinling
Die Kärntner Nachbarn jenseits der Karawanken backen nicht nur zu Ostern einen Reinling – der Teig bleibt gleich, die Füllung ändert sich: Den ausgerollten Teig mit Butter oder auch mit einer Mischung aus warmer Milch und Rum bestreichen. Mit ca. 200 g Sultaninen, evtl. auch mit 100 g grob gehackten Walnüssen, außerdem mit 125 g Zucker und 1 TL Zimt bestreuen und eng einrollen. Den Reinling in einer gebutterten Reine – daher der Name – oder in einer Gugelhupfform backen.
Der Kärntner Reinling gehört nicht nur zum Kaffeekränzchen, sondern auch zu pikanten Gerichten wie Kirchtagssuppe (s. Seite 67) oder zum Osterfrühstück mit Schinken und Eiern.

Potica wird in Slowenien traditionell zum Osterfest gebacken.

In der Zwischenzeit für die Füllung 125 g von den gemahlenen Nüssen abwiegen und aufheben. Den Rest mit dem Kaffeepulver mischen. Milch erwärmen und mit 1–2 EL Rum über die Nuss-Kaffee-Mischung gießen. Die Sultaninen mit dem restlichen Rum mischen, Zitronenschale, Zimt und Vanillezucker dazugeben. Den Backofen auf 200° vorheizen (Umluft nicht empfehlenswert).

Die Eiweiße und den Zucker zusammen steif schlagen – aber erst, wenn der Teig aufgegangen ist. Dann vorsichtig die Nuss-Kaffee-Mischung und die Sultaninen-Mischung unterheben.

Die Form gründlich buttern. Restliche Butter schmelzen. Hefeteig auf einem mit Mehl bestäubten Tuch zu einem großen Rechteck ausrollen, mit den restlichen Nüssen bestreuen. Die Füllung auf dem Teig verstreichen, Teig eng zusammenrollen.

Die Teigrolle in die Form heben, mit der restlichen Butter bestreichen und im heißen Ofen (unten) in 30–40 Min. goldbraun backen.

ALPENKÜCHE DESSERTS UND GEBÄCK

Brot ist ein bescheidenes Wort für festliche Köstlichkeiten wie Bündner Birnbrot oder das bayerische Kletzenbrot. Luzia Berry aus Grüsch verriet uns ihr Familienrezept für das berühmte Birnbrot aus Graubünden. Frau Berry bäckt größere Mengen Birnbrot und friert die fertige Laibe ein, so dass nach jedem Backtag der sonntägliche Birnbrotbedarf für Monate gesichert ist.

Bündner Birnbrot

Zubereitungszeit: 1 Std. 30 Min.
Marinierzeit Früchte: 12 Std.
Ruhezeit Teig: 2 Std.
Backzeit: 45 Min.
Bei 20 Stück pro Stück ca.: 280 kcal

Zutaten für 2 Birnbrote:
Für die Füllung:
600 g getrocknete Birnen (Kletzen)
150 g getrocknete Feigen
150 g Nusskerne (Walnüsse, Haselnüsse, Mandeln)
2 EL Birnbrotgewürz oder Lebkuchengewürz
2 EL Sultaninen
5 EL Zucker
5 EL Obstler oder Birnenschnaps
100 ml Rotwein
Für den Teig:
300 ml Milch
250 g Weizenmehl (Typ 405)
250 g Weizenvollkornmehl (Typ 1050)
1/2 EL Salz
1/2 Würfel Hefe
50 g weiche Butter
1 Eigelb zum Bestreichen
Außerdem: Backpapier

Birnen und Feigen in möglichst dünne Scheiben schneiden – die Birnen zu schneiden ist mühsam und langwierig, ein großes scharfes Messer hilft dabei. Messer unbedingt zwischendurch abwischen, damit die Schneide nicht verklebt. Nusskerne ganz lassen oder sehr grob hacken. Früchte, Nüsse, Gewürz, Sultaninen und Zucker mit Obstler oder Birnenschnaps und Rotwein begießen und mindestens 12 Std. zugedeckt ziehen lassen.

Für den Teig Milch erwärmen. Mehl und Salz mischen. Hefe, Butter und Milch verrühren und mit dem Mehl zu einem weichen Teig verkneten, bis der Teig nicht mehr klebt. Teig mit einem Tuch zudecken und 2 Std. an einem warmen Platz ruhen lassen, bis sich das Teigvolumen verdoppelt hat.

Den Teig kurz durchkneten, ein Drittel des Teiges zur Kugel formen und weiter gehen lassen. Den Rest mit der vorbereiteten Füllung sehr gründlich verkneten – mit der Hand dauert das mindestens 15 Min., mit einer Küchenmaschine geht es etwas schneller. Den Backofen auf 220° vorheizen (Umluft nicht empfehlenswert) und zwei schmale Laibe aus der Birnen-Teig-Mischung formen.

Den restlichen Teig halbieren, nacheinander beide Hälften mit etwas Mehl ca. 3 mm (!) dünn ausrollen. Die beiden Brote darin einschlagen wie ein Buch in Geschenkpapier. Brote nach Belieben mit Teigresten verzieren. Das Eigelb mit 1 EL Wasser verquirlen. Die beiden Brote damit einstreichen, mit einer Gabel einige Löcher in den Teig stupfen. Brote im heißen Ofen (2. Schiene von unten) auf einem mit Backpapier belegtem Blech ca. 45 Min. backen. Abkühlen lassen.

Variante: Kletzenbrot

Bayern bereiten ihr Kletzenbrot ohne Teighülle zu: Für ein echtes Kletzenbrot 1 kg getrocknete Birnen, gemischt mit getrockneten Pflaumen (keine »Soft«-Früchte), 12 Std. in einen Topf mit 1 l Wasser legen. Dann das Wasser aufkochen lassen und 10–15 Min. schwach kochen lassen. Die Früchte abgießen, dabei das Kochwasser auffangen. Die Stiele der Birnen entfernen, alle Früchte grob würfeln. 250 g getrocknete Feigen mit 100 g getrockneten Aprikosen und je 50 g Orangeat und Zitronat klein würfeln. Mit Birnen, Pflaumen und 250 g Sultaninen mischen, mit 1/4 l Rum begießen und zugedeckt noch einmal mindestens 12 Std. ziehen lassen. 500 g Roggen-Sauerteig (vom Bäcker, aus dem Bioladen oder dem Reformhaus) mit der Fruchtmischung gründlich verkneten. Den Backofen auf 175° vorheizen (Umluft nicht empfehlenswert). Mit feuchten Händen 2 Laibe formen und in zwei gebutterte Kastenformen legen. Brote im heißen Ofen (2. Schiene von unten) ca. 1 Std. 30 Min. backen, dabei immer wieder mit dem Kochwasser der Früchte bepinseln. Warme Kletzenbrote aus den Formen stürzen, umdrehen und noch einmal einpinseln. Mit Mandeln und Pinienkernen verzieren, dann abkühlen lassen. Kletzenbrote in Folien wickeln und mindestens 2 Tage, besser 2 Wochen, reifen lassen.

Tourte du Valgaudemar

Zubereitungszeit: 30 Min.
Ruhezeiten: 10 Min. und 60–90 Min.
Backzeit: 20 Min.
Bei 12 Stück pro Stück ca.: 250 kcal

Für 1 Kuchen:
300 g Mehl
3 EL Zucker
Salz
1/2 Würfel Hefe
2 Eier
60 g weiche Butter
1 TL abgeriebene Zitronenschale
Für die Füllung:
1/2 l Milch
100 g Zucker
1 EL Vanillezucker
3 Eigelb
1 Päckchen Vanillepuddingpulver (40 g)
2 EL Rum
Außerdem: Backpapier

Mehl, Zucker und 1 Prise Salz in einer Schüssel mischen, eine Mulde in der Mitte formen. Die Hefe in der Mulde mit 80 ml lauwarmem Wasser verrühren, mit Mehl bestäuben und an einem warmen Ort 10 Min. gehen lassen. Dann 1 Ei, Butter und Zitronenschale zugeben und kräftig unterkneten, bis der Teig nicht mehr klebt. Teig zugedeckt an einem warmen Ort weitere 60–90 Min. gehen lassen, bis sich das Volumen verdoppelt hat.

Währenddessen für die Füllung die Milch aufkochen lassen. Zucker, Vanillezucker, Eigelbe und Puddingpulver verrühren, mit dem Schneebesen unter die kochende Milch schlagen, dabei immer weiter rühren. Sobald die Creme noch einmal aufkocht und dabei dick wird, den Rum zugeben. Creme vom Herd nehmen und in eine kalte Schüssel umfüllen.

Den Backofen auf 190° (am besten Umluft 175°) vorheizen. Den Teig in 2 Kugeln teilen, jede Teigkugel auf einem großen Stück Backpapier zu einem Kreis mit 32 cm Ø ausrollen. Vanillecreme auf einem der Kreise verteilen, zweiten Kreis darauf legen, den Rand fest andrücken, dann rundherum nach innen umlegen und noch einmal fest andrücken. 1 Ei mit 2 EL Wasser verquirlen, den Kuchen damit einstreichen und im heißen Ofen (Mitte) in 20 Min. goldbraun backen.

Die »Tourte du Valgaudemar« entdeckten wir im »Parc National des Ecrins« in den französischen Alpen. Die kleinen Produzenten im Valgaudemar sind so bekannt, dass manche Kunden weite Wege fahren, um hier diesen Kuchen oder auch Patés und Wurstwaren einzukaufen.

Schweizer Rahm-Bratbirnen

Zubereitungszeit: 25 Min.
Backzeit: 40 Min.
Pro Portion ca.: 315 kcal

Zutaten für 4 Personen:
4 aromatische, kleine Birnen oder Äpfel
80 g Zucker
1 EL Zimtpulver
1 Vanilleschote (ersatzweise 1 Päckchen Vanillezucker)
250 g Sahne
Butter für die Form

Backofen auf 220° (am besten Umluft 200°) vorheizen. Birnen oder Äpfel waschen und halbieren, das Kerngehäuse mit einem Kugelausstecher oder einem kleinen Messer entfernen. Falls Sie Birnen verwenden: Die Unterseite etwas gerade schneiden, damit die Birnenhälften eben in der Form liegen.

Eine Auflaufform buttern, Fruchthälften mit den Schnittflächen nach oben hineinsetzen. Zucker und Zimt mischen und die Hälfte davon über die Früchte streuen. Vanilleschote der Länge nach halbieren, das Mark mit dem Messerrücken herauskratzen und mit der Sahne verrühren. Birnen mit der Hälfte der Vanille-Sahne begießen und im heißen Ofen (Mitte) ca. 20 Min. backen. Mit restlichem Zimtzucker bestreuen, mit restlicher Sahne begießen und in 20 Min. fertig backen.

ALPENKÜCHE DESSERTS UND GEBÄCK

Alpen-Grundrezepte

Aromatische Brühen, knusprige Teige und kunstvoll konserviertes Obst bilden die Basis für viele Rezepte aus den sechs Alpenländern. Hier finden Sie ausgewählte Grundrezepte, die Sie beim Nachkochen vieler Rezepte aus unserem Buch benötigen, die Sie aber auch für die Umsetzung Ihrer eigenen Ideen immer wieder verwenden können.

Essigzwetschgen

500 g Zwetschgen, 200 ml Rotwein,
175 g Zucker, 150 ml Rotweinessig,
4 Gewürznelken, 1/2 Zimtstange

Zwetschgen mit einem Tuch abreiben und mit einer Nadel von allen Seiten einstechen. Rotwein mit Zucker, Rotweinessig, Gewürznelken und der Zimtstange aufkochen lassen und heiß über die Zwetschgen gießen. Zwetschgen 24 Std. ziehen lassen. Danach die ausgetretene Flüssigkeit in einem Topf um ein Drittel einkochen lassen, wieder über die Zwetschgen gießen, noch einmal 24 Std. marinieren. Dann die Zwetschgen mit dem Sirup bei schwächster Hitze langsam aufkochen lassen und 20 Min. ziehen lassen. Die Früchte in Einmachgläser füllen, mit dem heißen Sirup aufgießen und verschließen.
Tipp: Essigzwetschgen halten mehrere Monate, solange das Glas verschlossen bleibt.

Esskastanien und Esskastanienpüree

Esskastanien einmal quer zur Faser einritzen, bei 200° im vorgeheizten Ofen 20–30 Min. garen. Kastanien in ein feuchtes Tuch wickeln und kurz ruhen lassen – so bleiben sie saftig.

Für ein *Esskastanienpüree* die Kastanien schälen und mit etwas Wasser oder Brühe weich dünsten. Anschließend ohne Garflüssigkeit im Blitzhacker pürieren. Für 200 g Püree benötigen Sie etwa 300 g ungeschälte Kastanien.
Tipps: Im Handel finden Sie vorgegarte Esskastanien im Vakuumbeutel oder – besser – rohe, geschälte TK-Kastanien, die Sie wie frische Kastanien schnell weich dünsten können. Auch in Scheiben geschnitten und in Butter gebraten schmecken frische oder TK-Kastanien sehr gut (s. auch Seite 217).

Gemüsebrühe

2–3 Zwiebeln, 200 g Staudensellerie oder Fenchelknollen, 200 g Möhren, 200 g Petersilienwurzeln,
4 Knoblauchzehen, 4 Zweige Thymian,
2 Zweige Liebstöckel (oder 1/2 Bund Petersilie),
1 EL getrocknete Pilze, Salz, Pfeffer, Muskat

Für die Brühe Zwiebeln mit der Schale halbieren und auf der Schnittfläche in einem mittelgroßen Topf in ca. 10 Min. dunkelbraun rösten. Inzwischen Sellerie oder Fenchel, Möhren und Petersilienwurzeln waschen, grob zerkleinern. Die Knoblauchzehen mit einem Fleischklopfer oder einem Topfboden quetschen. Die Kräuter waschen und alles zusammen mit den Pilzen in den Topf geben. Mit 1 1/2 l Wasser aufgießen, 20 Min. bei schwacher Hitze kochen lassen, mit Salz, Pfeffer und 1 Prise Muskat würzen und weitere 10 Min. kochen lassen. Die Brühe durch ein feines Sieb gießen und abschmecken.

Hühnerbrühe

1 Brathähnchen oder Suppenhuhn, 1 Tomate,
1 Zwiebel, 4–6 Knoblauchzehen, 1/2 Fenchelknolle,
1 TL Pfefferkörner, 1 TL Fenchelsamen,
1 Zweig Rosmarin, Salz

Hähnchen knapp mit Wasser bedecken. Tomate waschen. Zwiebel und Knoblauch ungeschält halbieren. Fenchel waschen, grob würfeln. Pfefferkörner quetschen und mit Fenchelsamen, Rosmarin und dem Gemüse in den Topf geben. Wasser aufkochen lassen, aufsteigenden Schaum abschöpfen und alles bei schwacher Hitze 45 Min. kochen lassen, bis das Fleisch weich ist, dabei Brühe nach 30 Min. salzen. Brühe vorsichtig durch ein feines Sieb oder ein Passiertuch gießen und wieder zum Kochen bringen, etwas Fett abschöpfen – nicht alles, sonst ist der Geschmack weg. Das Fleisch etwas abkühlen lassen, dann von den Knochen lösen und in Stücke schneiden (s. nachfolgende Tipps).
Tipps: Wenn Sie 1 Brathähnchen verwenden, können Sie die Hähnchenbrüste vorher auslösen und für ein anderes Rezept verwenden. Wenn Sie ein echtes Suppenhuhn nehmen, kann die Garzeit bis zu dreimal so lang sein. Dann nach der Hälfte der Zeit etwas Wasser nachgießen. Das Fleisch können Sie entweder als Einlage für Suppen oder Risotti verwenden oder als Grundlage für einen leckeren Geflügelsalat mit selbstgemachter Mayonnaise, Crème fraîche, Staudensellerie, Gurke und vielen Kräutern.

Karamellisierte Äpfel

750 g aromatische Äpfel, 1 TL Zitronensaft,
100 g Zucker, 200 ml Apfelsaft, 200 g Sahne

Äpfel schälen, in Spalten schneiden und dabei das Kernhaus entfernen. Apfelspalten in einer Schüssel mit dem Zitronensaft mischen. Den Zucker mit 2 EL Wasser kochen lassen, bis der Zucker beginnt, hellbraun zu karamellisieren. Mit dem Apfelsaft ablöschen. Apfelkaramell sirupartig einkochen lassen. Die Äpfel zugeben, nach 2 Min. die Sahne zugeben und cremig einkochen lassen.
Tipps: Karamellisierte Äpfel zu gebackenen Desserts oder süßen Knödeln servieren. Die Sahne können Sie auch weglassen, dann einfach den Apfelsaft nicht ganz so stark einkochen lassen.

Mayonnaise

1 Eigelb, 1 TL Senf, 1 EL Zitronensaft oder Essig,
Salz, 125–200 ml Öl, Pfeffer

Alle Zutaten Zimmertemperatur annehmen lassen. Eigelb, Senf und Zitronensaft oder Essig verrühren. Alles salzen. Das Öl zuerst tropfenweise zugeben. Sobald die Mayonnaise beginnt zu binden, das Öl in dünnem Strahl dazugießen, dabei immer weiter rühren. Falls Ihnen die Mayonnaise am Schluss zu fest ist, können Sie sie mit 2–3 EL kochend heißem Wasser verdünnen.
Tipp: Verwenden Sie ein Öl, das geschmacklich zu Ihrem Rezept passt. Auch Nussöle oder Olivenöl eignen sich für Mayonnaise.

TIPP

Knödel auf Probe

Knödel, Klößchen oder Nocken sollen so zart wie möglich, aber trotzdem stabil sein. Damit diese Gratwanderung nicht misslingt, unbedingt immer einen kleinen Probeknödel kochen, bevor Sie den ganzen Teig verarbeiten. Nach ca. 5 Min. Kochzeit sehen Sie spätestens, ob der Knödel zerfällt. Ist der Probeknödel zu weich, einfach noch einige EL Weißbrotbrösel oder etwas Paniermehl dazugeben. Ist er zu fest, Knödelmasse mit etwas Milch oder Sahne verkneten.

Salziger Mürbeteig I

150 g kalte Butter oder Schweineschmalz,
250 g Mehl, Salz

Die kalte Butter oder das Schmalz in kleine Stücke schneiden. Mit den Fingerspitzen Mehl und Butter mit 1 Prise Salz und 5 EL Wasser verkrümeln. Alles zu einem Teig kneten und 30 Min. ruhen lassen.
Tipp: Wenn Sie Schweineschmalz statt Butter nehmen, wird der Teig noch mürber.

Salziger Mürbeteig II

200 g Mehl, 1 EL Zucker, Salz,
100 g kalte Butter, 1 Ei

Mehl auf eine Arbeitsfläche sieben. Den Zucker, 1 TL Salz, Butter in Würfeln und das Ei dazugeben. Alles mit den Fingerspitzen verkrümeln, dann zügig zu einer Kugel kneten, in Folie wickeln und 30 Min. im Kühlschrank ruhen lassen.
Info: Durch das Ei wird der Teig etwas fester und auch stabiler.

Schwarze Walnüsse

1 kg unreife, grüne Walnüsse, 1,4 kg Zucker,
1 Vanilleschote, 2–3 Gewürznelken, 1 EL Piment,
2 Stück Muskatblüte oder 1/4 TL geriebene
Muskatnuss, Salz

Grüne Walnüsse mit einer Rouladennadel von allen Seiten einstechen – dazu am besten Handschuhe anziehen, sonst werden die Finger schwarz! Die Nüsse in eine Schüssel mit kaltem Wasser legen und an einen kühlen, dunklen Ort stellen. 2 Wochen lang jeden Tag das Wasser wechseln. Danach die Nüsse mit kaltem Wasser in einem Topf auf den Herd setzen. Wasser aufkochen und 30 Min. kochen lassen, Nüsse dann abgießen, abschrecken und abtropfen lassen. 1,2 l Wasser mit 1,2 kg Zucker, der ausgekratzten Vanilleschote, dem Vanillemark, den Gewürzen und 1/2 TL Salz aufkochen lassen, bis sich der Zucker gelöst hat. Sirup etwas abkühlen lassen und über die Nüsse gießen. Am zweiten Tag Sirup abgießen und mit 100 g Zucker noch einmal aufkochen lassen. Sirup wieder über die Nüsse geben. Noch einmal wiederholen. Am vierten Tag die Walnüsse zusammen mit dem Sirup aufkochen lassen, in Einmachgläser füllen und 45 Min. in einem passenden Topf sterilisieren. Dafür legen Sie ein Küchentuch in den Topf, stellen die Gläser eng nebeneinander hinein, so dass keines umfallen kann, und bedecken dann die Gläser mit Wasser. Das Wasser sollte dabei ungefähr die Temperatur des Glasinhaltes haben. Nehmen Sie also warmes Wasser für frisch gekochte Nüsse, kaltes Wasser für schon abgekühlte

Nüsse. Die Sterilisationszeit beginnt, sobald das Wasser kocht.
Walnüsse mindestens 6 Monate im kühlen Keller reifen lassen und dann fein gehobelt für Saucen, Salate oder Reisgerichte verwenden.
Info: Die Walnüsse müssen geerntet werden, kurz bevor sich die holzige Schale bildet, die Nüsse haben dann die Größe einer großen Olive. Meistens ist Ende Juni oder Anfang Juli eine gute Zeit dafür.

Strudelteig

200 g Mehl (+ Mehl zum Ausziehen),
Salz, 2 EL Öl, 1 Eigelb

Mehl, 1 Prise Salz, Öl, Eigelb und 80–100 ml lauwarmes Wasser in einer Schüssel mischen. Auf der Arbeitsfläche mindestens 5 Min. kräftig durchkneten, dann zu einer Kugel formen. Mit kreisenden Bewegungen der ineinander verschränkten Hände die Teigkugel »schleifen«, bis die Oberfläche samtig glatt ist. Mit wenig Öl bestreichen, mit Folie abdecken und 30 Min. ruhen lassen. Ein großes Tuch mit Mehl bestäuben. Teig ausrollen, dann nach allen Seiten dünn ausziehen. Dazu mit dem bemehlten Handrücken unter den Teig greifen, mit dem zweiten Handrücken ebenfalls unter den Teig greifen und Teig vorsichtig Richtung Tischkante ziehen. Von allen Seiten wiederholen, bis der Teig sehr dünn ist. Dicke Teigränder abschneiden. Teig nach Rezept füllen und backen.

Vanillesauce

1/4 l Milch, 250 g Sahne, 1 Vanillestange, 5 Eigelb, 80 g Zucker

Milch mit der Sahne und dem Mark der Vanillestange aufkochen lassen. In einer Metallschüssel auf einem heißen Wasserbad (also einem Topf mit kochendem Wasser) Eigelbe und Zucker verrühren. Die Milch zugeben und alles rühren, bis die Sauce beginnt einzudicken. Sauce sofort durch ein feines Sieb gießen und abkühlen lassen.
Variante: In der Milch-Sahne-Mischung 2–3 EL Espressokaffeebohnen mitkochen und dann ca. 15 Min. ziehen lassen, bevor Sie die Mischung durch ein Sieb zu den Eigelben geben. So wird daraus eine schöne Espressosauce.

Weißbrotbrösel

Weißbrot oder Brötchen vom Vortag grob zerkleinern, dabei dicke Rindenstücke entfernen. Wenn Sie kein altes Brot haben, können Sie auch frisches Toastbrot bei 100° Umluft (oder 120° im vorgeheizten Backofen) 10–15 Min. trocknen, dann abkühlen lassen und in große Stücke brechen. Das Brot im Blitzhacker fein zerbröseln – im Edel-Restaurant reibt man die Brösel anschließend noch mit dem Handballen durch ein grobes Sieb. Uns stört es aber überhaupt nicht, wenn die Brösel etwas unregelmäßig bleiben.
Tipp: Brotbrösel sind unerlässlich für alles, was paniert wird und – in der Alpenküche fast noch wichtiger – für die gerösteten Brösel auf Knödeln, Nocken und Gratins. Jedes Schnitzel, jedes Fischstäbchen, jeder Hähnchenflügel wird um Klassen besser, wenn Sie selbstgemachte Brösel statt Paniermehl verwenden.

Zimtzucker

1 TL Zimt, 100 g Zucker

Zimt und Zucker mischen, am besten schon bevor Sie das Gewürz über Ihren Nachtisch geben wollen. So dann kann sich das Zimtaroma besonders gut verteilen und entfalten.
Tipp: Zimt ist eines der intensivsten Gewürze überhaupt, zuviel davon erschlägt oft das Aroma von Apfelstrudel und Co. 1/2 TL Zimt reicht für einen ganzen Strudel. Obengenanntes Rezept ist eine gute Mischung für Brösel und Knödel.

TIPP

Mehr Zeit für Hefeteig!

Wir haben uns in den Rezepten für Hefeteige in diesem Buch an die gewohnten Rezept-Standards gehalten und die Rezepte auch so getestet und optimiert. Wenn Sie Lust auf Experimente haben, halbieren Sie doch einmal die Hefemenge und lassen den Teig dafür mindestens doppelt so lange gehen. Bei schweren Teigen mit viel Butter und Ei können Sie den einmal gegangenen Teig zum zweiten Mal zugedeckt über Nacht im Kühlschrank gehen lassen. Warum? Der Teig hat mehr Zeit Aroma zu entwickeln, das fertige Gebäck bleibt länger saftig.

Glossar
Hier nennen wir wichtige Zutaten und typische Spezialitäten der Alpenküche und geben einen Überblick über die Käsesorten.

Buchweizen
Ein anspruchsloses Getreide, das auf der gesamten Südseite der Alpen wächst (s. Reportage Seite 93 ff.).

Esskastanien/Maroni/Edelkastanien
Es gibt unzählige Sorten, manche werden Kastanien, andere Maronen genannt. Der Oberbegriff ist Ess- oder Edelkastanie. Zur Zubereitung von Esskastanien und Esskastanienpüree finden Sie Infos auf Seite 214. Bei den sogenannten »echten« Maronen handelt es sich um eine Gruppe besonders schmackhafter Esskastanien. Der Züchter vermehrt sie ähnlich wie Apfelbäume, indem er Edelreiser – Zweige von besonders guten Sorten – auf eine robuste Unterlage pfropft. Gute Maronen sind im allgemeinen süßer, größer und lassen sich leichter schälen als Kastanien. Frühe Esskastanien-Sorten sind immer Kastanien. Anders als bei Äpfeln kann aber selbst der Fachmann verschiedene Sorten nur schwer unterscheiden: Maronen sind häufig Einzelfrüchte und damit fast rund, während Kastanien oft zu mehreren in ihrer stacheligen Hülle sitzen, was die einzelnen Nüsse flacher macht. Maronen sind intensiver gestreift als Kastanien, die Schale ist weicher. Zusätzlich verwirrend sind die Handels-Bezeichnungen nach Herkunftsregionen – nicht nach Sorten. Nicht zuletzt hängt die Qualität der Esskastanien sehr davon ab, wie gründlich der Exporteur seine Nüsse sortiert.

Fisch
Bachforelle, Saibling, Zander und Egli (Flussbarsch) heißen die wichtigsten Fische in den klaren Gewässern der Berge. Süßwasserfische bereichern im gesamten Alpenraum die Küche, in besonders sauberen Flüssen finden sich sogar heute noch genügend Flusskrebse für einige Berufsfischer. Natürlich werden viele dieser Fische auch gezüchtet, was absolut kein Schaden ist, wenn die Haltungsbedingungen ordentlich sind. Dabei entstehen sogar besondere Spezialitäten wie der Kärntner Saiblingskaviar (s. Reportage Seite 142).

Käse
Die unglaubliche Käsevielfalt in Europa wird durch unzählige Faktoren beeinflusst. Am wichtigsten ist natürlich das Ausgangsprodukt, vor allem Kuh-, Ziegen- und Schafsmilch.
Milch enthält verschiedene Eiweißarten, der größte Teil davon sind Kaseine. Bei der Käseherstellung wird Milch dickgelegt: Milchsäurebakterien und Lab, ein Enzym aus dem Kälbermagen, lassen die Kaseine in der Milch bei Temperaturen zwischen 20° und 45° gerinnen. Der feste Teil der Milch, der so genannte Käsebruch, wird von der Molke getrennt und dann je nach Käse mehr oder weniger gesalzen, gepresst und gereift. In der Molke bleiben Albumine, eine Gruppe von hochwertigen Proteinen, die auch in Nahrungsergänzungen für Sportler vorkommen. Albumine gerinnen bei Temperaturen über 70°, für die Herstellung von Molke- oder Zigerkäse kochen die Käsereien die Molke fast auf – daher kommt der Name für italienischen Molkenkäse: Ricotta.
In der Käserei entscheiden die Temperatur bei der Käse-Herstellung, die Körnung des Käsebruchs, die Größe der Käselaibe, der Salzgehalt und die Zeit im Reifekeller über den grundsätzlichen Charakter jeder Käsesorte. Zusätzlich gibt es noch sehr viele andere Einflüsse auf die Käsereifung und damit den Käsegeschmack. Selbst die Mikroflora in jedem Reiferaum beeinflusst das Endprodukt. Käsesorten werden nach ihrem Fettgehalt in der Trockenmasse, also dem Käsegewicht ohne den Wasseranteil im Käse, in Gruppen eingeteilt. Dadurch ergeben sich als Hauptgruppen Frischkäse, Weichkäse, halbfester Schnittkäse, Schnittkäse und Hartkäse. Die Zuordnung gilt als kompliziert und wenig hilfreich. Deshalb sind andere Ordnungssysteme im Gespräch.
Bergkäse Die wichtigsten Hartkäse der Alpen sind Bergkäse. In Deutschland und Österreich ist Bergkäse der Oberbegriff, die einzelnen Käse heißen dann zum Beispiel Allgäuer Bergkäse, in der Schweiz oder in den französischen Alpen haben die Käse oft reine Herkunftsnamen wie Appenzeller oder Gruyère. Früher wurde im Winter wenig gekäst, denn die

Echte Maronen schmecken besonders gut.

Preiswertes Frühstück mit Buchweizen: Hadnsterz.

Futterqualität und damit die Milchleistung der Kühe reichten während der kalten Jahreszeit nicht für große Milchüberschüsse aus. Heute ist Bergkäse fast überall neun Monate lang ein »Talkäse«, denn die Tiere bekommen auch im Stall genug zu fressen. Auch »Talkäse« schmeckt oft sehr gut, denn viele der kleineren Käsereien arbeiten nach den gleichen Verfahren, die auf den Almen entwickelt wurden. Die Bauern haben eher kleinere Höfe und produzieren einen großen Teil des Futters selbst – mit dem Heu von wenig gedüngten Bergwiesen. Trotzdem ist ein echter Alm- oder Alpkäse, der im Sommer auf der Alm gekäst wird, würziger. Durch das viele Karotin im Grünfutter leuchtet der Käse gelb. Der Anteil an ungesättigten Fettsäuren im Milchfett ist höher als sonst. Und der ganze Prozess der Käseherstellung dient gleichzeitig der Pflege der Almen. Leider sind »Alpkäse« oder »Sennerkäse« keine international geschützten Begriffe und werden auch für Industrieprodukte verwendet. Im Allgäu bezeichnen Käsereien, die ihren Allgäuer Bergkäse wirklich auf der Alpe herstellen und dort die ersten Wochen reifen lassen, ihre Produkte oft als Hochalpenkäse.

Eine kleine Auswahl an Alpen-Käsespezialitäten:

Allgäuer Bergkäse und Allgäuer Emmentaler Die Käsewirtschaft löste Anfang des 19. Jahrhunderts den Flachsanbau im Allgäu ab, nachdem die Konkurrenz durch Baumwolle zunahm. Die Produktionsverfahren wurden damals von Käsern aus dem Schweizer Emmental beeinflusst. Für Allgäuer Bergkäse geschützter Ursprungsbezeichnung (g. U.) kommt seit 1997 nur Allgäuer Rohmilch in den Käsekessel. Der nussige Käse wird mindestens 4 Monate gereift.

Appenzeller Käse Schweizer Rohmilchkäse mit AOC-Siegel, der während der Reifung mit einer speziellen »Sulz« – einer alkoholischen Kräuterwürzpaste – bestrichen wird. Dabei bildet sich eine leicht angetrocknete Schmiereschicht auf der Rinde, die dem Käse seinen typischen Duft gibt und zum Aroma beiträgt.

Fontina Ein AOC-Käse aus dem Aostatal (s. auch Seite 46 oben). Nehmen Sie für die italienische Fonduevariante »Fonduta« am besten einen traditionell gereiften Fontinakäse aus Rohmilch.

Graukäse Tiroler und Südtiroler Käsespezialität aus magerem Sauermilchquark – z.B. aus dem Algund, Ahrntal oder aus Tirol. Ihre Konsistenz ist außen wachsartig-glasig, innen oft bröselig. Die säuerlich-scharfen Käse eignen sich gut für die Küche.

Gruyère/Greyerzer Der fruchtig-nussige Käse wird seit fast 1000 Jahren im Kanton Fribourg in der Westschweiz gekäst. Als AOC-Käse ursprungsgeschützt und nach den AOC-Bestimmungen der Greyerzer Käsereien hergestellt.

Raclette-Käse Der Käse für das Walliser Nationalgericht Raclette (s. Seite 44) würde auf deutsch »Schabekäse« heißen, »racler« ist das französische Verb für schaben. Raclettekäse von der Alpe heißt einfach Walliser Alpkäse und wird nach seinem Herstellungsgebiet genauer bezeichnet – z. B. als Gomser Käse. Die Besonderheit dieser Käsesorten ist, dass sie schmelzen und sogar leicht gratinieren, bevor der Käse völlig zerfließt. Raclettekäse gibt es aus verschiedenen Regionen, sogar aus dem bayerischen Allgäu haben wir schon sehr guten probiert. Raclettekäse ist neben Gruyère/Greyerzer der wichtigste Käse für Fondue.

Reblochon Würziger Weichkäse aus Savoyen (Department Haute-Savoie, Savoie) mit trockener rötlicher Rinde, manchmal mit einem Anflug von weißem Schimmel. Produziert wird der Käse als 500 g-Laib mit AOC-Siegel oder als Petit Reblochon mit 250 g. Wenige Bauern stellen den »Reblochon fermier« AOC auf der Alp her. Daneben gibt es den ebenfalls AOC-geschützten »Reblochon artisanal« und den »Reblochon industriel«.

Sbrinz-Käse Extrahartkäse der Extraklasse aus der Innerschweiz (s. auch Seite 12 f.).

Tomme Das Wort »Tomme« leitet sich ab vom griechischen Wort für Scheibe. Als »Tomme« wurden zunächst alle Käse aus den frankophonen Teilen der Alpen (und anderen französischen Gebieten) bezeichnet, die kein Gruyère waren – meist Schnittkäse oder Weichkäse in Größen zwischen 150 g und 3 kg. Oft werden die Käse nach ihrer Herkunft benannt, wie der »Tomme de Savoie«. Manchmal heißen sie aber auch nach der Milch, aus der sie gemacht werden: »Tommes de brebis« sind Sorten aus Schafmilch, »Tomme de chèvre« ist Käse aus Ziegenmilch. Die einzelnen Sorten unterscheiden sich recht stark – sowohl im Geschmack als auch in der Form.

Zigerkäse/Ziegerkäse Ob Schweizer Schabziger, Alp-Ziger-Käse, italienischer Ricotta oder Sèrac-Käse aus Savoyen, Zigerkäse werden nicht unbedingt aus Ziegenmilch hergestellt, sondern viel häufiger aus Kuhmilch. Es handelt sich um eine Gruppe von Käsesorten, die aus saurer Molke oder Mischungen von Molke und Milch gewonnen werden. Charakteristisch für diese Käsesorten sind eine hohe Temperatur bei der Herstellung und die Zugabe von Säure, damit das Milcheiweiß gut gerinnt. Auch der italie-

Raclettekäse, hier ein Gomser Käse

nische Ricotta gehört zu den Zigerkäsen. Man kann ihn grundsätzlich aus allen Molkesorten herstellen, die bei der Käseherstellung anfallen – als besonders schmackhaft gelten Schaf- und Büffelricotta. Eine besondere Spezialität ist der Schabzigerkäse, ein kleiner fester Reibekäse, der seine zartgrüne Farbe dem Schabzigerklee verdankt. Schabzigerklee oder Brotklee gehört zu den Gewürzen für Schüttelbrot.

Maisgrieß/Polenta
s. Info, Grundrezept und Tipps Seite 101

Mehl, Dunst und Grieß
Mehl ist für die Mehlspeisen der Alpenküche eine besonders wichtige Zutat. *Die Mehltype* gibt an, wie viel unverbrennbare Mineralstoffe im Mehl enthalten sind. Gleichzeitig sind sie ein Indiz für den Klebereiweißgehalt des Mehls. Das am häufigsten gebrauchte Mehl der Type 405 enthält etwas weniger Klebereiweiß als das »Bäckermehl« Typ 550. Deshalb ist Mehl vom Typ 550 für Hefeteige mit einer starken Struktur besonders gut geeignet. Mehl der Type 405 eignet sich am besten für Rührteige oder Biskuitteige mit zarter Struktur. Bei Mehlen mit höheren Typenzahlen sinkt der Kleberanteil wieder, dafür kommen immer mehr Mineralstoffe aus der Kornhülle dazu.
Dunst heißt auch Wiener Grießler, Spätzlemehl oder doppelgriffiges Mehl und bezeichnet ein etwas gröber gemahlenes Mehl. Die Mehltype spielt dabei keine Rolle. Profi-Bäcker verwenden Dunst, um Nudel-, Spätzle- oder anderen Teigen eine etwas rustikalere Konsistenz zu geben – die Teige bekommen mehr »Biss«. Auch zum Ausrollen von Nudeln, Gnocchi oder Knödeln eignet sich das Mehl hervorragend. Denn die Dunstkörner, die an der Oberfläche kleben bleiben, geben den damit zubereiteten Teigwaren beim Kochen eine samtige, nicht glitschige Oberfläche, die sich gut mit Saucen verbindet. Wenn Sie keinen Dunst im Hause haben, können Sie für Rezepte, die dieses Mehl verlangen, immer auch normales Mehl der Type 405 verwenden.
Grieß ist Getreide, das noch gröber gemahlen wurde als Dunst. Auch beim Grieß gibt es feinere und gröbere Sorten. (Noch gröber gemahlenes Getreide heißt Schrot.) Für Grießmassen oder Grießknödel können Sie alle Grießsorten verwenden. Wenn Sie Nudelteige herstellen, wählen Sie am besten feine Grießsorten – im italienischen Feinkosthandel finden Sie zum Beispiel feinen Hartweizengrieß für Nudelteig.

Speck
Weißer Speck oder Rückenspeck ist die weiße Fettauflage auf dem Rücken des Schweins. Rückenspeck, der weder gesalzen noch geräuchert wurde, heißt grüner Speck. Er wird normalerweise für die Herstellung von Schweineschmalz und zum Auslegen von Terrinen verwendet. Manchmal schützt so eine Speckscheibe auch ein empfindliches Fleischstück vor dem Austrocknen im Ofen. Früher wurden beispielsweise Fasane oder Wachteln fast immer mit einer Speckscheibe auf der Brust gebraten. Für diesen Zweck eignet sich auch gut gesalzener und geräucherter Rückenspeck.
In der Küche kommt häufiger Bauchspeck als Rückenspeck vor: Bauchspeck, in Bayern »Wammerl« genannt, ist weiß-rot marmoriert und wird manchmal gekocht oder in Scheiben gebraten oder gegrillt. Wird der Speck mit Salz und Gewürzen konserviert und dann geräuchert, entsteht Räucherspeck. Und je nachdem, wie stark der Speck gesalzen und geräuchert wird und wie lange er danach reift, ändern sich Geschmack und Konsistenz. Spezialisten wie der Südtiroler Heinrich Pöder (s. Reportage Seite 133) verarbeiten das ganze Schwein nach diesem System – obwohl man die anderen Teile eigentlich Schinken nennen müsste, bezeichnet er sie auch als Speck.

Ohne Speck keine Brotzeit.

Trockenfleisch, Bündner Fleisch, Salsiz
In der Schweiz wurde Fleisch schon immer durch Trocknen konserviert – französische Küchenchefs in Graubünden machten das Bündner Fleisch weltberühmt (s. Seite 134), obwohl Walliser Trockenfleisch genauso gut schmecken kann. In jedem Fall wird bei der Herstellung Fleisch gesalzen und getrocknet, meist gepresst – Rauch kommt nicht dazu. Am häufigsten trocknen die Schweizer Rindfleisch, manchmal aber auch Fleisch von Hirschen oder anderen Tieren. Aus den Abschnitten entsteht Salsiz, eine ebenfalls getrocknete Wurstspezialität.

Zaseka
Das slowenische Wort für gehackten, gewürzten Speck ist »Zaseka«. Je nach Verwendung kann der Speck roh oder geräuchert sein und wird manchmal mit Schmalz gemischt. In manchen slowenischen Betrieben werden heute noch Würste in großen Töpfen zusammen mit Zaseka gelagert, um die Würste durch den Luftabschluss besser zu konservieren.

Typisch für Bündner Fleisch: die eckige Form

Küchendolmetscher für die Alpenländer

Um die Speisekarten in den slowenischen, frankophonen oder italienischsprachigen Regionen der Alpen verstehen zu können, helfen Ihnen natürlich Grundkenntnisse der jeweiligen Landessprache. Davon abgesehen stellt in den touristisch gut erschlossenen Alpen die Verständigung auf Deutsch oder Englisch meist sogar in abgelegenen Tälern kein Problem dar.

Brathuhn

Holunder

Deutsch	Österreichisch	Schweizerisch
Aprikose	Marille	Aprikose
Aubergine	Melanzane	Aubergine
Blaubeere/Heidelbeere	Schwarzbeere	Heidelbeere
Blumenkohl	Karfiol	Blumenkohl
Brathuhn	Poulet, Brathendl	Poulet, Güggeli
Brötchen	Semmel, Weckerl	Weggli, Brödli
Brühe	Bouillon	Bouillon
Buchweizen	Heiden, Hadn	Buchweizen, Grano Saraceno
Chilischote/Peperonischote	Pfefferoni	Chilischote, Gewürzpaprika
Dicke Bohne	Saubohne	Puffbohne
Eigelb	Eidotter	Eigelb
Eiweiß	Eiklar	Eiweiß
Feldsalat	Vogerlsalat	Nüsslisalat, Nüssler
Flussbarsch	Flussbarsch	Egli
Forelle	Forelle	Forelle, Truite
Frikadelle	Faschiertes Laibchen, Fleischlaberln	Frikadelle, Hacktätschli
Graupen	Rollgerste/Brein	Gerste
Grüne Bohnen	Fisolen	Grüne Bohnen
Grieben	Grammeln	Grieben/Gruebi
Hackfleisch	Faschiertes	Hackfleisch
Hähnchen	Hendl	Poulet, Güggeli
Hecht	Hecht	Hecht, Brochet
Hefe	Germ	Hefe
Hefezopf	Striezel/Milchzopf	Hefezopf/Züpfle
Holunder	Holler	Holder
Hörnchen	Kipferl, Beugerl	Gipfeli
Johannisbeeren	Ribisel	Trübeli
Kartoffelbrei, -püree	Erdäpfelpüree	Kartoffelstock
Kartoffeln	Erdäpfel	Kartoffeln
Kasseler	Selchkarree/Selchripperln	geräuchertes Rippli
Keule	Schlegel	Keule
Klößchen	Nockerln	Möckli/Chügeli
Kopfsalat	Häuptelsalat	Kopfsalat
Lachs	Lachs	Lachs, Saumon

Da viele Bergbewohner aber bis weit ins vergangene Jahrhundert nur wenig Kontakt zur Außenwelt hatten, entwickelten sich teilweise sehr eigenwillige Dialekte, die auch im an sich deutschen Sprachraum zu Verwirrung führen können. Damit Sie sich im Gewirr zwischen »Möckli« oder »Fisolen« nicht verlieren, haben wir hier die wichtigsten Begriffe für Sie übersetzt

Deutsch	Österreichisch	Schweizerisch
Lauch, Porree	Porree	Lauch
Löffelbiskuit	Biskotten	Löffelbiskuit
Mangold	Mangold	Krautstiel
Meerrettich	Kren	Meerrettich
Möhren	Karotten	Möhrli (rund) / Rüebli (länglich)
Paniermehl	Semmelbrösel	Paniermehl
Paprikaschoten	Paprika	Peperoni
Pellkartoffeln	Erdäpfel in der Schale	Gschwellti
Pfifferlinge, Reherl	Eierschwammerl	Eierschwämme
Pilze	Schwammerln	Pilze
Preiselbeeren	Kronsbeeren, Kranteln	Glan, Preiselbeeren
Puderzucker	Staubzucker	Puderzucker
Quark	Topfen	Quark
Radicchio	Radicchio	Radicchio, Cicorino
Radieschen	Radieschen	Radies
Räucherspeck	Selchspeck	Räucherspeck
Romanasalat	Lattich	Lattich
Rosenkohl	Kohlsprossen	Rosenkohl
Sahne, saure	Rahm	Saurer Rahm
Sahne, süße	Obers	Rahm, Nidel
Saibling	Saibling	Rötel
Spätzle	Nockerln	Knöpfli
Spinat	Spinat	Binätsch
Steckrübe	Stoppelrübe	Herbstrübe
Tomate	Paradeiser	Tomate
Vorteig	Dampfl	Vorteig
Walnüsse	Walnüsse, Baumnüsse	Baumnüsse
Weißkohl	Weißkraut	Weißkabis
Wirsing	Kohl	Wirz
Zander	Fogosch	Zander
Zopf	Zopf, Striezel	Zopf, Striezel
Zucchini	Zucchini	Zucchetti
Zuckerschote	Erbsenschote	Kefe

Grüne Walnüsse

Die Alpenländer in Kürze *fassen wir Ihnen auf diesen Seiten zusammen. Natürlich kann es sich nur um knappe Skizzen handeln – schließlich breiten sich die Alpen auf sechs verschiedene Länder aus, nicht zu vergessen die zwei Fürstentümer.*

Deutschland

Der deutsche Alpenanteil liegt im Süden und Südwesten der Bundesrepublik: in Baden-Württemberg und Bayern. Er erstreckt sich von dem vorgelagerten süddeutschen Alpenvorland über die Bregenzer Alpen – von den Allgäuer Alpen über die Schwäbisch-Bayerische Hochebene bis hin zum Unterbayerischen Hügelland. Auch Teile des Wettersteingebirges, des Karwendelgebirges, der Chiemgauer und der Berchtesgadener Alpen gehören zum Bundesgebiet. Deutschlands höchster Berg ist mit 2962 Meter die Zugspitze. Bayern ist das wohl beliebteste Reiseziel innerhalb Deutschlands. Mit Ostbayern, Oberbayern und dem Allgäu sind drei von vier Regionen Bayerns den Alpen zugewandt. Wichtiges Bindeglied der deutschen Alpenregion: die Deutsche Alpenstraße, mit über 75 Jahren gleichzeitig die älteste Ferienstraße des Landes. An ihr stehen auch die berühmten bayerischen Königsschlösser – ganzjährig ein Besuchermagnet. Vor dem Panorama der Alpenkette breitet sich der Bodensee aus: Im Sommer hat der größte Binnensee Deutschlands durch sein angenehmes Klima fast schon mediterranes Flair. Beliebte Ziele am »Schwäbischen Meer« sind die Blumeninsel Mainau des Grafen Bernadotte oder die Insel Reichenau mit ihrer mittelalterlichen Klosteranlage, seit 2000 UNESCO-Weltkulturerbe.

Frankreich

Zur französischen Alpen-Region gehört ein 400 Kilometer langer Streifen im Südosten des Landes, der zwischen 60 bis 160 Kilometer breit ist. Er gliedert sich in die Alpes Haute-Provence, Alpes-Maritimes, Bouches-du-Rhône, Hautes-Alpes, Var und Vaucluse. Der höchste Gipfel der französischen Alpen ist mit 4807 Metern der Montblanc – zugleich auch der höchste Berg der Alpen. Die französischen Berge waren Urlaubern bisher vor allem als Wintersportziel bekannt. Mehr als 8000 Kilometer Piste machen die französischen Alpen zum größten Skigebiet der Welt. Inzwischen geht der Urlaubstrend aber auch hier in Richtung Wellness. Das halbkontinentale Klima dieser Alpenregion mit strengen Wintern und heißen Sommern fördert diese Art, Urlaub zu machen. Und so findet auch eine Umkehr im Ausbau der Wintersportorte statt. Vielen Besuchern sind sie nämlich nur als nahezu uneinnehmbare Betonburgen bekannt, Bausünden der 1970er und 1980er Jahre. Mittlerweile wird zurückgebaut, Nachhaltigkeit und sanfter Tourismus haben auch in Frankreichs Alpen Einzug gefunden.

Italien

Der italienische Anteil der Alpen liegt im Norden der Republik. Die Region Trentino-Südtirol-Etschland am Südrand der Zentralalpen teilt sich in die Autonome Provinz Südtirol und das Trentino. Die Region grenzt im Norden an Österreich und die Schweiz, im Osten und Süden an die italienische Region Veneto und im Westen an die Lombardei. Außerdem zählen die Regionen Friaul/Julisch-Venezien und das Aostatal zu den italienischen Alpen. Südtirol hat seit 1972 einen Autonomiestatus, durch den die deutschsprachige Minderheit geschützt wird. In Südtirol leben deutsche, italienische und ladinische Sprachgruppen gleichberechtigt nebeneinander. Urlauber lieben in der Region Trentino-Südtirol den Gardasee, den Stilfser Nationalpark, die Dolomiten, die vielen grünen Täler und historischen Stätten und die ausgezeichnete Küche. Die Region Friaul/Julisch Venetien im äußersten Nordosten Italiens reicht von den Alpen bis zur nördlichen Adria. Triest liegt im südöstlichsten Zipfel nahe der slowenischen Grenze. Den größten Teil der Region nimmt die Provinz Udine ein. Sie liegt zwischen den Karnischen und den Julischen Alpen und der Adriaküste.

Österreich

Österreich erstreckt sich über alpine Hochgebirge, Mittelgebirge, Hügelland und auch Ebenen mit hochflächenartigen Erhebungen. Von den neun Bundesländern Burgenland, Wien, Niederösterreich, Steiermark, Oberösterreich, Salzburg, Tirol, Vorarlberg und Kärnten liegen vor allem die vier letztgenannten in den Hochalpen. Österreich ist Nahtstelle zwischen Westeuropa und dem Balkan, das wirkt sich auch kulinarisch aus. Die sechs Nationalparks Österreichs nehmen rund drei Prozent der Landesfläche ein. Der bedeutendste ist der Nationalpark Hohe Tauern in Tirol. Er gehört zu den größten Nationalparks in Europa und erhebt sich von 1000 Meter Seehöhe in den Tallagen auf 3798 Meter auf den höchsten Punkt Österreichs – den Großglockner. Sehenswert sind die Gletscherflächen der Ostalpen und einige Wasserfälle, die zu den höchsten der Welt zählen. Außerdem ist der Nationalpark Hohe Tauern eine Art Arche Noah für tausende Tier- und Pflanzenarten. Zum UNESCO-Weltkulturerbe gehören in den Alpen Österreichs zum Beispiel die Altstadt von Salzburg und die Kulturlandschaft Hallstatt-Dachstein/Salzkammergut.

Schweiz

Die Schweiz liegt mitten in den Alpen. Alpengipfel im Süden erreichen Höhen von über 4000 Metern. Im Norden und Westen stehen die Bergketten des Jura. Dazwischen liegt vor allem dicht besiedeltes, nur leicht hügeliges Land. Das Matterhorn in den Walliser Alpen ist der vermutlich bekannteste Berg der Schweiz – mit seinen 4478 Metern allerdings nicht der höchste. Diese Ehre gebührt der Dufourspitze des Monte Rosa mit 4634 Metern, ebenfalls in den Walliser Alpen. Die Ostseite des Berges ist allerdings auf italienischem Staatsgebiet. Der 4545 Meter hohe Dom ist zwar etwas niedriger, steht dafür aber ganz auf Schweizer Gebiet. Die Schweizer Alpen machen etwa 60 Prozent der gesamten Staatsfläche aus und sind von wilder Schönheit. Imposante Gletscher und Felswände, schäumende Bergbäche, Almwiesen, dazwischen technisch raffinierte Zahnradbahnen und luftige Seilbahnen, die mühelos höchste Gipfel erklimmen.

Der Schweizerische Nationalpark, SNP, im östlichen Teil des Kanton Graubünden ist der einzige Nationalpark der Eidgenossen. Im Winter ist der Park für Besucher nicht zugänglich, im Sommer aber können Wanderer mit etwas Glück dort seltene Tiere entdecken – Gämsen, Steinböcke, Murmeltiere, Steinadler oder Bartgeier. Zum UNESCO-Weltkulturerbe gehören in der Schweiz die Burgen von Bellinzona und als Naturwelterbe das Jungfrau-Aletsch-Bietschhorn.

Slowenien

Slowenien am südlichen Rand der Ostalpen bildet den Übergang zwischen Mittel- und Südosteuropa. Etwa ein Drittel der Landesfläche besteht aus den Südalpen, die von Westen nach Osten in die Gebirgszüge Julische Alpen, Karawanken und Steiner Alpen eingeteilt sind. Mit 2864 Metern die höchste Erhebung ist der Berg Triglav in den Julischen Alpen. Slowenien präsentiert sich gerne als das grüne Herz Europas. Das kleine Land beherbergt tatsächlich eine erstaunliche landschaftliche Vielfalt: Schneebedeckte Alpengipfel, der Triglav-Nationalpark mit unzähligen Gletschertälern, Schluchten, Wasserfällen, Gebirgsseen und kristallklaren Wildbächen begeistern sportbegeisterte Urlauber. Von den Alpen erreicht man in nur zwei Fahrstunden die Adria mit ihren Stränden, der mediterranen Küche und den Weinen, die auf den Weinbergen im Hinterland gedeihen. Der Osten des Landes ist bekannt für seine zahlreichen Thermal- und Mineralquellen bekannter Thermen.

Fürstentum Liechtenstein

Das Fürstentum Liechtenstein im Rheintal erstreckt sich bis zu den Voralpen und den Rätischen Alpen, im Westen grenzt es an die Schweiz, im Osten an Österreich. Der höchste Berg ist mit 2599 Metern der Grauspitz. Etwa die Hälfte von Liechtenstein sind Alpengebiet. Von den rund 33 500 Einwohnern sind etwa 33 Prozent Ausländer – die meisten Schweizer, Österreicher, Deutsche und Italiener. Liechtenstein gehört zu den reichsten Staaten der Welt. Fast 40 000 Firmen aus dem Ausland haben, bedingt durch die günstige Steuergesetzgebung, hier ihren Sitz.

Fürstentum Monaco

Monaco auf dem südwestlichen Alpenausläufer besteht aus nur vier Städten. Die Hauptstadt Monaco wurde auf einem 65 Meter hohen felsigen Vorgebirge erbaut, das 800 Meter weit ins Meer ragt. In der ganzen Welt bekannt ist der Bezirk Monte Carlo, Sitz des Spielkasinos. Der höchste Punkt des Fürstentums ist mit 573 Metern der Tête de Chiem. Der Zwergstaat Monaco ist nach dem Vatikan der kleinste unabhängige Staat der Welt. Er gehört zu den Highlights der Cote d'Azur: mondäne Hotels, großzügige Yachten, das Casino … Monaco ist vielschichtig und faszinierend – nur eines ist es nicht: günstig.

Adressen

Hier eine subjektive Auswahl der Hotels, Restaurants und Produzenten, die wir bei unseren Recherchen besucht haben. Es gibt noch unzählige mehr empfehlenswerte Adressen im gesamten Alpenraum – sicher kennen Sie selbst auch einige. Bei den Telefonnummern haben wir auf die Angabe der jeweiligen Ländervorwahl verzichtet.

Kloster Reutberg

Deutschland

Oberbayern

Alpengut Elmau
Elmau 10, D-82494 Krün, Tel. 08823 9180,
www.alpengut-elmau.de
Die ehemalige Telegrafen- und Pferdewechselstation König Ludwigs ist heute ein gemütliches Hotel der Drei-Sterne-Kategorie. Zum Hotel gehört die schöne Elmauer Alm.

Dichterstub'n
(Im Park-Hotel Egerner Höfe)
Aribostr. 19–25, D-83700 Rottach-Egern,
Tel. 08022 6660, www.egerner-hof.de
Exil-Schwabe und Küchenchef Michael Fell erfindet in seinem Spitzenrestaurant nicht nur die bayerische Küche jeden Tag neu.

Enzianhütte
Kalkofen 3, D-83700 Rottach-Egern,
Tel. 08022 5103, www.enzianhuette.com
Café-Restaurant mit eigener kleiner Brennerei.

Berggasthof Almhütte
Maximilianshöhe 15, D-82467 Garmisch-Partenkirchen, Tel. 08821 71417
Der Spitzname »Windbeutelalm« verweist auf die Spezialität des Hauses.

Forthaus Unternogg
Unternogg 1, D-82442 Altenau,
Tel. 08845 8772,
www.forsthaus-unternogg.de
Gasthaus mit Wildgerichten im Landkreis Garmisch.

Kloster-Bräustüberl Reutberg
Am Reutberg 2, D-83679 Sachsenkam,
Tel.: 08021 8686, www.klosterbrauerei-reutberg.de
Schön gelegene Klosterbrauerei mit Biergarten.

Kloster Ettal
Kaiser-Ludwig-Platz 1, D-82488 Ettal,
Tel. 08822 740, www.kloster-ettal.de
Die Benediktinerabtei mit u.a. Klosterbrauerei, Biergarten, Likörherstellung, Schaukäserei und Hotel ist für viele einer der schönsten Wirtschaftsbetriebe Deutschlands.

Restaurant-Café Alpenblick
Kirchtalstr. 30, D-82449 Uffing am Staffelsee,
Tel. 08846 9300, www.alpenblick-uffing.de
Biergarten am See mit kleinem Strandbad.

Allgäu

Schloßanger Alp
Am Schloßanger 1, D-87459 Pfronten im Allgäu,
Tel. 08363 914550,
www.schlossanger.de
Im Hotelrestaurant kocht Barbara Schlachter-Ebert, Bayerns bekannteste Köchin, deftige Kost für den Wanderer genauso wie sehr gehobene Landküche. Fantastischer Blick von der Terrasse.

Obere Mühle
Ostrachstr. 40, D-87541 Bad Oberdorf (Hindelang),
Tel. 08324 2857,
www.obere-muehle.de
Gasthof mit (Schau-)käserei.

Sennerei Hopfen
Hopfen, D-88167 Stiefenhofen,
Tel. 08386 2833, www.baldauf-kaese.de
Sehr guter Allgäuer Bergkäse, der auch in vielen Geschäften Bayerns zu erwerben ist.

Michels Kräuteralp
Hörmoos, D-87534 Steibis/Oberstaufen,
Tel. 08386 980551, www.kraeuteralp.de
Kräuteranbau und höchstgelegene Brennerei im Allgäu.

Italien

Südtirol

Degust Käse-Kunst
Eisackstr.1 (im Löwencenter),
I-39040 Vahrn (bei Brixen),
Tel. 0472 849873, www.degust.com
Von Ex-Sternekoch und Käse-Experte Hansi Baumgartner (s. auch Seite 12) stammt unser Rezept für geschmortes Zicklein (s. Seite 167).

Speck und Wurst
Erbhof – Gegend 64,
I-39010 St. Pankraz/Ulten, Tel. 0473 787147
Heinrich Pöders Schweine fressen Fallobst und Kastanien. Nach dem Schlachten zerlegt Pöder die Tiere selbst (s. auch Seite 133).

Restaurant im Romantikhotel Stafler
I-39040 Mauls bei Sterzing,
Tel. 0472 771136, www.stafler.com
Die Kochkünste von Küchenchef Peter Girtler wurden schon mehrfach ausgezeichnet. Von ihm stammt auch die Heublüten-Essenz von Seite 86.

Pension Briol
I-39049 Barbian-Dreikirchen,
Tel. 0471 650125, www.briol.it
Übernachten im Bauhaus-Stil. Minimalistischer Gasthof (s. auch Seite 112) für Puristen und Ästheten. Loggia mit Dolomitenblick. Geöffnet von Mai–Oktober.

Tschafernag Hof
St. Valentin 7, I-39040 Kastelruth,
Tel. 0471 706636, www.tschafernaghof.com
Familienfreundliche Ferienwohnungen

Gostner Schwaige
I-39040 Seiser Alm, Franz Mulser,
mobil 0347 8368 154
Gourmet-Alm: Franz Mulser (s. auch Seite 36) hat schon bei den Oberauers und Hans Haas gekocht. Von ihm stammen die Zwetschgenknödel (s. Seite 196) und der Graupensalat (s. Seite 37).

Gasthof Unterwirt
I-39043 Gufidaun/Klausen,
Tel. 0472 844000,
www.unterwirt-gufidaun.com
Bei Wirt Thomas Haselwanter lässt sich edel speisen und schön schlafen.

Restaurant zur Rose
Josef Innerhoferstraße 2,
I-39057 San Michael/Eppan,
Tel. 0471 662249, www.zur-rose.com
Das Restaurant von Margot und Herbert Hintner gehört zu Recht zu Südtirols bekanntesten Adressen für Gourmets.

Restaurant Schöneck
Schloss-Schöneck-Str. 11,
Mühlen bei Pfalzen, I-39030 Kiens,
Tel. 0474 565550, www.schoeneck.it
Das Restaurant der Familie Baumgartner bietet zuverlässig sehr gute Küche.

Wirtshaus Vögele
Goethestr. 3, I-39100 Bozen,
Tel. 0471 973938, www.voegele.it
Gutes Traditionshaus mitten in Bozen. Von hier haben wir die Friggele (s. Seite 117).

Hofkäserei David Patzleiner
Lechnerhof 37, I-39030 Prags,
Tel. 0474 748652
Kuh-, Schafs- und Ziegenkäse in bester Qualität. Hofladen.

Dolomiten

Pasticceria Garbujo
Via Tezze 16, I-32032 Feltre (Belluno),
Tel. 0439 2316, www.pasticceriagarbuio.it
Die Pasticceria der Brüder Garbujo ist bekannt für ihre köstliche »Torta Polentina Feltrina« (s. Seite 194) – ein Kuchen aus Maismehl mit Nüssen und Pflaumenkonfitüre – und die Zaetti (s. Seite 195).

Latteria Cooperativa di Camolino
Via Camolino 131, I-32037 Sospirolo
(Belluno), Tel. 0437 89228
Kooperative mit gutem Käse und guten Preisen.

Frankreich

Le Val des Sources
F-05800 St. Maurice en Valgaudemar,
Tel. 049255 2375
Nettes Ausflugsrestaurant und einfaches Hotel mit guter, traditioneller Küche. Hier aßen wir die köstlichen »Oreilles d'anes« (s. Seite 124).

Hansi Baumgartner in seinem »Degust Käse-Kunst«

Käsekeller der »Latteria Cooperativa di Camolino«

Confitures du Vieux Chaillol
F-05260 Saint Michel de Chaillol,
Tel. 049250 0666
Konfitüren 1: Anne Quinchon experimentiert mit Früchten und Rezepten im Nationalpark »des Ecrins«.

À la Ferme du Veyre
Les Alliberts, F-05500 Saint Bonnet en Champsaur,
Tel. 049250 0988
Gästezimmer bei sympathischer Käser-Familie.

Boulangerie Daniel Dumas
im Dorf Le Roux zwischen St. Maurice en Valgaudemar und Villar Loubière
Tel. 049255 2369
Bäcker Dumas' »Tourte du Valgaudemar« (s. Seite 212) ist bekannt im ganzen Tal.

Boucherie Armand
F-05800 La Chapelle en Valgaudemar,
Tel. 04 9255 2323
Gute Metzgerei. Vorzügliche Patés.

Laiterie du Col Bayard
F-05500 Laye-Hautes-Alpes,
Tel. 049250 5006
Käserei mit Restaurant. (Käse-)Spezialitäten aus der Region.

Auberge Gaillard
Molines en Champsaur,
Tel. 049250 1055
Idyllisch gelegene Herberge im kleinen Tal »de la Séveraissette« im Nationalpark »des Ecrins«. Die jungen Betreiber kochen einfache lokale Gerichte, z. B. den Kartoffelkuchen Flouzon (s. Seite 48).

Maison d'hôtes du Vivier – Le Sauze
Hameau du Vivier,
F-04400 Enchastrayes, Tel. 049281 1965
Das Haus von Jo und Nicole Lozach (s. auch Seite 70) in der Nähe von Barcelonnette ist gemütlich vollgestopft mit Antiquitäten. Abends kocht Jo für alle Hausgäste. Seine Spezialität: Ravioles de blettes, Mangoldnocken (s. Seite 73).

Christophe und Nicolas Tron
La Chanenche, F-04340 Méolans Revel,
Tel. 049281 2698
Konfitüren 2: Die Zwillinge Tron kochen perfekte Himbeer-Konfitüre (s. auch Seite 56).

Die Konfitüren der Brüder Tron

Ferme des Clarionds
F-04340 Méolans Revel, Tel. 049285 5367
Christiane Peytral (s. auch Seite 22) macht hervorragenden Ziegenkäse in einem einsamen Tal. Sie verriet uns ihr Lieblingsrezept für Ziegenkäse-Tomatenquiche (s. Seite 24).

Auberge de la Gare
F-06710 Villars-Sur-Var, Tel. 049305 7844
Restaurant in einem ehemaligen Bahnhof. Madame Barseni serviert traditionelle provenzalische Küche – mit frischen Produkten und alles hausgemacht.

Le Clos Saint-Joseph
F-06710 Villars-Sur-Var, Tel. 049305 7329
Antoine Sassi (s. auch Seite 190) produziert A.O.C.-Cotes-de-Provence-Weine – als einziger in den Alpen.

Hotel Villa la Tour
4, rue de la Tour, F-06300 Nizza,
Tel. 049380 0816, www.villa-la-tour.com
Kleines Hotel mit Flair in der Altstadt. Die deutsche Besitzerin Barbara Kimmig hat die 16 Zimmer liebevoll und alle unterschiedlich eingerichtet.

Restaurant L'Escalinada
22, rue Pairolière, F-06000 Nice,
Tel. 049362 1171, www.escalinada.fr
Spezialitäten aus Nizza mitten in der quirligen Altstadt.

Jouni – atelier du gout
Palais la Réserve, 60, bd Franck Pilatte
F-06000 Nizza, Tel. 049708 2998, www.jouni.fr
Kleines, feines Restaurant. Von Küchenchef Jouni Tormanen stammt die Streifenratatouille (s. Seite 76).

Österreich

Tirol
Biohotel Schweitzer
Barwies 292, A-6414 Mieming in Tirol,
Tel. 05264 5285, www.biohotel.at
Angenehmes Familien-Wellness-Hotel. Köchin Maria Schweitzer steht für leichte Bio-Vollwertküche, z. B. Dinkelbuchteln (s. Seite 188).

Kärnten

St. Peter Hotel, Dietrichsteinerhof
Dietrichsteinerstrasse 24/26,
A-9583 Faak am See, Tel.: 04254 22540,
www.dietrichsteinerhof.at
Hotel am Faaker See. Küchenchef Peter Schachermayer und Sohn Gebhard kochen ausgezeichnet.

Landhof Lenzhofer
A-9634 Gundersheim, Tel. 04718 3370,
www.landhof-lenzhofer.at
Andrea Lenzhofer (s. Seite 108 f.) versteht es, in ihrem kleinen Hotel-Restaurant im Gailtal Gäste zu umsorgen. Ihr Essen ist hervorragend. Von ihr stammen die Kärntner Kasnudeln.

Fischrestaurant Sicher
Mühlenweg 2, A-9121 Tainach,
Tel. 04239 2638, www.sicherrestaurant.at
Bestes Fischrestaurant Kärntens. Michael Sicher bekam für seine Kochkünste einen Michelin-Stern, weitere werden folgen. Über die Grenzen Österreichs bekannt ist sein Saiblingskaviar (s. Seite 142 f.).

Restaurant Kaufmann & Kaufmann
Dietrichsteingasse 5, A-9500 Villach,
Tel. 04242 25871, www.kauf-mann.at
Fein essen in Villachs Innenstadt.

Kärtner Gasthof Tschebull
Egger-Seeuferstr. 26,
A-9580 Egg am Faakersee, Tel. 04254 2191,
www.tiscover.at/gasthoftschebull
Hans Tschemernjak legt bei seiner bodenständigen Küche großen Wert auf Qualität und Herkunft der Produkte. Gemütlicher Gasthof am See.

Bachmann's Räucherlachs
Obervellach 33, A-9620 Hermagor,
Tel. 04282 2069, www.biolachs.at
Peter Bachmann räuchert im Gailtal hervorragenden Biolachs nach Slow-Food-Kriterien.

Verein der Kärntner Brillenschafzüchter
Sponheimer Platz 1, A-9170 Ferlach,
Tel. 04227 5119,
www.brillenschafe.at
Obmann Friedhelm Jasbinschek (mobil 0664 271 6183) weiß, wo Sie Fleisch von Brillenschafen kaufen und sehr gut essen können.

Winklerner Bio-Hof
Winklern 1, A-9102 Mittertrixen,
Tel. 04231 2278
Bei Familie Skofitsch gibt es guten Schaf- und Ziegenkäse.

Destillerie Wilhelm Jesche
Winklerner Str. 14,
A-9541 Winklern/Treffen,
Tel. 04248 28070, www.destillerie-jesche.at
Wilhelm Jesche ist Kärntens Mann für hochwertige Edelbrände.

Imkerei Stampfer
Höfling 2, A-9640 Kötschach,
Tel. 04715 8162
Kleiner Familienbetrieb mit Honig- und Milchprodukten.

Slowenien

Julische Alpen

Grand Hotel Toplice
cesta svobode 12, SLO-4260 Bled,
Tel. 04579 1000, www.hotel-toplice.com
Luxushotel mit schönen Salons und eigenem Strandbad am See. Im Restaurant aßen wir den Osterschinken in Brotteig (s. Seite 150).

Hotel Vila Bled
cesta svobode 26, SLO-4260 Bled,
Tel. 04579 1500, www.vila-bled.com
Der Atem der Geschichte: Die ehemalige Sommerresidenz der Fürstenfamilie Windisch-Gräz, wunderschön gelegen in einem Park am Bleder See, ließ Staatschef Tito 1947 im Stil der Neuen Sachlichkeit umbauen. Heute macht genau das dieses Hotel zu etwas Besonderem.

Gostisce Mayer
Zeleska 7, SLO-4260 Bled, Tel. 04574 1058
Slowenische Kost vom Feinsten, entspannte Atmosphäre. Die Schlickkrapfen (s. Seite 109) stammen von diesem Gasthaus.

Restavracija Topolino
Ljubljanska 26, SLO-4260 Bled,
Tel. 04741 781
Geheimtipp für Feinschmecker in Bled. Regionale Spezialitäten, aber auch Meeresfrüchte. Gute Auswahl slowenischer Weine.

Bachmanns Räucherlachs

Die Brüder Sicher aus Tainach

In der Umgebung von Bled

Gostilna Rupa
V Bohinju 87, SLO-4267 Srednja Vas,
Tel. 04 572 3401
Ausflugsgaststätte mit deftig-bäuerlicher Küche. Spezialität: Buchweizen-Teigtaschen (s. Seite 120).

Gostilna Pr' Kovac
SLO-Kropa 30, Tel. 04 533 6320
Gemütliche Gaststätte in altem Schmiededorf. Die jungen Gastwirte bieten regionale, aber auch italienische Spezialitäten. Weine aus ganz Slowenien.

Gostilna Lectar
Linhartov trg. 2, SLO-4240 Radovljica,
Tel. 04 537 4800
Bäuerliche Festtagsküche in 500 Jahre altem Gasthaus. Nach dem Essen können Sie ein paar Häuser weiter slowenischen Wein einkaufen:

Vinoteka Sodcek
Linhartov trg. 8, SLO-4240 Radovljica,
Tel. 04 531 5071

Schweiz

Wallis

Hotel Bella Tola
CH-3961 St-Luc,
Tel. 027475 1444, www.bellatola.ch
St-Luc ist ein sympathisches Dorf in den Walliser Bergen. Anne-Francoise und Claude Buchs haben dort das 1859 errichtete Hotel liebevoll renoviert. 2001 wurde es »Historisches Hotel des Jahres«.

Nend'Abricot Sàrl
CH-1997 Haute-Nendaz, Tel. 027288 7515
Im Laden-Bistro von Régis Métrailler gibt's die von ihm angebauten Aprikosen und andere Spezialitäten der Region. Hier fanden wir das Rezept für die Walliser Aprikosentarte (s. Seite 187).

Restaurant Riederstübli
Gasenried 6, CH-3924 St. Niklaus,
Tel. 027956 1304, www.riederstubli.ch.vu
Ganz zünftig: Raclette (s. Seite 44) vom Holzfeuer.

St. Jodern Kellerei
Unterstalden, CH-3932 Visperterminen,
Tel. 027946 4146, www.jodernkellerei.ch
Rarität: Wein vom höchsten Weinberg Europas.

Restaurant Salwald
CH-3903 Mund VS, Tel. 027923 1218
oder -0812
Ausflugsrestaurant nahe des Safran-Dorfs Mund mit toller Aussicht und köstlichem Safran-Risotto oder Safrannudeln (s. Seite 91). Von Ostern bis November geöffnet.

Safranerie GmbH
Bielstrasse 2A (Büro), CH-3982 Bitsch,
Tel. 027927 4241, www.safranerie.ch
Der Bayer Jürgen Rohmeder produziert einen feinen Aperitif aus Munder Safran (s. auch Seite 90). Eine Ladenfiliale ist in Mund.

Pension-Restaurant Drei Tannen
CH-3989 Niederwald,
Tel. 027 971 1173, www.dreitannen.ch
Einfache, rustikale Pension im Geburtsdorf des berühmten Hoteliers Cäsar Ritz.

Hotel Restaurant Castle
CH-3989 Blitzingen,
Tel. 027970 1700, www.hotel-castle.ch
In der Nähe von Niederwald führt der bekannte Bergsteiger und Koch Peter Gschwendtner mit seiner Frau dieses Hotel mit exzellentem Restaurant. Wir probierten Gamsmedaillons mit Hagebuttensauce (s. Seite 175).

Bio-Bergkäserei Goms
Furkastr. XX, CH-3998 Gluringen,
Tel. 027973 2080, www.biogomser.ch
Guter Biokäse, Laden an der Haupstraße im Gomser Tal.

Graubünden

Metzgerei Ludwig Hatecke
Center Augustin, CH-7550 Scuol,
Tel. 081864 1175, www.hatecke.ch
Edles Bündner Fleisch in edlem Geschäft (s. auch Seite 134).

Badrutt's Palace Hotel
Via Serlas 27, CH-7500 St. Moritz,
Tel. 081837 1000, www.badruttspalace.com
Exklusiver Hotelpalast mit Tradition: Das Gebäude mit seinem markanten Turm ist ein Wahrzeichen von St. Moritz. Begründer Johannes Badrutt soll 1856 den Wintertourismus erfunden haben. Heute wird das Luxushotel von Badrutts Nachkommen geführt.

»Badrutt's Palace« in St. Moritz

Safrannudeln aus dem Restaurant »Salwald«

Confiserie + Café in Hauser's Hotel
Via Traunter Plazzas 7, CH-7500 St. Moritz,
Tel. 081837 5050, www.hotelhauser.ch
In der dem Hotel angeschlossenen Confiserie stellt man die berühmte Engadiner Nusstorte (s. Seite 186) und das Birnbrot (s. Seite 211) her – zum Mitnehmen, Bestellen im Internet oder zum Verzehr im Hotelcafé.

Alpenrose
CH-7514 Sils-Maria, Tel. 08 833 8008
Peter und Wera Graber haben ihr feines Restaurant in einem ehemaligen Post- und Telegrafenamt eröffnet. Lecker: die Polentatürmchen (s. Seite 101)

Restaurant da Nus
Flims-Dorf,
Tel. 079587 1133
Königinnen der Capuns (s. Seite 72)

Hof Coms
CH-7427 Urmein, Tel. 081651 4920,
www.coms.ch
Bio-Bauernhof. Im Hofladen gibt es Brot, Müsli, Käse und Rindfleisch.

Tessin
Hotel Millennium
Via Dogana Nuova 2,
CH-6600 Locarno, Tel. 091759 6767,
www.millennium.hotel.ch
Kleines Hotel direkt am Lago Maggiore, zwei Gehminuten von der Piazza Grande entfernt. Familiäre Atmosphäre.

Ristorante Albergo San Martino
Via Cantonale 47, CH-6613 Porto Ronco,
Tel. 091791 9196, www.san-martino.ch
Fein essen auf der Terrasse über dem See. Sympathische Gastgeber. Fünf Hotelzimmer. Von hier stammt das Rezept für die Eglifilets mit Kräuterspinat (s. Seite 136).

Terreni alla Maggia SA
Via Muraccio 105, CH-6612 Ascona,
Tel. 091791 2452,
www.terreniallamaggia.ch
Landwirtschaftliche Aktiengesellschaft mitten in Ascona mit Acker-, Wein- und Obstbau und Geflügelfarm. Sogar Reis wird angebaut. Verkauf ab Hof oder im Ladengeschäft.

Hotel Castello del Sole
Via Muraccio 142, CH-6612 Ascona,
Tel. 091791 0202, www.castellodelsole.com
Edles Hotel am Lago Maggiore mit Privatstrand und Parkanlage. Das Restaurant »Locanda Barbarossa« ist mehrfach ausgezeichnet: Küchenchef Othmar Schlegel kocht perfekt. Hier gibt es noch große Braten und Enten, die der Kellner am Tisch zerlegt. Das Restaurant bezieht seine Produkte von »Terreni alla Maggia«, der hoteleigenen Landwirtschaft.

Forno a legna
Panetteria Mehltretter
Via Locarno 43, CH-6616 Losone,
Tel. 091791 3874
Bio-Bäckerei mit Holzofen.

Alm Campo La Torba
CH-6696 Fusio, Vallemaggia
Giorgio Dazio macht sehr guten Bergkäse auf seiner Alm, ganz am Ende des Maggia-Tales bei Locarno, rechts hinter dem Stausee (s. auch Seite 16).

Grotto Pozzasc
CH-6695 Peccia, Tel. 091755 1604
Franco Foresti kocht in seinem idyllisch gelegenen Ausflugslokal im Maggia-Tal die für uns beste Polenta im ganzen Tessin (s. auch Seite 97). Nur im Sommer geöffnet. Gutes Kalbsragout (s. Seite 160).

Marco und Verena Klurfeld
Cà di Ciser, CH-6647 Mergoscia,
Tel. 091745 2754
Die Klurfelds produzieren Wein und Traubensaft nach Demeter-Richtlinien (s. auch Seite 182). Nette Ferienwohnungen.

Innerschweiz
Alpkäserei Fluonalp
CH-6074 Giswil, Tel. 041675 2659,
www.fluonalp.ch
Thomas Schnider (s. auch Seite 12) produziert DEN Käse der Innerschweiz: würzigen Sbrinz. Spezialität der Gaststätte sind Älplermagronen (s. Seite 51).

Appenzell
Restaurant Bären
CH-9108 Gonten, Tel. 071795 4010,
www.hotel-baeren-gonten.ch
Bekanntes Restaurant mit regionalen Spezialitäten in Haus mit dreihundertjähriger Geschichte. Von hier stammen die Chäs-Schoope (s. Seite 50 f.).

Franco Foresti kocht in seinem »Grotto Pozzasc«

Menüvorschläge

Die Rezepte in unserem Buch sind so berechnet, dass jeder Hauptgang zusammen mit einem Salat eine vollständige Mahlzeit ergibt. Die dann mit einem Dessert ergänzt werden kann. Hier schlagen wir Ihnen Menüs für besondere Gelegenheiten vor. Berücksichtigen Sie bei Ihrer Planung, dass die unglaublich leckeren Desserts aus

Schnelle Menüs

Glasierte Schinkenscheiben (s. Seite 150), dazu
Instant-Polenta (s. Seite 17, Tipp)
Frische Früchte

Paniertes Fischfilet mit Zucchini-Gurkensalat
(s. Seite 145)
Schwarzbeerkücherl (s. Seite 188)

Löwenzahnsalat (s. Seite 26)
Chäs-Schoope (s. Seite 51)

Menüs, die sich gut vorbereiten lassen

Marinierte Pilze (s. Seite 33), dazu Feldsalat
Ziegenkäse-Tomatenquiche (s. Seite 24)
Frische Früchte

Graupensalat (s. Seite 37)
Kalbsragout (s. Seite 160)
Dinkelbuchteln (s. Seite 188)

Spinatpfannkuchen (s. Seite 26)
Kürbissuppe mit Buchweizen (s. Seite 58)
Polenta mit Käse und Honig (s. Seite 98)

Vegetarische Menüs

Saure Milch mit Kartoffeln und Gurken (s. Seite 18)
Zucchinifondue (s. Seite 46)
Frische Früchte

Krautsalat mit Speck (s. Seite 34)
Flouzon – Kartoffelkuchen (s. Seite 48)
Rahm-Bratbirnen (s. Seite 212)

Gnocchi di Sappada (s. Seite 103)
Rote Bete mit Ricotta und Mohn (s. Seite 85)
Tourte du Valgaudemar (s. Seite 212)

Menüs mit Teigwaren als Hauptgang

Geschmorter Lattich (s. Seite 88)
Buchweizen-Teigtaschen (s. Seite 120)
Karamellisierte Äpfel (Grundrezept s. Seite 215)

Streifen-Ratatouille (s. Seite 76)
Spinatnocken (s. Seite 118)
Polenta-Zimtschnitten (s. Seite 193)

Saubohnensalat (s. Seite 21)
Älplermagronen (s. Seite 51)
Schwarzbeerkücherl (s. Seite 188)

Menüs für Käse-Liebhaber

Krautsalat mit Speck (s. Seite 34)
Graukäse-Knödel (ohne Speck; s. Seite 64)
Apfelstrudel (s. Seite 184)

Warmer Endiviensalat (s. Seite 18)
Walliser Raclette (s. Seite 44)
Walliser Aprikosentarte (s. Seite 187)

Bärlauchsuppe mit Forellenfilets (s. Seite 66)
Tartiflette (s. Seite 48)
Zaetti (s. Seite 195, mit einem Glas Dessertwein)

Saubohnensalat mit Bergkäse (s. Seite 21)
Gefüllte Rösti oder Käserösti (s. Seite 106)
Engadiner Nusstorte (s. Seite 186)

Walliser Raclette

ALPENKÜCHE MENÜVORSCHLÄGE

der Welt der alpenländischen Mehlspeisen oft sehr sättigend sind – für manche Gelegenheiten sind ein paar frische Früchte als Abschluss besser geeignet. Umgekehrt schmecken Apfelstrudel, Hefeknödel oder Strucklji zur Abwechslung auch als süße Hauptmahlzeit.

Menüs mit Fisch

Bärlauchsuppe mit Forelle (s. Seite 67)
Zanderfilet mit Roten Beten und Meerrettich (s. Seite 139)
Dinkelbuchteln (s. Seite 188)

Streifen-Ratatouille (s. Seite 76)
Eglifilets mit Kräuterspinat (s. Seite 136)
Topfenschmarren (s. Seite 196)

Festliche Menüs

Beim 4- und 5-Gänge Menü reichen die Rezepte für 6–8 Personen

3 Gänge
Warmer Endiviensalat mit Grammeln (s. Seite 18)
Villacher Kirchtagssuppe (s. Seite 67)
Reinling (s. Seite 209)

4 Gänge
Saiblingskaviar mit gestampften Erdäpfeln (s. Seite 143)
Heublüten-Essenz (s. Seite 86, evtl. ohne die Knödelchen)
Hirschsteaks mit Kürbisrösti (s. Seite 176)
Mandeltarte (s. Seite 191)

Artischocken-Krautpfanne (s. Seite 88)
Munder Safrannudeln (s. Seite 91)
Gebratener Kalbstafelspitz (s. Seite 160)
Apfelstrudel (s. Seite 184)

5 Gänge
Renkenfilets mit Bündner Fleisch (s. Seite 135)
Kastaniensuppe (s. Seite 58)
Südtiroler Schlutzkrapfen (s. Seite 114)
Geschmorte Kalbsbacken (s. Seite 155)
Grießknödelchen mit Zwetschgenröster (s. Seite 202)

Saubohnensalat (s. Seite 21, evtl. ohne Käse)
Lachsforellenfilet mit Kürbispüree (s. Seite 145)
Gnocchi di Sappada (s. Seite 103)
Kaninchen in Rotwein (s. Seite 167)
Rahm-Bratbirnen (s. Seite 212)

Ideen für ein Alm-Buffet

Die Gesamtmenge reicht für 12–16 Personen. Falls Sie nur einzelne Gerichte davon für ein Buffet verwenden, können Sie evtl. die Rezeptmengen verdoppeln.

Graupensalat (s. Seite 37) oder
Spinatpfannkuchen (s. Seite 26)

Marinierte Pilze (s. Seite 33)

Kürbis- oder Kastaniensuppe (s. Seite 58)

Backhendlflügel (s. Seite 152)
Allgäuer Zwiebelkuchen (s. Seite 29) oder
Pissaladière (s. Seite 29)
Ravioles de blettes (s. Seite 73)

Engadiner Nusstorte (s. Seite 186) oder
Walliser Aprikosentarte (s. Seite 187)
Schlosserbuam mit Orangensauce (s. Seite 201)

Gebratener Kalbstafelspitz

Schlosserbuam mit Orangensauce

Menüvorschläge und Rezeptverzeichnis

Hier stellen wir Ihnen Menüs aus den einzelnen Alpenländern vor. Und damit Sie selbst regionale Menüs zusammenstellen können, haben wir für Sie zusätzlich auch die Rezepte nach Ländern geordnet. Viele Alpen-Spezialitäten sind in mehreren Regionen gleichzeitig entstanden, weil sich die klimatischen und die wirtschaftlichen Bedingungen glichen.

Slowenisches Menü

Saure Milch mit Kartoffeln und Gurken (s. Seite 18)
Gefüllte Forellen (s. Seite 139)
oder
Slowenisches Hähnchen (s. Seite 152)
Gibanica (s. Seite 206)

Italienisches Menü

Gnocchi di Sappada (s. Seite 103)
oder
Polentagratin mit Bergkäse (s. Seite 17)
Kalbsragout/Spezzatino (s. Seite 160)
Zaetti (s. Seite 195)

Grießknödelchen mit Zwetschgenröster

Bayerisches Menü

Krautsalat mit Speck (s. Seite 34)
oder
Feine Kohlrabi-Metzelsuppe (s. Seite 82)
Geschmorte Kalbsbrust (s. Seite 157)
Schlosserbuam mit Orangensauce (s. Seite 201)

Schweizer Menü

Kastaniensuppe (s. Seite 58)
Eglifilets mit Kräuterspinat (s. Seite 136)
oder
Hirschsteaks mit Kürbisrösti (s. Seite 177)
Schweizer Rahm-Bratbirnen (s. Seite 212)

Österreichisches Menü

Heublüten-Essenz mit Steinpilzknödelchen (s. Seite 86)
Gebratener Kalbstafelspitz (s. Seite 160)
Dinkelbuchteln (s. Seite 188)
oder
Grießknödelchen mit Zwetschgenröster (s. Seite 202)

Französisches Menü

Löwenzahnsalat (s. Seite 26)
oder
Provenzalische Brotsuppe (s. Seite 75)
Bœuf en Daube (s. Seite 162)
Mandeltarte (s. Seite 191)

Deutschland

Allgäuer Quarkspätzle 127
Allgäuer Zwiebelkuchen 29
Bärlauch-Hecht mit Blumenkohl 140
Bärlauchsuppe mit Forellenfilets 67
Bayerische Semmelknödel 118
Brathähnchen mit Brezenfüllung 157
Feine Kohlrabi-Metzelsuppe 82
G'surtes Schweinshaxl mit Saubohnen 170
Gams- oder Rehmedaillons mit Orangenbutter 175
Gebratene Kalbshaxe 170
Gebratene Schweinebacken mit Knödelsalat 155
Gebratener Kalbstafelspitz 160
Geschmorte Kalbsbrust 157
Hefeknödel mit Erdbeerfüllung 202
Kaninchen in Rotwein 167
Käsestangen (Kurzrezept) 58
Krautkuchen mit Räucherforelle 140
Krautsalat mit Speck 34
Krautsuppe mit Grammelknödeln 82
Lachsforellenfilet mit Kürbispüree 145
Marinierte Pilze 33
Paniertes Fischfilet mit Zucchini-Gurkensalat 145
Rote Bete mit Ricotta und Mohn 85
Schlosserbuam mit Orangensauce 201
Topfenschmarren 196
Zanderfilet mit Roten Beten und Meerrettich 139
Ziegenfrischkäse-Klößchen (Kurzrezept) 67

Frankreich

Artischocken-Krautpfanne 88
Bœuf en Daube 162
Flouzon 48
Französisches Zucchinifondue 46
Grüne Kräuternudeln mit Knoblauchsauce 126
Kaninchen in Rotwein 167
Lammschulter aus dem Ofen 168
Linsensuppe mit Pistou 75
Löwenzahnsalat 26
Mandeltarte 191
Mangoldlasagne 124
Pissaladière 29
Provenzalische Brotsuppe 75
Ravioles de blettes 73
Spargelsalat mit Ziegenkäse-Krusteln 24
Spinatpfannkuchen 26
Streifen-Ratatouille 76
Tartiflette 48
Tourte du Valgaudemar 212
Ziegenkäse-Tomatenquiche 24
Zucchinigratin mit Reis 76

Italien

Apfelstrudel 184
Brühe mit Spargel und Pressknödeln 64
Gegrillter Saibling mit Spargel 136
Geschmortes Zicklein 167
Gnocchi di Sappada 103
Graukäse-Knödel mit Salbeibutter 64
Graupenrisotto mit Vacherin und Radicchio 61
Graupensalat 37
Heublüten-Essenz mit Steinpilzknödelchen 86
Kalbsragout 160
Kartoffel-Friggele mit Sauerkraut 117
Kartoffel-Paunzen 117
Kastaniensuppe 58
Kräutersuppe mit Graupen 61
Krautsalat mit Speck 34
Löwenzahnsalat 26
Polentagratin mit Bergkäse 17
Polentanudeln mit Hähnchenragout 103
Polenta-Zimtschnitten 193
Polentina 194
Rehstrudel 38
Rosa Rettichsalat 38
Schwarzer Rettichsalat mit Forellenfilets 21
Spinatnocken 118
Südtiroler Hochzeitskrapfen 201
Südtiroler Schlutzkrapfen 114
Zaetti 195
Zwetschgenknödel 196

Österreich

Apfelstrudel 184
Aprikosenstrudel 184
Backhendlflügel 152
Brühe mit Spargel und Pressknödeln 64
Dinkelbuchteln 188
Gebratener Kalbstafelspitz 160
Gekochtes Schulterscherzl 165
Graukäse-Knödel mit Salbeibutter 64
Grießknödelchen mit Zwetschgenröster 202
Heublüten-Essenz mit Steinpilzknödelchen 86
Kärntner Fleischnudeln 109
Kärntner Kasnudeln 108
Kartoffel-Friggele mit Sauerkraut 117
Kartoffel-Paunzen 117
Krautkuchen mit Räucherforelle 140
Krautsalat mit Speck 34
Marinierte Pilze 33
Paniertes Fischfilet mit Zucchini-Gurkensalat 145
Polenta-Zimtschnitten 193
Reinling (Variante) 209
Saiblingskaviar mit gestampften Erdäpfeln 143
Schwammerlsuppe mit Häfenstrudel 86
Schwarzbeerkucherl 188
Tarrenzer Fasnachtsauflauf 33
Tiroler Bauernbratl 168
Türkentommerl 193
Villacher Kirchtagssuppe 67
Warmer Endiviensalat mit Grammeln 18
Wildpflanzerl mit Kastanienpüree 176
Wintersuppe mit Graupen (Variante) 61

Schweiz

Älplermagronen 51
Appenzeller Chäs-Schoope 51
Bündner Birnbrot 211
Capuns 72
Eglifilets mit Kräuterspinat 136
Engadiner Nusstorte 186
Gamsrücken mit Hagebuttensauce (Variante) 175
Gebeizte Bachforelle mit Bohnensalat 34
Gefüllte Rösti 106
Gegrillter Käse am Holzfeuer 44
Geschmorte Kalbsbacken 155
Geschmorter Lattich mit Räucherwurst 88
Hirschsteaks mit Kürbisrösti 177
Käserösti 106
Käseschmarren (Variante) 51
Kastaniennocken mit Preiselbeeren 123
Kastaniensuppe 58
Munder Safrannudeln 91
Polentagratin mit Bergkäse 17
Polentatürmchen 101
Renkenfilets mit Bündner Fleisch 135
Saubohnensalat mit Bergkäse 21
Schweizer Rahm-Bratbirnen 212
Walliser Aprikosentarte 187
Walliser Raclette 44
Walliser Tomatenfondue 46

Slowenien

Buchweizen-Teigtaschen mit Spargel 120
Gefüllte Forellen 139
Gibanica 206
Glasierte Schinkenscheiben 150
Kürbissuppe mit Buchweizen 58
Osterschinken in Brotteig 150
Potica 208
Rübchen-Lasagne 85
Saure Milch mit Kartoffeln und Gurken 18
Schwammerlsuppe mit Häfenstrudel 86
Slowenische Schlickkrapfen 109
Slowenisches Hähnchen 152
Struklji 206
Türkentommerl 193
Warmer Endiviensalat mit Grammeln 18

Register

Damit Sie Rezepte mit bestimmten Zutaten wie Aprikosen, Buchweizen oder Ziegenkäse noch schneller finden können, stehen diese Zutaten im Register zusätzlich auch über den entsprechenden Rezepten – ebenfalls alphabetisch geordnet und **halbfett** gedruckt.

A

Allgäuer Bergkäse
    Allgäuer Quarkspätzle 127
    Glossar 218
    Ravioles de blettes 73
Allgäuer Emmentaler (Glossar) 218
Allgäuer Quarkspätzle 127
Allgäuer Zwiebelkuchen 29
Almkäse: s. Bergkäse
Alpkäse: s. Bergkäse
Älplermagronen 51
Äpfel
    Apfelmus (Tipp) 51
    Apfelstrudel 184
    Karamellisierte Äpfel (Grundrezept) 215
Appenzeller Käse
    Glossar 218
    Appenzeller Chäs-Schoope 51
    Käseschmarren (Variante) 51
Aprikosen
    Aprikosenstrudel 184
    Dinkelbuchteln 188
    Gibanica 206
    Lammschulter aus dem Ofen 168
    Türkentommerl 193
    Walliser Aprikosentarte 187
Artischocken
    Artischocken-Krautpfanne 88
    Südtiroler Schlutzkrapfen mit Artischockenfüllung (Variante) 114
    Tipp 166
Aubergine: Streifen-Ratatouille 76

B

Backhendlflügel 152
Bärlauch
    Bärlauch-Hecht mit Blumenkohl 140
    Bärlauchsuppe mit Forellenfilets 67
Basilikum: Linsensuppe mit Pistou 75
Bayerische Brotsuppe (Variante) 75
Bayerische Semmelknödel 118
Beeren
    Hefeknödel mit Erdbeerfüllung 202
    Schwarzbeerkucherl 188
Bergkäse
    Allgäuer Quarkspätzle 127
    Älplermagronen 51
    Capuns 72
    Glossar 217
    Käserösti 106

    Käsestangen (Kurzrezept) 58
    Polentagratin mit Bergkäse 17
    Ravioles de blettes 73
    Reportage 16
    Rote Bete mit Ricotta und Mohn 85
    Saubohnensalat mit Bergkäse 21
    Südtiroler Schlutzkrapfen 114
    Walliser Fondue (Variante) 46
    Walliser Tomatenfondue 46
Birnen
    Birnenmus (Tipp) 51
    Bündner Birnbrot 211
    Kastaniensuppe 58
    Schweizer Rahm-Bratbirnen 212
    Tiroler Bauernbratl 168
Blumenkohl: Bärlauch-Hecht mit Blumenkohl 140
Bœuf à la mode (Variante) 162
Bœuf en Daube 162
Böfflamotte (Variante) 162
Bohnen
    G'surtes Schweinshaxl mit Saubohnen 170
    Gebeizte Bachforelle mit Bohnensalat 34
    Gefüllte Forellen 139
    Provenzalische Brotsuppe 75
    Saubohnensalat mit Bergkäse 21
Brathähnchen mit Brezenfüllung 157
Brokkoli: Buchweizenknödel mit Rahm 120
Brot und Brötchen
    Appenzeller Chäs-Schoope 51
    Bärlauch-Hecht mit Blumenkohl 140
    Bärlauchsuppe mit Forellenfilets 67
    Bayerische Brotsuppe (Variante) 75
    Bayerische Semmelknödel 118
    Brathähnchen mit Brezenfüllung 157
    Brühe mit Spargel und Pressknödeln 64
    Buchweizenknödel mit Rahm 120
    Feine Kohlrabi-Metzelsuppe 82
    Gegrillter Käse am Holzfeuer 44
    Heublüten-Essenz mit Steinpilzknödelchen 86
    Käseschmarren (Variante) 51
    Kastaniennocken mit Preiselbeeren 123
    Linsensuppe mit Pistou 75
    Löwenzahnsalat 26
    Provenzalische Brotsuppe 75
    Slowenische Schlickkrapfen 109
    Spinatnocken 118
    Tarrenzer Fasnachtsauflauf 33

    Walliser Raclette 44
    Warmer Endiviensalat mit Grammeln 18
    Weißbrotbrösel (Grundrezept) 216
    Wildpflanzerl mit Kastanienpüree 177
    Ziegenfrischkäse-Klößchen (Kurzrezept) 67
Brotteig: Osterschinken in Brotteig 150
Brühe mit Spargel und Pressknödeln 64
Buchweizen und Buchweizenmehl
    Buchweizenknödel mit Rahm 120
    Buchweizen-Teigtaschen mit Spargel 120
    Glossar 217
    Kürbissuppe mit Buchweizen 58
    Reportage 94
    Rübchen-Lasagne 85
    Slowenisches Hähnchen 152
    Struklji 206
Bündner Birnbrot 211
Bündner Fleisch
    Glossar 219
    Renkenfilets mit Bündner Fleisch 135
    Reportage 134

C/D

Capuns 72
Capuns-Auflauf (Variante) 73
Chäs-Schoope: Appenzeller Chäs-Schoope 51
Dickmilch: Saure Milch mit Kartoffeln und Gurken 18
Dinkelbuchteln 188
Dunst (Glossar) 219

E

Eglifilets mit Kräuterspinat 136
Endiviensalat: Warmer Endiviensalat mit Grammeln 18
Engadiner Nusstorte 186
Erbsenschoten: Provenzalische Brotsuppe 75
Erdbeeren: Hefeknödel mit Erdbeerfüllung 202
Essigzwetschgen (Grundrezept) 214
Esskastanien
    Esskastanienpüree 214
    Glossar 217
    Grundrezept 214

Kastaniennocken mit Preisel-
   beeren 123
Kastaniensuppe 58
Reportage 122
Wildpflanzerl mit Kastanien-
   püree 177

F

Feine Kohlrabi-Metzelsuppe 82
Fenchel
   Buchweizen-Teigtaschen mit
      Spargel 120
   Gebeizte Bachforelle mit Bohnen-
      salat 34
   Geschmorte Kalbsbacken 155
   Kaninchen in Rotwein 167
   Renkenfilets mit Bündner
      Fleisch 135
Filet mit Linsenvinaigrette
   (Variante) 165
Fisch
   Bärlauch-Hecht mit Blumen-
      kohl 140
   Bärlauchsuppe mit Forellenfilets 67
   Eglifilets mit Kräuterspinat 136
   Gebeizte Bachforelle mit Bohnen-
      salat 34
   Gefüllte Forellen 139
   Gegrillter Saibling mit Spargel 136
   Krautkuchen mit Räucher-
      forelle 140
   Lachsforellenfilet mit Kürbis-
      püree 145
   Paniertes Fischfilet mit Zucchini-
      Gurkensalat 145
   Renkenfilets mit Bündner
      Fleisch 135
   Schwarzer Rettichsalat mit Forellen-
      filets 21
   Zanderfilet mit Roten Beten und
      Meerrettich 139
Flouzon 48
Fondue
   Info 46
   Walliser Fondue (Variante) 46
   Walliser Tomatenfondue 46
   Zucchinifondue 46
Fontina (Glossar) 218
Forelle
   Bärlauchsuppe mit Forellenfilets 67
   Gebeizte Bachforelle mit Bohnen-
      salat 34
   Gefüllte Forellen 139
   Krautkuchen mit Räucherforelle
      140
   Schwarzer Rettichsalat mit Forellen-
      filets 21
Französisches Zucchinifondue 46

G

G'surtes Schweinshaxl mit
   Saubohnen 170
Gamsmedaillons mit Orangen-
   butter 175
Gamsrücken mit Hagebuttensauce
   (Variante) 175
Gebeizte Bachforelle mit Bohnen-
   salat 34
Gebratene Kalbshaxe 170
Gebratene Schweinebacken mit Knö-
   delsalat 155
Gebratener Kalbstafelspitz 160
Gefüllte Forellen 139
Gefüllte Rösti 106
Gegrillter Käse am Holzfeuer 44
Gegrillter Saibling mit Spargel 136
Gekochtes Schulterscherzl 165
Gemsenfleisch
   Info 175
   s. auch Gams
Gemüsebrühe (Grundrezept) 214
Geräucherter Ricotta (Tipp) 102
Gerstengraupen s. Graupen
Geschmorte Kalbsbacken 155
Geschmorte Kalbsbrust 157
Geschmorter Lattich mit Räucher-
   wurst 88
Geschmortes Zicklein 167
Gibanica 206
Glasierte Schinkenscheiben 150
Gnocchi di Sappada 103
Grammelknödel: Krautsuppe mit
   Grammelknödeln 82
Grammeln: Warmer Endiviensalat mit
   Grammeln 18
Graukäse
   Brühe mit Spargel und Press-
      knödeln 64
   Glossar 218
   Graukäse-Knödel mit Salbei-
      butter 64
Graupen
   Graupenrisotto mit Vacherin und
      Radicchio 61
   Graupensalat 37
   Kräutersuppe mit Graupen 61
   Wintersuppe mit Graupen
      (Variante) 61
Grieß
   Aprikosenstrudel 184
   Gibanica 206
   Glossar 219
   Grießknödelchen mit Zwetschgen-
      röster 202
   Zwetschgenknödel 196
Grüne Kräuternudeln mit Knoblauch-
   sauce 126
Gruyère/Greyerzer
   Französisches Zucchinifondue 46
   Glossar 218
   Käserösti 106

Gurke
   Paniertes Fischfilet mit Zucchini-
      Gurkensalat 145
   Saure Milch mit Kartoffeln und
      Gurken 18

H

Hagebuttensauce: Gamsrücken mit
   Hagebuttensauce (Variante) 175
Hähnchen
   Backhendlflügel 152
   Brathähnchen mit Brezen-
      füllung 157
   Hühnerbrühe (Grundrezept) 214
   Polentanudeln mit Hähnchen-
      ragout 103
   Slowenisches Hähnchen 152
   Villacher Kirchtagssuppe 67
Hartweizengrieß s. Grieß
Haselnüsse: Polentina 194
Hecht: Bärlauch-Hecht mit Blumen-
   kohl 140
Hefe
   Bündner Birnbrot 211
   Dinkelbuchteln 188
   Gibanica 206
   Hefeknödel mit Erdbeerfüllung 202
   Osterschinken in Brotteig 150
   Pissaladière 29
   Potica 208
   Reinling (Variante) 209
   Tarrenzer Fasnachtsauflauf 33
   Tourte du Valgaudemar 212
Heidelbeeren: Schwarzbeerkucherl 188
Heublüten-Essenz mit Steinpilz-
   knödelchen 86
Hirschfleisch
   Hirschsteaks mit Kürbisrösti 177
   Wildpflanzerl mit Kastanien-
      püree 177
Hühnerbrühe (Grundrezept) 214
Hustensaft aus Winterrettich
   (Kurzrezept) 20

K

Kalbfleisch
   Gebratene Kalbshaxe 170
   Gebratener Kalbstafelspitz 160
   Geschmorte Kalbsbacken 155
   Geschmorte Kalbsbrust 157
   Kalbsragout 160
Kaninchen in Rotwein 167
Karamellisierte Äpfel
   (Grundrezept) 215
Kärntner Fleischnudeln 109
Kärntner Kasnudeln 108
Kartoffeln
   Älpermagronen 51
   Bärlauchsuppe mit Forellenfilets 67

Brühe mit Spargel und Pressknödeln 64
Eglifilets mit Kräuterspinat 136
Flouzon 48
G'surtes Schweinshaxl mit Saubohnen 170
Gefüllte Rösti 106
Gegrillter Käse am Holzfeuer 44
Gnocchi di Sappada 103
Hirschsteaks mit Kürbisrösti 177
Kaninchen in Rotwein 167
Kärntner Kasnudeln 108
Kartoffel-Friggele mit Sauerkraut 117
Kartoffel-Paunzen 117
Käserösti 106
Kräutersuppe mit Graupen 61
Krautsuppe mit Grammelknödeln 82
Lammschulter aus dem Ofen 168
Linsensuppe mit Pistou 75
Saiblingskaviar mit gestampften Erdäpfeln 143
Saure Milch mit Kartoffeln und Gurken 18
Slowenische Schlickkrapfen 109
Spargelsalat mit Ziegenkäse-Krusteln 24
Südtiroler Schlutzkrapfen mit Kartoffelteig (Variante) 114
Tartiflette 48
Walliser Fondue (Variante) 46
Walliser Raclette 44
Walliser Tomatenfondue 46
Wildpflanzerl mit Kastanienpüree 177
Wintersuppe mit Graupen (Variante) 61
Zwetschgenknödel 196

Käse
Glossar 217
Käserösti 106
Käseschmarren (Variante) 51
Käsestangen (Kurzrezept) 58
Reportage 12 f.
s. auch Berg-, Grau-, Raclette-, Reblochon-, Sbrinz-, Tomme-, Vacherin- und Ziegenkäse

Kastanien s. Esskastanien
Kastaniennocken mit Preiselbeeren 123
Kastaniensuppe 58
Kichererbsenpüree (Kurzrezept) 76
Kirchtagsrahm (Tipp) 66
Kirschen: Topfenschmarren 196
Kletzenbrot (Variante) 211
Knoblauchsauce: Grüne Kräuternudeln mit Knoblauchsauce 126
Knödelsalat 155
Kohlrabi: Feine Kohlrabi-Metzelsuppe 82

Kräuter
Eglifilets mit Kräuterspinat 136
Grüne Kräuternudeln mit Knoblauchsauce 126
Heublüten-Essenz mit Steinpilzknödelchen 86
Kräutersuppe mit Graupen 61
Krautkuchen mit Räucherforelle 140
Krautsalat mit Speck 34
Krautsuppe mit Grammelknödeln 82

Kürbis
Gebratene Kalbshaxe 170
Hirschsteaks mit Kürbisrösti 177
Kürbissuppe mit Buchweizen 58
Lachsforellenfilet mit Kürbispüree 145

L

Lachsforellenfilet mit Kürbispüree 145

Lammfleisch
Lammschulter aus dem Ofen 168
Tiroler Bauernbratl 168

Lattich s. Romanasalat

Lauch
Buchweizenknödel mit Rahm 120
Gekochtes Schulterscherzl 165
Graupensalat 37

Linsen
Filet mit Linsenvinaigrette (Variante) 165
Geschmorter Lattich mit Räucherwurst 88
Linsensuppe mit Pistou 75

Löffelbiskuits: Aprikosenstrudel 184

Löwenzahn
Grüne Kräuternudeln mit Knoblauchsauce 126
Info 26
Löwenzahnsalat 26

M

Mairübchen s. weiße Rübchen

Maisgrieß und -mehl
Glasierte Schinkenscheiben 150
Mandeltarte 191
Polenta (Grundrezepte) 101
Polentagratin mit Bergkäse 17
Polentanudeln mit Hähnchenragout 103
Polentatürmchen 101
Polenta-Zimtschnitten 193
Polentina 194
Türkentommerl 193
Zaetti 195

Makkaroni: Älplermagronen 51

Mandeln
Mandeltarte 191
Schlosserbuam mit Orangensauce 201
Tipp 191

Topfenschmarren 196

Mangold
Capuns 72
Capuns-Auflauf (Variante) 73
Mangoldlasagne 124
Ravioles de blettes 73

Marinierte Pilze 33
Maroni (Glossar) 217

Marzipan
Dinkelbuchteln 188
Zwetschgenknödel 196

Mayonnaise (Grundrezept) 215

Meerrettich
Gekochtes Schulterscherzl 165
Zanderfilet mit Roten Beten und Meerrettich 139

Mehl (Glossar) 219
Metzelsuppe: Feine Kohlrabi-Metzelsuppe 82

Mohn
Dinkelbuchteln 188
Rote Bete mit Ricotta und Mohn 85

Möhren
Bœuf en Daube 162
Geschmorte Kalbsbacken 155
Geschmorte Kalbsbrust 157
Kaninchen in Rotwein 167
Tiroler Bauernbratl 168
Villacher Kirchtagssuppe 67
Wintersuppe mit Graupen (Variante) 61

Munder Safrannudeln 91
Mürbeteig (Grundrezept) 215

N

Nüsse
Bündner Birnbrot 211
Engadiner Nusstorte 186
Lachsforellenfilet mit Kürbispüree 145
Polentina 194
Potica 208
Reinling (Variante) 209
Schwarze Walnüsse (Grundrezept) 215

O

Oliven
Pissaladière 29
Spargelsalat mit Ziegenkäse-Krusteln 24
Streifen-Ratatouille 76

Orangen
Bœuf en Daube 162
Gamsmedaillons mit Orangenbutter 175
Grießknödelchen mit Zwetschgenröster 202

Schlosserbuam mit Orangensauce 201
Osterschinken in Brotteig 150

P

Paniertes Fischfilet mit Zucchini-Gurkensalat 145
Paprika: Streifen-Ratatouille 76
Petersilienwurzeln
    Gebratene Kalbshaxe 170
    Geschmorte Kalbsbrust 157
    Graupensalat 37
    Zanderfilet mit Roten Beten und Meerrettich 139
Pfannkuchen: Spinatpfannkuchen 26
Pfirsiche: Türkentommerl 193
Pflaumen
    Grießknödelchen mit Zwetschgenröster 202
    Pflaumenragout (Kurzrezept) 195
    Schlosserbuam mit Orangensauce 201
Pflaumenmus
    Polentina 194
    Südtiroler Hochzeitskrapfen 201
Pilze
    Gebratene Schweinebacken mit Knödelsalat 155
    Gefüllte Forellen 139
    Geschmorte Kalbsbacken 155
    Heublüten-Essenz mit Steinpilzknödelchen 86
    Lammschulter aus dem Ofen 168
    Marinierte Pilze 33
Pissaladière 29
Pistou: Linsensuppe mit Pistou 75
Polenta (Grundrezepte) 101
Polentagratin mit Bergkäse 17
Polentanudeln mit Hähnchenragout 103
Polentatürmchen 101
Polenta-Zimtschnitten 193
Polentina 194
Potica 208
Preiselbeeren
    Kaninchen in Rotwein 167
    Kastaniennocken mit Preiselbeeren 123
Pressknödel: Brühe mit Spargel und Pressknödel 64
Provenzalische Brotsuppe 75

Q

Quark
    Allgäuer Quarkspätzle 127
    Capuns 72
    Capuns-Auflauf (Variante) 73
    Gibanica 206
    Kärntner Kasnudeln 108

Kartoffel-Paunzen 117
Kürbissuppe mit Buchweizen 58
Rübchen-Lasagne 85
Struklji 206
Topfenschmarren 196
Quiche: Ziegenkäse-Tomatenquiche 24
Quitten: Gekochtes Schulterscherzl 165

R

Raclette-Käse
    Gegrillter Käse am Holzfeuer 44
    Glossar 218
    Info 44
    Walliser Fondue (Variante) 46
    Walliser Raclette 44
    Walliser Tomatenfondue 46
Radicchio: Graupenrisotto mit Vacherin und Radicchio 61
Radieschen
    Gebratene Schweinebacken mit Knödelsalat 155
    Rosa Rettichsalat 38
Ratatouille 76
Räucherspeck s. Speck
Räucherwurst: Geschmorter Lattich mit Räucherwurst 88
Ravioles de blettes 73
Reblochon-Käse
    Glossar 218
    Tartiflette 48
Rehfleisch
    Gams- oder Rehmedaillons mit Orangenbutter 175
    Hirschsteaks mit Kürbisrösti 177
    Rehstrudel 38
    Wildpflanzerl mit Kastanienpüree 176
Reinling (Variante) 209
Renkenfilets mit Bündner Fleisch 135
Rettich
    Hustensaft aus Winterrettich (Kurzrezept) 20
    Rosa Rettichsalat 38
    Schwarzer Rettich (Info) 20
    Schwarzer Rettichsalat mit Forellenfilets 21
Ricotta
    Buchweizen-Teigtaschen mit Spargel 120
    Geräucherter Ricotta (Tipp) 103
    Gnocchi di Sappada 103
    Ricotta infornata 102
    Rote Bete mit Ricotta und Mohn 85
    Südtiroler Schlutzkrapfen 114
Rindfleisch
    Bœuf à la mode (Variante) 162
    Bœuf en Daube 162
    Böfflamotte (Variante) 162
    Gekochtes Schulterscherzl 165
    Villacher Kirchtagssuppe 67

Roggenmehl: Südtiroler Schlutzkrapfen 114
Romanasalat
    Geschmorter Lattich mit Räucherwurst 88
    Renkenfilets mit Bündner Fleisch 135
Rosa Rettichsalat 38
Rosenkohl: Gams- oder Rehmedaillons mit Orangenbutter 175
Rösti
    Gefüllte Rösti 106
    Hirschsteaks mit Kürbisrösti 177
    Käserösti 106
Rote Bete
    Gebratene Kalbshaxe 170
    Rote Bete mit Ricotta und Mohn 85
    Zanderfilet mit Roten Beten und Meerrettich 139
Rübchen-Lasagne 85

S

Safran
    Info 90
    Munder Safrannudeln 91
Saibling: Gegrillter Saibling mit Spargel 136
Saiblingskaviar mit gestampften Erdäpfeln 143
Salsiz
    Capuns 72
    Capuns-Auflauf (Variante) 73
    Glossar 219
Salziger Mürbeteig (Grundrezept) 215
Sardellen: Pissaladière 29
Saubohnen
    G'surtes Schweinshaxl mit Saubohnen 170
    Saubohnensalat mit Bergkäse 21
Sauerampfer
    Gebratener Kalbstafelspitz 160
    Mangoldlasagne 124
Sauerkraut
    Kartoffel-Friggele mit Sauerkraut 117
    Krautkuchen mit Räucherforelle 140
    Krautsuppe mit Grammelknödeln 82
Saure Milch mit Kartoffeln und Gurken 18
Sbrinz-Käse
    Älplermagronen 51
    Glossar 218
    Polentatürmchen 101
    Rote Bete mit Ricotta und Mohn 85
Schinken
    Glasierte Schinkenscheiben 150
    Osterschinken in Brotteig 150
Schlosserbuam mit Orangensauce 201
Schwarzbeerkucherl 188

Schwarze Walnüsse
  Grundrezept 215
  Lachsforellenfilet mit Kürbispüree 145
Schwarzer Rettich
  Info 20
  Schwarzer Rettichsalat mit Forellenfilets 21
Schweinefleisch
  Feine Kohlrabi-Metzelsuppe 82
  G'surtes Schweinshaxl mit Saubohnen 170
  Gebratene Schweinebacken mit Knödelsalat 155
  Kärntner Fleischnudeln 109
  Tarrenzer Fasnachtsauflauf 33
  Villacher Kirchtagssuppe 67
  Wintersuppe mit Graupen (Variante) 61
Schweizer Rahm-Bratbirnen 212
Sellerie
  Bœuf en Daube 162
  Kalbsragout 160
  Villacher Kirchtagssuppe 67
  Wintersuppe mit Graupen (Variante) 61
Semmelknödel: Bayerische Semmelknödel 118
Slowenische Schlickkrapfen 109
Slowenisches Hähnchen 152
Spargel
  Brühe mit Spargel und Pressknödeln 64
  Buchweizen-Teigtaschen mit Spargel 120
  Gegrillter Saibling mit Spargel 136
  Glasierte Schinkenscheiben 150
  Spargelsalat mit Ziegenkäse-Krusteln 24
Spätzle: Allgäuer Quarkspätzle 127
Speck
  Allgäuer Zwiebelkuchen 29
  Artischocken-Krautpfanne 88
  Bœuf en Daube 162
  Buchweizenknödel mit Rahm 120
  Capuns 72
  Geschmortes Zicklein 167
  Glossar 219
  Graukäse-Knödel mit Salbeibutter 64
  Graupensalat 37
  Kaninchen in Rotwein 167
  Kräutersuppe mit Graupen 61
  Krautsalat mit Speck 34
  Löwenzahnsalat 26
  Slowenische Schlickkrapfen 109
  Südtiroler Speckknödel (Variante) 118
  Tarrenzer Fasnachtsauflauf 33
  Tartiflette 48
  Warmer Endiviensalat mit Grammeln 18

Spinat
  Capuns 72
  Eglifilets mit Kräuterspinat 136
  Grüne Kräuternudeln mit Knoblauchsauce 126
  Spinatnocken 118
  Spinatpfannkuchen 26
  Südtiroler Schlutzkrapfen 114
Spitzkohl: Gebratener Kalbstafelspitz 160
Steinpilzknödelchen: Heublüten-Essenz mit Steinpilzknödelchen 86
Streifen-Ratatouille 76
Strudel
  Apfelstrudel 184
  Aprikosenstrudel 184
  Strudelteig (Grundrezept) 216
Struklji 206
Südtiroler Hochzeitskrapfen 201
Südtiroler Schlutzkrapfen 114
Südtiroler Speckknödel (Variante) 118

T

Tarrenzer Fasnachtsauflauf 33
Tarte: Walliser Aprikosentarte 187
Tartiflette 48
Tiroler Bauernbratl 168
Tomaten
  Slowenisches Hähnchen 152
  Streifen-Ratatouille 76
  Walliser Tomatenfondue 46
  Ziegenkäse-Tomatenquiche 24
Tomme
  Glossar 218
  Ravioles de blettes 73
Topfenschmarren 196
Topinambur
  Gebratener Kalbstafelspitz 160
  Tiroler Bauernbratl 168
Tourte du Valgaudemar 212
Trockenfleisch (Glossar) 219
Türkentommerl 193

V/W

Vacherin-Käse
  Graupenrisotto mit Vacherin und Radicchio 61
  Munder Safrannudeln 91
Vanillesauce (Grundrezept) 216
Villacher Kirchtagssuppe 67
Walliser Aprikosentarte 187
Walliser Fondue (Variante) 46
Walliser Raclette 44
Walliser Tomatenfondue 46
Walnüsse
  Engadiner Nusstorte (Variante) 186
  Lachsforellenfilet mit Kürbispüree 145

Potica 208
Reinling (Variante) 209
Schwarze Walnüsse (Grundrezept) 215
Warmer Endiviensalat mit Grammeln 18
Weißbrotbrösel (Grundrezept) 216
Weiße Rübchen
  Bœuf en Daube 162
  Rübchen-Lasagne 85
Weißkohl
  Artischocken-Krautpfanne 88
  Krautsalat mit Speck 34
Wildpflanzerl mit Kastanienpüree 177
Wintersuppe mit Graupen (Variante) 61
Wirsing: Wintersuppe mit Graupen (Variante) 61

Z

Zaetti 195
Zanderfilet mit Roten Beten und Meerrettich 139
Zaseka (Glossar) 219
Zicklein: Geschmortes Zicklein 167
Ziegenkäse
  Gefüllte Rösti 106
  Linsensuppe mit Pistou 75
  Reportage 22
  Rübchen-Lasagne 85
  Spargelsalat mit Ziegenkäse-Krusteln 24
  Spinatnocken 118
  Südtiroler Schlutzkrapfen mit Ziegenkäsefüllung (Variante) 114
  Ziegenfrischkäse-Klößchen (Kurzrezept) 67
  Zucchinigratin mit Reis 76
  Ziegenkäse-Tomatenquiche 24
Zigerkäse/Ziegerkäse (Glossar) 218
Zucchini
  Französisches Zucchinifondue 46
  Paniertes Fischfilet mit Zucchini-Gurkensalat 145
  Polentatürmchen 101
  Streifen-Ratatouille 76
  Zucchinigratin mit Reis 76
Zwetschgen
  Essigzwetschgen (Grundrezept) 214
  Grießknödelchen mit Zwetschgenröster 202
  Zwetschgenknödel 196
Zwiebeln
  Allgäuer Zwiebelkuchen 29
  Pissaladière 29
  Rübchen-Lasagne 85
  Walliser Raclette 44

Genießerküche

...für alle, die das Echte schätzen

ISBN 978-3-7742-2790-3
240 Seiten

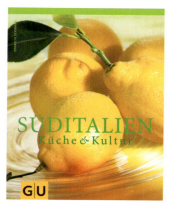

ISBN 978-3-7742-3202-0
240 Seiten

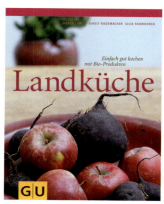

ISBN 978-3-7742-6069-6
192 Seiten

ISBN 978-3-7742-6311-6
240 Seiten

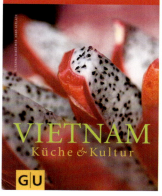

ISBN 978-3-7742-6626-1
240 Seiten

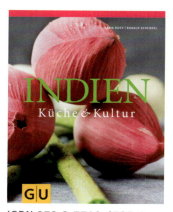

ISBN 978-3-7742-6725-1
240 Seiten

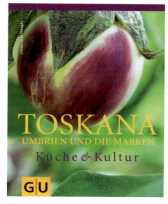

ISBN 978-3-7742-6899-9
240 Seiten

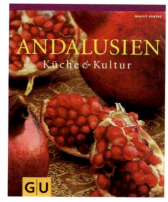

ISBN 978-3-8338-0061-0
240 Seiten

Verführerische Rezepte und spannende Reportagen laden ein zu kulinarischen Entdeckungsreisen in Küche und Kultur und versprechen puren Genuss.

Willkommen im Leben.

IMPRESSUM

Text und Fotografie

Hans Gerlach kochte sieben Jahre in Sterne-Restaurants, schloss dann ein Architekturstudium ab und arbeitete sehr lange als Foodstylist – oft auch für GU. Bekannt wurde er vor allem als Autor von Kochbüchern und einer eigenen Kolumne im Magazin der SÜDDEUTSCHEN ZEITUNG. Daneben ist er als Fotograf tätig. Für dieses Buch entwickelte er die Rezepte – dabei legte er Wert darauf, die Strukturen der Alpenküche freizulegen und sie unserem modernen Lebensstil anzupassen. Außerdem fotografierte er die Reportagebilder und im Münchner Studio die Foodfotos.

Susanna Bingemer ist freie Journalistin und Autorin. Sie schreibt für Buchverlage und Zeitschriften wie STERN, MERIAN und das GAULT MILLAU MAGAZIN – am liebsten über Reisen und Essen. Den Blick für die Kulturen des Alltagslebens schulte sie schon durch ihr Studium der Linguistik und Volkskunde, längere studien- und berufsbedingte Auslandsaufenthalte und als Redakteurin eines Münchner TV-Senders. Sie schrieb alle Reportagen.

Seit 1998 haben sich die beiden mit ihrem Büro **food und text** auf die Produktion von Food-Themen für Printmedien spezialisiert. Die Idee zum vorliegenden Buch entstand nach der Arbeit an »Vietnam«, ihrem ersten Band in derselben GU-Reihe. Nach dem Kennenlernen der exotischen kulinarischen Kultur Südostasiens wollten sie ihren eigenen kulturellen und kulinarischen Wurzeln nachspüren – und versuchten dieses Mal, das Fremde im Vertrauten zu erkennen und zu dokumentieren.

Alexander Kühn ausgebildeter Koch, teilt seine Zeit auf zwischen Edel-Restaurant, Versuchsküche und Fotostudio. Seit Jahren ergänzt er das Team von food und text als Leiter der Versuchsküche. Bei diesem Buch betreute er auch das Foodstyling.

© 2007 GRÄFE UND UNZER VERLAG GmbH, München.
Alle Rechte vorbehalten. Nachdruck, auch auszugsweise, sowie Verbreitung durch Film, Funk, Fernsehen und Internet, durch fotomechanische Wiedergabe, Tonträger und Datenverarbeitungssysteme jeder Art nur mit schriftlicher Genehmigung des Verlages.

Projektleitung: Birgit Rademacker
Lektorat: Susanne Bodensteiner
Korrektorat: Adelheid Schmidt-Thomé
Gestaltung und Layout: independent Medien-Design, Horst Moser, München
Kartografie: Merian-Kartografie, München
Fotografie: Hans Gerlach
Fotoassistenz: Krisztina Babics und Claudia Juranits
Requisite: Steffi Müller
Versuchsküche und Foodstyling: Alexander Kühn
Foodstyling-Assistenz: Maria Höbel
Herstellung: Petra Roth
Satz: Bernd Walser Buchproduktion, München
Reproduktion: Longo AG, Bozen
Druck: Firmengruppe APPL, aprinta druck, Wemding
Bindung: m.appl GmbH, Wemding

Syndication:
www.jalag-syndication.de

ISBN 978-3-8338-0239-3

5. Auflage 2011

Wir danken allen engagierten Produzenten, Restaurateuren und Hoteliers, die uns auf unseren Reisen mit Informationen, Rezepten und anregenden Gesprächen versorgt haben. Außerdem danken wir den Verbänden und Organisationen aller Alpenländer, die uns bei den Vorbereitungen der Recherche mit Rat und Tat unterstützten. Ohne die Geduld unserer kleinen Tochter Emma, die uns auf zwei Reisen begleiten durfte und ohne die unterstützende Betreuung ihrer Großeltern würde es auch dieses Buch nicht geben.

Unsere Garantie

Alle Informationen in diesem Ratgeber sind sorgfältig und gewissenhaft geprüft. Sollte dennoch einmal ein Fehler enthalten sein, schicken Sie uns das Buch mit dem entsprechenden Hinweis an unseren Leserservice zurück. Wir tauschen Ihnen den GU-Ratgeber gegen einen anderen zum gleichen oder ähnlichen Thema um.

Liebe Leserin und lieber Leser,

wir freuen uns, dass Sie sich für ein GU-Buch entschieden haben. Mit Ihrem Kauf setzen Sie auf die Qualität, Kompetenz und Aktualität unserer Ratgeber. Dafür sagen wir Danke! Wir wollen als führender Ratgeberverlag noch besser werden. Daher ist uns Ihre Meinung wichtig. Bitte senden Sie uns Ihre Anregungen, Ihre Kritik oder Ihr Lob zu unseren Büchern. Haben Sie Fragen oder benötigen Sie weiteren Rat zum Thema? Wir freuen uns auf Ihre Nachricht!

Wir sind für Sie da!
Montag – Donnerstag:
8.00 – 18.00 Uhr;
Freitag: 8.00 – 16.00 Uhr
Tel.: 0180 - 5 00 50 54*
Fax: 0180 - 5 01 20 54*
E-Mail: leserservice@graefe-und-unzer.de
*(0,14 €/Min. aus dem dt. Festnetz/Mobilfunkpreise maximal 0,42 €/Min.)

P.S.: Wollen Sie noch mehr Aktuelles von GU wissen, dann abonnieren Sie doch unseren kostenlosen GU-Online-Newsletter und/oder unsere kostenlosen Kundenmagazine.

GRÄFE UND UNZER VERLAG
Leserservice
Postfach 86 03 13
81630 München